한학·고대 중국어 교재

명구로 배우는 한문 디딤돌

HU:iNE

한학·고대 중국어 교재

명구로 배우는 한문 디딤돌

김형주 지음

서문

중국에서는 역대로 두 종류의 문어文語가 사용되었다. 고전중국어를 기초로 하여 형성되었고 역사적으로 많은 변화를 겪은 구어口語와는 무관하게 동일한 어휘와 문법을 유지해 온 문어인 '문언文言'과 구어를 반영하면서 구어의 변화와 함께 발전해 온 문어인 '백화白話'가 그것이다. '문언文言'은 공자(BC551–BC479)의 생존 시기인 '춘추春秋 말엽 – 전국 시대戰國時代 – 진秦 – 한漢 제국'에 걸쳐 사용된 언어를 모델로 한 표준화된 문어이다. 이 시기의 언어가 표준적인 문언으로 정립된 까닭은 이후의 역대 중국 왕조들의 통치 이념으로 작용하게 되는 유교의 여러 경전, 역사서, 철학서가 이 시기에 완성되었고, 이 저서들에서 사용된 언어가 후대 작가들에게 규범으로 인식되어 지속적으로 학습되고 재생산되었기 때문이다. 여러 가지 면에서 문언의 역할은 고대와 중세 유럽에서 라틴어가 담당했던 역할과 유사하다. 두 언어는 모두 비슷한 시기에 형성되어 두 제국의 공통어 역할을 담당하였다.(박종한 외, 2012)

고대한어는 현대한어와 비교하여 말하면 5·4운동 이전까지 역대 한민족이 사용하던 언어를 가리킨다. 지금의 '문언문文言文'이란 중국 고대의 서면어로 구성된 글로 주로 선진先秦 시기의 구어를 기초로 하여 만들어진 글이다. 역사의 변화로 인해 문언문과 구어의 차이는 점차 확대되었고 문언문은 지식인들의 전용물이 되었다. 문언문은 신문화 운동 이후의 현재의 '백화문白話文'과 반대되는 개념으로 말하는 것으로 고대에는 '문언문'이란 말 자체가 없었다.(baidu百科)

古代漢語是與現代漢語相對而言的，它指的是"五四"運動以前歷代漢民族所使用的語言。現今文言文是中國古代的一種書面語言組成的文章，主要包括以先秦時期的口語爲基礎而形成的書面語言。隨着歷史變遷，文言文和口語的差別逐漸擴大，"文言文"成了讀書人的專用。文言文是相對現今新文化運動之後白話文來講的，古代並無文言文這一說法。

‘문언문’이라는 용어는 신문화 운동 이후의 ‘백화문白話文’과 반대되는 개념으로 말하는 것이니 20세기에 새롭게 만들어진 개념어로 봐야 한다. 문언문은 역사적으로 동일한 어휘와 문법을 유지해 온 언어로 춘추 말엽부터 한나라에 걸쳐 표준화된 언어로 지식인들의 전용물이었다. 이 때문에 정부 공식 언어로 사용되었고, 문언문 언어는 청나라 멸망까지 언어적으로 큰 변화가 없었다고 말할 수 있다.

한학은 중국 한민족漢民族과 관련 있는 경서經書와 사서史書, 사물의 이름과 현상(名物), 훈고 고증의 학문을 연구하는 학문이다. 역사적으로 한나라 사람들은 경학經學을 연구할 때 이름과 현상, 훈고를 중시하였기 때문에 후세에는 “경서, 역사, 사물의 이름과 현상, 훈고 고증을 연구하는 것을” 한학이라고 했다. 한학을 공부하는 근본적인 방법은 실사구시實事求是(있는 그대로의 사실에 기반하여 진리를 탐구하기), 무정불신無征不信(근거가 없으면 믿지 않음)에 있고, 한학의 연구 범위는 경학을 중심으로 해서 소학, 음운, 역사학, 천문 산법, 물과 땅(or 관개지), 법령 제도, 금석학, 교감, 집일輯逸(실전되어 지금 전해지지 않는 옛 사람의 글이나 작품을 수집・수록하기)까지 널리 퍼져있었다. 예를 들어 증명하고 소재를 구하는 것은 양한兩漢 시대에 다원화되었다. 한학漢學(Sinology) 또는 중국학中國學(China Studies ➞ Chinese Studies로 바꿔야)이라고 불리는 것은 중국 밖의 학자들이 중국과 관련 있는 여러 방면에 대해 연구하는 학과로 중국 역사, 정치, 사회, 문학, 철학, 음운학, 역사학, 경제, 서법書法 등을 포함하고 심지어 해외 중국인의 연구에 대한 것도 포함한다. (baidu百科)

漢學是指研究與中國漢民族有關的經史、名物、訓詁考據之學。歷史上漢人研究經學注重名物、訓詁，因而後世稱“研究經、史、名物、訓詁考據之學”爲漢學。其治學根本方法，在“實事求是”、“無徵不信”。其研究範圍，以經學爲中心，而衍及小學、音韻、史學、天算、水地、典章制度、金石、校勘、輯逸等等。而引證取材，多極於兩漢。漢學(Sinology)或稱中國學(China Studies)是指中國以外的學者對有關中國的方方面面進行研究的一門學科。包括中國歷史、政治、社會、文學、哲學、音韻學、史學、經濟、書法、等等，甚至也包括對於海外華人的研究。”

우리나라에서 삼국 시대부터 고려 시대까지 유교 경전에 대한 이해는 한・당의 훈고학에 의한 경전 해석에 바탕을 두었으나, 조선 시대에 성리학 발달과 함께 훈고학풍의 경전 해석은 더는 발달하지 못했다. 그러나 조선 후기에 이르면 주자 성리학의 정통을 고수하려는 학문적 경향이 강화되지만, 다른 한편에서는 성리학에 대해 비판적 태도를 취하고 한유의 주석을 참작해 경전의 본뜻을 직접 이해하려는 학풍도 대두擡頭했다. 실학파로 불리는 학자들에게서는 청조淸朝 고증학자들의 학풍과 유사한 학문 경향을 찾아볼 수도 있다. 우리나라에서는 이러한 성리학 이전의 유교학풍이나 조선 후기 성리학에 대해 비판적이었던 학풍을 설명하면서 한학漢學이라는 개념을 사용하기도 한다. 또 일상적인 개념으로 국학이나 서구의 학문이 아닌 중국학, 특히 한문에 대한 공부를 한학이라고 부르기도 한다. (다음백과사전)

한학漢學은 일반적으로 전통 시대 중국학을 지칭한다. 좁은 의미로는 송학(宋學, 주자학)과 구분되는, 즉 경전의 훈고訓詁와 고증을 중심으로 한 한대漢代의 학문이라고 해석할 수도 있지만, 대체적으로는 전근대 시기 중국학을 의미하는 말로 사용한다. 한학漢學 또는 중국학中國學은 중국 밖의 학자들이 중국과 관련 있는 여러 방면에 대해 연구하는 학과로 중국 역사, 정치, 사회, 문학, 철학, 음운학, 역사학, 경제, 서법 등을 포함한다.

상기의 '문언문'과 '한학'의 정의를 살펴보면 문언문은 정부 공식 문서 작성 등에 사용되는 지식인들의 언어로 '언어적 측면'에서 정의한 것이고, 한학은 특히 훈고학에 바탕을 두어 공부하는 '학문의 개념'이다. 물론 한학의 텍스트 역시 문언문임을 추론할 수 있다. 과거 시대 중국 정부와 소통해야 했던 고려, 조선 정부 역시 중국과 동일한 '문언문'을 정부 공식 문서에 사용하였음을 미루어 짐작할 수 있고, 이 책 마지막 부분 '098, 099, 100'의 조선 시대 글을 보면 그 앞의 중국 문언문과 같은 통사를 갖고 있음을 확인할 수 있다.

중국에서 언어를 문법적 관점에서 처음 접근한 것이 청나라 말엽 1898년 마건충馬建忠의 저서인 『마씨문통馬氏文通』일 만큼 문법적 관점에서 접근한 것이 매우 늦었다. 현재, 중국 학계에서는 고대중국어에 대한 연구가 심화되었지만, 한국의 결과물은 아직 크지 않고 고대중국어를 전공하는 교수와 학생들 역시 많지 않다.

한문(한학, 고대중국어, 문언문)에 관심이 있는 학습 의향자가 한국에서 출판된 한학서를 공부하면서 실력을 높이는 것은 사실 매우 어렵다. 왜냐면 언어적 근거에 기반하여 체계적으로 기술한 교재를 시중에서 구하는 것이 어렵기 때문이다. 한국, 중국에서 출판된 문언문 텍스트 모두 글자 하나하나에 대해 설명을 기록한 책이 없다. 문언문 텍스트에서 설명이 누락된 글자는 설명이 있는 글자를 연결시켜 개인의 주관으로 이해하고 넘어갈 수밖에 없다. 이 때문에 부득불 규모가 있는 기관에서 수업을 듣거나 사설 학당에서 강의를 들어야 하는데 여러모로 어려움이 많을 수밖에 없다. 한국에서 한학(문언문)이 발전하기 위해서는 중문학계의 학자들이 한학자들에게 보다 체계적인 자료를 제공해 주며 협업해야 하는데, 한국 중문학계의 연구가 아직 활발하지 않아 이러한 관계를 구축하지 못하고 있는 듯하다.

본 저서에 실린 100편의 텍스트 중에서 98편은 출처가 '노자', '맹자', '순자', '사기', '좌전' 등 중국 문헌이고, 끝부분의 3편은 각각 조선 시대의 '세종실록', '김정희의 세한도발문', '류성룡의 서애집'이다. 독자들은 이 두 부류를 통해 중국의 문언문과 조선의 문언문 사이에 차이가 거의 없음을 확인할 수 있다.

본 저서의 내용은 어렵지 않다. 학습자가 모든 내용을 파악하고 습득하는 것이 가장 바람직하겠지만 각각의 기술 내용 중에서 윤곽을 제시해 주고 한국어 번역의 타당성을 제시한 박스 안의 내용만 공부해도 매우 효과적으로 한문(문언문) 실력을 높일 수 있다.

禍	兮	福	之
화, huò	혜, xī	복, fú	지, zhī
(명)재앙	(어기)문미, 문중, 어기 완만, 감정 토로	(명)복(福)	(접)주어 + 之 + 서술어
재앙은… 복(福)이			
所	**倚,**	**福兮禍之**	**所**
소, suǒ	의, yǐ	복혜화지, fúxīhuòzhī	소, suǒ
(조사)所 + 동사… ~사람, 것, 사건, 곳	(동)물체・사람에 기대다, 의지하다	복은…재앙이	(조사)所 + 동사… ~사람, 것, 사건, 곳
기대는 곳(이고)		**복은 재앙이 숨는 곳이다.**	
伏			
복, fú			
(동)숨기다, 숨다			

단어 의미에 대한 근거를 제시하기 위해 괄호 안에 적은 중국어 의미 항목에 대한 정의

는(漢語大字典 외) 최선을 다해 한국어로 번역하였다. 그리고 '어법'과 어휘'란에서는 '모든 예문'의 통사를 한국어 번역을 통하여 세세하게 설명하였고(이 부분은 한문 학습에 큰 도움이 될 것으로 믿는다), 박스 안에 품사와 품사 활용을 표기한 점 역시 한문(한학, 고대중국어, 문언문)을 언어학적으로 이해하는 데 많은 도움이 될 수 있다고 생각한다(아래 참조).

● 禍兮福之所**倚**

재앙은 복이 기대는 곳이다

(동사) 물체나 사람의 몸에 기대다, 의지하다 (依靠在物體或人身上)

→ 手之所觸, 肩之所**倚**, 足之所履, 膝之所踦 『莊子・養生主』

손이(手之) 닿는 곳(所觸), 어깨가(肩之) 의지하는 곳(所倚), 발이(足之) 밟는 곳(所履), 무릎이(膝之) 지탱하는 곳(所踦)

이 책을 쓰는 목적은 한국 문언문과 중국 문언문 공부에서 발생되고 있는 공백을 메우는 데 있다. 책을 보면 알겠지만 거의 누락 없이 모든 글자에 관해 설명하였고, 가능하면 예문을 많이 제시하여 설명의 타당성을 높였다. 이 때문에 학습자는 책의 설명을 따라가면서 본인의 한문(한학, 고대중국어, 문언문) 실력을 높일 수 있다. 이 책은 모든 문언문 학습자가 각자의 공간에서 독학으로도 탄탄한 문언문 실력을 갖추도록 바탕을 제공해줄 수 있을 것으로 믿는다. 이러한 교재로 문언문 실력자들이 늘어나면 우리나라 몇몇 기관에 수북이 쌓여 있는 고문서 번역도 조속히 이루어질 수 있을 것이다.

"금액으로 환산할 수 없는 가치를 지닌 기록 유산들이 국학진흥원에 가득하다. 9월 말 기준으로 48만 2,475점이다. 국내 최다 기록 유산 보유량이다. 매년 2만여 점이 늘어나는 추세로 미뤄 내년이면 50만 점을 넘어설 전망이다. 서애 유성룡(1542~1607)이 임진왜란 당시 상황을 기록한 국보 제132호 징비록(懲毖錄), 지난 6월 유네스코 아시아・태평양지역 기록 유산 후보에 오른 만인소(萬人疏)도 국학진흥원 소장 자료다. 하지만 50만 점에 육박하는 국학 자료 중 완벽히 국역된 자료는 1%에 불과하다는 것이 국학진흥원의 설명이다. 나머지 99%

자료가 제목만 정리된 채로 여전히 베일에 싸여 있다는 말이 된다. 이 중에서 국보급 기록 유산이 발견될 수도 있다."

(https : //news.v.daum.net/v/20171222020247777?f=m. 2017년 12월 22일 중앙일보)

2021년

김형주

목차

001

禍兮福之所倚，福兮禍之所伏

『老子노자・道德經五十八도덕경58장』

禍	兮	福	之
화, huò	혜, xī	복, fú	지, zhī
(명)재앙	(어기)문미, 문중. 어기 완만, 감정 토로	(명)복福	(접)주어 + 之 + 서술어
재앙은... 복福이			
所	倚,	福兮禍之	所
소, suǒ	의, yǐ	복혜화시, fúxīhuòzhī	소, suǒ
(조사)所 + 동사... ~사람, 것, 사건, 곳	(동)물체, 사람에 기대다, 의지하다	복은... 재잉이	(조사)所 + 동사... ~사람, 것, 사건, 곳
기대는 곳(이고)		복은 재앙이 숨는 곳이다.	
伏			
복, fú			
(동)숨기다, 숨다			

[번역] 재앙은 복이 기대는 곳이고, 복은 재앙이 숨어 있는 곳이다.

語法과 語彙

● 禍<u>兮</u>福之所倚, 福兮禍之所伏

재앙은 복이 기대는 곳이고, 복은 재앙이 숨어 있는 곳이다

(어기사) 진술문, 감탄문의 문중이나 문미에 사용되어 '어기 멈춤', '어기 완만'의 역할을 나타내며 동시에 감정을 토로하는 역할을 갖고 있다.

→ 巧笑倩<u>兮</u>, 美目盼<u>兮</u> 『論語・八佾』

아름다운 웃음(巧笑)은 아름답고(倩兮), 아름다운 눈(美目)은 검은 부분과 흰 부분이 분명하다(盼兮)

● 禍兮福<u>之</u>所倚, 福兮禍之所伏

재앙은 복이 기대는 곳이고, 복은 재앙이 숨어 있는 곳이다

之

(접속사) : 주어와 서술어 사이에 쓰여 이 둘을 연결하는 역할을 한다. 주어와 서술어 사이에는 본래 접속사가 필요하지 않고 이미 자체로 문장이 만들어지는데 왜 '지(之)'를 주어와 서술어 사이에 넣어 이 둘을 연결할까? 주요 목적은 '주어 + 之 + 서술어'를 자신보다 더 큰 언어단위와 긴밀하게 연결하게 하기 위한 것이다. 이 더 큰 언어단위는 하나의 문단(一個語段), 하나의 복문(一個復句) 또는 하나의 문장(一個句子)이 될 수 있다. 즉, '주어 + 之 + 서술어'가 문단 내의 하나의 문장, 복문 내의 하나의 단문(一個分句) 그리고 문장 내의 하나의 성분(주어 또는 목적어) 등이 될 수 있다.

(더 많은 정보는 『언어 논어』(김형주, 2020) 참조)

→ 師道<u>之</u>不傳也久矣 『師說』(唐・韓愈)

스승님의 도(師道)가(之) 전해지지 않은 지가(不傳也) 오래 되었다(久矣)

→ 故不登高山, 不知天<u>之</u>高也 『荀子・勸学』

그러므로(故) 높은 산을 오르지 않(不登高山)으면 하늘이 높다(天之高)는 것을 모른다(不知...也)

→ 樂郊樂郊, 誰<u>之</u>永號? 『詩經・魏風・碩鼠』

악교악교(樂郊樂郊 : 의성어) 누가(誰之) 계속(永) 소리치(號)지?

● 禍兮福之<u>所</u>倚，福兮禍之所伏

재앙은 복이 기대는 곳이고, 복은 재앙이 숨어 있는 곳이다

所

1. 所와 동사가 결합하여 명사구를 만들어 문장에서 동사의 행위와 관련 있는 각각의 방면을 나타낸다. 예를 들어 '사람, 사물, 사건, 장소' 등이다. 所자 구조는 '(所)동사 + 的 + 명사'의 형식으로 대응하여 번역된다. 예를 들면, '所想'은 문맥에 따라 '생각하는 사람((所)想念的人), 생각하는 일((所)想念的事情), 생각하는 것((所)想念的東西), 생각하는 곳((所)想念的地方)' 등으로 번역된다.

→ 己<u>所</u>不欲, 勿施於人 『論語・衛靈公』

내(己)가 원하지 않는 것(所不欲)을 타인에게(於人) 하지 마라(勿施)

→ 曾西之<u>所</u>不爲也, 而子爲我愿之乎? 『孟子・公孫丑上』

증서(曾西)가(之) 배우지 않은 사람(所不爲)인(也)데(而) 그대(子)는 내가 그를 흠모한다(我愿之)고 생각하(爲)는 건가(乎)?

2. 所자는 먼저 전치사와 결합한 다음 다시 동사를 만나(所 + 전치사 + 동사) 명사구를 만들어 문장에서 동사와 관련 있는 '원인, 장소, 시간 및 동사 행위가 의존하여 행해지는 수단이나 관련된 대상' 등을 보여준다. 문맥의 의미에 따라 번역하면 된다. (더 많은 정보는『언어 논어』(김형주, 2020) 참조)

→ 曹劌問**<u>所以戰</u>**於莊公 『國語・魯語上』

조귀(曹劌, cáoguì)가 '장공(莊公)과 전쟁한(戰於莊公)' '이유를 묻다(問所以)' (이유)

→ 此嬰之**<u>所爲</u>**不敢<u>受</u>也 『晏子春秋・內篇砸下』

이것(此)이 안영晏嬰이(嬰之) 감히 받아들이지 못(不敢受)한 이유(所爲)이다(也) (이유)

→ 是吾劍之**<u>所從墜</u>** 『呂氏春秋・察今』

이곳(是)이 내 칼(吾劍)이(之) 빠진 곳(所從墜)이다 (장소)

→ 夫水**<u>所以載</u>**舟, 亦**<u>所以覆</u>**舟 『文選・張衡 : 東京賦』

일반적으로(夫) 물(水)은 배를 뜨게 하(載舟)는 수단(所以)이고 역시(亦) 배를 가라앉게 하(覆舟)

는 수단(所以)이다 (수단)

→ <u>所與游</u>皆當世名人 『韓昌黎集・柳子厚墓志銘』

함께 교류(與游)한 대상(所)은 모두(皆) 당대(當世)의 이름 있는 사람(名人)이다 (대상)

● 禍兮福之所<u>倚</u>

재앙은 복이 기대는 곳이다

(동사) 물체나 사람의 몸에 기대다, 의지하다 (依靠在物體或人身上)

→ 手之所觸, 肩之所<u>倚</u>, 足之所履, 膝之所踦 『莊子・養生主』

손이(手之) 닿는 곳(所觸), 어깨가(肩之) 의지하는 곳(所倚), 발이(足之) 밟는 곳(所履), 무릎이(膝之) 지탱하는 곳(所踦)

● 福兮禍之所<u>伏</u>

복은 재앙이 숨어 있는 곳이다

(동사) 숨기다, 숨다, 은폐하다 (藏匿 ; 隱蔽)

002

與其害於民，寧我獨死

『左傳좌전 · 定公十三年정공십삼년』

<table>
<tr><td colspan="2">與其(…, 寧…)</td><td>害</td><td>於</td></tr>
<tr><td colspan="2">여기, yǔqí</td><td>해, hài</td><td>어, yú</td></tr>
<tr><td colspan="2">(관용구)與其A(無/毋)寧B :
A보다는 차라리 B가 낫다</td><td>(동)해치다</td><td>(대상전치사)동작의
직접대상</td></tr>
<tr><td colspan="4">{백성}을 해치는 것보다는</td></tr>
<tr><td>民,</td><td colspan="2">(與其…,) 寧…</td><td>我</td></tr>
<tr><td>민, mín</td><td colspan="2">녕(영), nìng</td><td>아, wǒ</td></tr>
<tr><td rowspan="2">(명)
{백성}</td><td colspan="2">(관용구)與其A(無/毋)寧B :
A보다는 차라리 B가 낫다</td><td>(대)나, 우리</td></tr>
<tr><td colspan="3">차라리 나…{~것이 낫다}</td></tr>
<tr><td>獨</td><td>死</td><td colspan="2" rowspan="4"></td></tr>
<tr><td>독, dú</td><td>사, sǐ</td></tr>
<tr><td>(부)홀로, 혼자</td><td>(동)죽다</td></tr>
<tr><td colspan="2">혼자 죽는 {것이 낫다.}</td></tr>
</table>

[번역] 백성을 해치게 하는 것보다 차라리 나 혼자 죽는 것이 낫다.

語法과 語彙

● 與其害於民, 寧我獨死
백성을 해치게 하는 것보다 차라리 나 혼자 죽는 것이 낫다

與其…, 寧…

(선택접속사) '與'는 선택 관계를 나타내는 것으로 주로 단문과 단문을 연결시켜주고 기타 허사와 어울리어 선택의 복문을 구성한다. 자주 보이는 형식은 [與…無寧…], [與…不如..], [與…寧…], [與其…不如…], [與其…無寧/毋寧…], [與其…孰若…], [與其…豈若…] 등이다. 이러한 형식의 공통점은 이것들이 모두 비교성의 선택 관계를 나타낸다는 것이고 두 개 중에서 하나를 선택하는 것이다. 일반적으로 모두 앞에 있는 것을 버리고 뒤에 있는 것을 선택하게 된다. '與其 A 寧 B'의 형태로 쓰여 'A 보다는 차라리 B가 낫다'의 의미로 사용된다.

→ 與其奢也, 寧儉 『論語 · 八佾』
사치스러운(奢) 것보다는(與其…也) 차라리 검소한 것이 낫다(寧儉)

● 與其害於民, 寧我獨死
백성을 해치게 하는 것보다 차라리 나 혼자 죽는 것이 낫다

於

(동작의 직접대상 전치사) : 동작, 행위가 직접적으로 미치는 대상을 끌어들인다. 於가 있는 '전치사 + 목적어' 구조는 동사 혹은 서술어 다음에 쓰여 보어가 된다. 전치사는 일반적으로 번역할 필요가 없다.

→ 多識於鳥獸草木之名 『論語 · 陽貨』
날짐(鳥)승, 길짐승(기어 다니는 짐승)(獸), 풀(草), 나무(木)의 이름(之名)을 많이 알다(多識)

→ 舜明於庶物, 察於人倫 『孟子 · 離婁章下』
순임금(舜)은 많은 일을 이해(明於庶物)했으며 '사람과 사람 사이의 윤리 관계(人倫)'를 살폈다(察於)'

● 與其害於民, 寧**我**獨死

백성을 해치게 하는 것보다 차라리 나 혼자 죽는 것이 낫다

(대명사) 제1인칭을 나타낸다 (表示第一人稱)

→ 博**我**以文 『論語 · 子罕』

문(文)으로(以) 나를 풍부하게 하다(博我)

(소유격대명사) 친밀함을 나타낸다 (表示親密)

→ 竊比於**我**老彭 『論語 · 述而』

몰래 나의 노팽(老彭)과 비교하다

● 與其害於民, 寧我**獨**死

백성을 해치게 하는 것보다 차라리 나 혼자 죽는 것이 낫다

(부사) '단독'을 나타낸다. '혼자서, 홀로, 독자적으로' (獨自)

→ 人皆有兄弟, 我**獨**亡 『論語 · 顔淵』

사람(人)은 모두(皆) 형제가 있(有兄弟)는데 나만 홀로(我獨) 없다(亡)

→ 嘗**獨**立, 鯉趨而過庭 『論語 · 季氏』

일찍이(嘗) 혼자 서(獨立) 있었을 때 내(리鯉 : 공자 아들)가 종종걸음으로(趨而) 마당을 지나갔다(過庭)

003

恬於所守，人之難能

宋송・王安石왕안석 『賀運使學士轉官啓하운사학사전관계』

<table>
<tr><td><u>恬</u></td><td><u>於</u></td><td>所</td><td><u>守</u>,</td></tr>
<tr><td>염(념), tián</td><td>어, yú</td><td>소, suǒ</td><td>수, shǒu</td></tr>
<tr><td>(형)평온하다,
조용하다[형 → 동]</td><td>(전)상황대상
'~에게, ~에 대하여'</td><td>(조사)~사람, 것, 사건,
곳(↗001)</td><td>(동)지키다, 막다</td></tr>
<tr><td colspan="4">지켜야 하는 것에 대하여 평온해 하는 것은 [화제; topic('어법' 참조)]</td></tr>
<tr><td>人</td><td>之</td><td><u>難</u></td><td><u>能</u></td></tr>
<tr><td>인, rén</td><td>지, zhī</td><td>난(란), nán</td><td>능, néng</td></tr>
<tr><td>(명)사람</td><td>(접)주어 + 之 + 서술어
(↗001)</td><td>(형)어렵다, 곤란하다</td><td>(동사)할 수 있다
[조동사 아님]</td></tr>
<tr><td colspan="4">사람이 하기 어렵다. [亂能은 difficult to do의 형식이다]</td></tr>
</table>

[번역] 지키는 것에 대해 평온해 하는 것은 사람이 하기 어렵다.

語法과 語彙

● **恬**於所守, 人之難能

지키는 것에 대해 평온해 하는 것은 사람이 하기 어렵다

(형용사) 평온하다, 조용하다 (安静; 淸静)

● 恬**於**所守, 人之難能

지키는 것에 대해 평온해 하는 것은 사람이 하기 어렵다

於

(전치사) : '於 + 목적어'의 형태로 동작, 행위나 상황과 관계있는 대상이나 방면을 보여준다. 서술어 뒤에서 보어가 되어 동작, 행위가 아우르는 대상을 끌어들인다. 또는 서술어 앞에서 부사어가 되어 대체로 관련 있는 대상이나 방면의 강조를 보여준다. '~에 대하여', '~에게', '~에 있어서' 등으로 번역된다. (對, 對於, 在對, 跟, 給, 向)

→ 己所不欲, 勿施**於**人 『論語・衛靈公』

자신(己)이 하기 싫은 것(所不欲)을 타인에게(於人) 강요하지 마라(勿施)

→ 葉公問孔子**於**子路, 子路不對 『論語・述而』

엽공(葉公)이 자로에게(於子路) 공자에 대해서 물(問孔子)으나 자로(子路)는 대답하지 않는다(不對)

● 恬於所**守**, 人之難能

지키는 것에 대해 평온해 하는 것은 사람이 하기 어렵다

(동사) 유지하다, 지키다 (保持)

→ 然仆觀其爲人, 自**守**其士 『報任安書』(漢・司馬遷)

그러나(然) 그의 사람됨(其爲人)을 '면밀히 보(仆觀 〈pūguān, 부관〉)'니 스스로(自) 그의(其) 직분(士 : 職事)을 유지할(守) 만하다

(동사) 수비하다, 막다 (防守, 守衛)

→ 宋莫能<u>守</u> 『墨子・公輸』

송(宋)나라가 수비할 수 없다(莫能守)

● 恬於所守, 人之<u>難</u>能

지키는 것에 대해 평온해 하는 것은 사람이 하기 어렵다

(형용사) 곤란하다, 쉽지 않다 (困難, 不容易)

→ 夫大國, <u>難</u>測也, 懼有伏焉 『左傳・莊公十年』

일반적으로(夫) 대국(大國)은 예측하기 어렵고(難測也) 보복이 있(有伏)을까 두렵다(懼...焉)

● 恬於所守, 人之難<u>能</u>

지키는 것에 대해 평온해 하는 것은 사람이 하기 어렵다

(동사) 能 뒤에는 일반적으로 동사가 오지만 명사나 대명사를 목적어로 취할 수 있다

→ 不<u>能</u>三年之喪 『孟子・盡心上』

삼년상(三年之喪)을 할 수 없다(不能)

→ 不賢而<u>能</u>之與? 『孟子・萬章上』

뛰어나지 않(不賢)은데(而) 그것을 할 수 있(能之)었을까(與)?

004

厚而不能使，愛而不能令，亂而不能治

『孫子兵法손자병법 · 地形지형』

厚	而	不	能
후, hòu	이, ér	불, bù	능, néng
(동)중시하다, 우대하다	(접)가정, 조건. '만약 ~하면'	(부정부사) 不＋조동사＋동사	(조동사)~할 수 있다
우대하면 {일을 시킬} 수 없(고)			
使,	**愛**	**而不能**	**令,**
사, shǐ	애, ài	이불능, érbùnéng	령, lìng
(동)*{일을 시키다, 부리다}*	(동)동정하여 아끼다	~면 ~할 수 없다	(동)명령을 내리다
	동정하고 아끼면 명령을 내릴 수 없(고)		
亂	**而不能治**		
란, luàn	이불능치, érbùnéngzhì		
(형)질서 없다, 문란하다	~면 처벌할 수 없다		
질서가 없으면 처벌할 수 없다.			

[번역] 우대하면 일을 시킬 수 없고, 동정하고 아끼면 명령을 내릴 수 없고, 질서가 없으면 처벌할 수 없다.

語法과 語彙

● <u>厚</u>而不能使
우대하면 일을 시킬 수 없다

(동사) 중시하다, 우대하다 (看重; 優待)

● 厚<u>而</u>不能使
우대하면 일을 시킬 수 없다

(접속사) 단문 내에서 사용하여 '가정, 조건'을 나타낸다. '만약~하면'으로 번역된다.

→ 見不賢<u>而</u>內自省也 『論語・里仁』
덕행이 좋지 않은 사람(不賢)을 보면(見…而) 속으로(內) 자기를 반성한다(自省也)

● 厚而<u>不</u>能使
우대하면 일을 시킬 수 없다

不

(부정부사) : 不은 부정부사로 조동사와 연이어 쓰여 '능원(能願 : 바람, 주관적 판단, 가능성. 要, 想, 愿意, 肯, 敢, 應該, 應當, 應, 該, 得[děi], 能, 能夠, 可以, 可, 准, 許, 得[dé], 配, 值得, 可能, 會), 희망, 의향, 태도' 등의 부정을 나타내고 일반적으로 서술어가 된다.

→ 我心匪石, <u>不可</u>轉也 『詩經・邶風・柏舟』
내 마음(我心)은 저(匪 : 彼) 돌(石)과 같으니 옮겨 다니지 않(不可轉)는다(也)

→ 父母之年, <u>不可</u>不知也 『論語・里仁』
부모의 나이(父母之年)는 모르(不知)면 안 된다(不可…也)

● 厚而不<u>能</u>使
우대하면 일을 시킬 수 없다

(조동사) 동사 앞에 놓여 동작, 행위의 가능성을 나타낸다. 또한 부정부사 '不, 弗'의 수식을 받아 동작, 행위의 불가능한 사실을 보여준다.

→ 吾惛, 不**能**進於是矣! 『孟子・梁惠王上』

나(吾)는 총명하지 않(惛)아 여기서(於是) 나아갈 수 없다(不能進...矣)!

● 厚而不能**使**

우대하면 일을 시킬 수 없다

(동사) 일을 시키다, 부리다(: 마소 또는 사람을 시켜 일을 하게 하다), 다루다 (使喚 驅使)

→ 故輕法不可以**使**之 『商君書・外內』

때문에(故) 가벼운 법(輕法)은 그들을 부릴 수 없다(不可以**使**之)

● **愛**而不能令

동정하고 아끼면 명령을 내릴 수 없다

(동사) 소중하게 여기다, 불쌍히 여기다, 동정하여 아끼다 (愛惜 ; 怜惜)

→ 賜也! 爾**愛**其羊! 『論語・八佾』

자공아(賜也)! 너(爾)는 그 양(其羊)을 아끼(愛)는구나!

● 愛而不能**令**

동정하고 아끼면 명령을 내릴 수 없다

(동사) 명령을 내리다 (發出命令)

→ **慢令**謹誅, 賊也 『孔子家語・始誅』

느리게 집행해도 되는 명령을 내리(慢令)고 신중하게 벌을 내리(謹誅 : 謹愼誅罰)는 것은 적이다(賊也)

● **亂**而不能治

질서가 없으면 처벌할 수 없다

(형용사) 질서가 없다, 문란하다 (紊亂, 沒有秩序)

→ 寺僧使小童持斧, 於亂石間擇其一二扣之 『石仲山記』(宋・蘇轍)

사찰의 승려(寺僧)가 작은 아이(小童)더러 도끼를 가져오라 하고(使...持斧) 어지러운 돌 사이에서 (於亂石間) 그 돌맹이 한두 개를 골라(擇其一二) 그것을 치라고 하다((使)...扣之)

● 亂而不能治

질서가 없으면 처벌할 수 없다

(동사) 처벌하다 (懲處)

005

王侯將相寧有種乎?

『史記사기 · 陳涉世家진섭세가』

王侯將相	寧	有
왕후장상, wánghóujiàngxiàng	영(녕), nìng	유, yǒu
(명)왕 작위를 받은 사람, 후작, 장군, 재상 [통사견해 아래]	(부)어찌, 어떻게, 설마	(동)가지고 있다/ 존재하다

1. 왕 작위를 받는 사람, 후작, 장군, 재상(이) 어찌 {종자}를 가지고 있{겠는가}?
2. 왕 작위를 받는 사람, 후작, 장군, 재상(에) 어떻게 {종자}가 있{겠는가}?

種	乎?	
종, zhǒng	호, hū	
(명)곡물의 종자	(어기)반문	

[번역] 왕후장상(제왕 · 제후 · 장수 · 재상)이 어찌 종자를 가지고 있겠는가?

or 왕후장상(제왕 · 제후 · 장수 · 재상)에 어찌 종자가 있겠는가?

語法과 語彙

● <u>王侯將相</u>寧有種乎?

왕후장상이 어찌 종자를 가지고 있겠는가?

(명사) 왕 작위를 받은 사람(王爺), 후작, 장군, 재상 (侯爵將軍宰相)

王侯將相

- 왕야(王爺) : 옛날 왕의 작위에 봉한 사람에 대한 존칭. (舊時對封王爵者的尊稱)
- 후작(侯爵) : 고대 작위명이다. 주나라 이후 한나라와 북위, 명나라 등 소수 몇 개의 왕조를 제외하고 대체로 모두 5등급의 작위에서 두 번째 등급이다. (古代爵位名. 自周以來, 除漢、北魏、明等少數幾個朝代, 大體皆爲五等爵位的第二等)
- 장군(將軍) : 전국 시대 무술武術에 뛰어나고 군대軍隊를 거느려 다스리는 우두머리의 이름으로 삼기 시작했다. (戰國時始爲武將名)
- 재상(宰相) : 본래는 정권을 장악한 큰 관리에 대해 두루 쓰이는 호칭이었고, 후에는 역대로 황제를 보좌하고, 여러 관료를 통솔하고, 정무를 손에 장악한 최고행정장관을 가리키는 데 쓰였다. (本爲掌握政權的大官的泛稱, 後來用以指歷代輔助皇帝、統領群僚、總攬政務的最高行政長官)

● 王侯將相<u>寧</u>有種乎?

왕후장상이 어찌 종자를 가지고 있겠는가?

(부사) 반문을 나타낸다. '어떻게, 어찌, 설마' 등으로 번역된다 (表示反詰, 相當于"豈"、"難道")

● 王侯將相寧<u>有</u>種乎?

왕후장상이 어찌 종자를 가지고 있겠는가?

(동사) 가지다, 소유하다, 가지고 있다 (領有 ; 具有 ; 專有 ; 拥有)

→ <u>有</u>諸內, 必形諸外 『孟子・告子下』

그것을 안에 가지고 있(有諸內)으면 반드시(必) 그것을 밖으로 드러낸다(形諸外)

(동사) 존재하다 (存在)

→ 今有良醫於此, 治十人而起九人 『呂氏春秋・察賢』

지금(今) 의술이 뛰어난 의사(良醫 : 醫道高明的醫生)가 여기 '존재하(有...於此)는데(=있는데)' 열 사람을 고치면(治十人而) 아홉 사람을 일어나게 한다(起九人)

(동사) 있다 (與無相對)

→ 夷狄之有君, 不如諸夏之亡也 『論語・八佾』

동쪽과 북쪽의 부족이(夷狄之) 왕을 갖고 있(有君)지만, 중원 지역 각 제후국이(諸夏之) 왕을 갖고 있지 않(亡)은 것만 못하다(不如...也)

● 王侯將相寧有**種**乎?

왕후장상이 어찌 종자를 가지고 있겠는가?

1. 곡물의 종자 (穀物的種子)
2. 동족, 종족 (族類; 宗族)
3. 인종 (種族)
4. 사물이 지속해서 발전할 수 있는 근원 (指事物得以延續發展的根源)
5. 종류, 분류 (種類; 類別)

● 王侯將相寧有種**乎**?

왕후장상이 어찌 종자를 가지고 있겠는가?

(어기사) 반문의 어기를 도와준다. 현대중국어 嗎, 呢의 어기 (助反詰語氣. 嗎, 呢)

→ 楚王遺弓, 楚人得之, 又何求乎? 『公孫龍子・迹付』

초나라 왕(楚王)이 활을 잃어버리(遺弓)고, 초나라 사람(楚人)이 그걸 주웠(得之)는데 또(又) 무엇을 찾(何求)겠는가(乎)?

(於)王侯將相寧有種乎?

왕후장상이 어찌 종자를 가지고 있겠는가?

견해

1. 王侯將相寧有種乎?에서 왕후장상(王侯將相)이 주어가 되는 경우가 가능하다(왕후장상이 어찌 종자를 가지고 있겠는가?).

2. 한편 문두와 문중에서 '장소'를 나타내는 명사(구) 앞에는 장소전치사가 빈번하게 생략되는데 여기서 왕후장상(王侯將相)은 장소보다는 대상으로 '직위'를 나타낸다. 이를 장소로 볼 수 있는지에 대해 판단할 필요가 있다(왕후장상에 어찌 종자가 있겠는가?).

→ (於)道聽而塗說, 德之棄也 『論語・陽貨』

길에서 들은 다음(道聽而) 길에서 말하(塗說)는 것은 '덕을 버리고 돌보지 않는 것이다; 德의 포기이다(德之棄也)'

→ 三飯繚適(於)蔡, 四飯缺適(於)秦, 鼓方叔入於河, 播鼗武入於漢

삼반(三飯) 요(繚)는 채(蔡)나라에 가고, 사반(四飯) 결(缺)은 진(秦)나라에 가고, 북을 치(鼓)는 방숙(方叔)은 황하 지역으로 들어가(入於河)고, 땡땡이를 흔들(播鼗)던 무(武)는 '한수(漢水)로 들어간다(入於漢水)'

3. 문두에서 대상전치사가 생략될 수 있는지 용례를 찾을 필요가 있을 것 같다.

006

刑當罪則威, 不當罪則侮

『荀子순자 · 君子군자』

刑	當罪	則	威,
형, xíng	당죄, dāngzuì	즉, zé	위, wēi
(명)형벌	(동)벌이 그 죄에 상응하다	(접)조건 + 則 + 결과	(형)위엄 있는, 존엄 있는
형벌이 그 죄에 상응하면 위엄이 있(고)			

(刑)不當罪則	侮
부당죄즉, búdàngzuìzé	모, wǔ
(형벌이) 그 죄에 상응하지 않으면	(동)업신여기다, 모욕하다, 소홀히 하다. [(동사→피동) 품사 활용 & 피동문]
(형벌이) 그 죄에 상응하지 않으면 모욕을 당한다. [복문에서 주어가 각각의 서술어에 대해 동일한 경우로 주어를 한 번만 사용했다]	

[번역] 형벌이 그 죄에 상응하면 위엄이 있고, 그 죄에 상응하지 않으면 모욕을 당한다.

語法과 語彙

● 刑當罪則威

형벌이 그 죄에 상응하면 위엄이 있다

(명사) 형벌 (刑罰)

→ 刑罰不中, 則民無所措手足 『論語·子路』

형벌(刑罰)이 부적절하면(不中, 則) 백성(民)은 손발(手足)을 둘 곳이 없다(無所措)

→ 齊之以刑 『論語·爲政』

형벌로(以刑) 훈계하여 타이르다(齊之)

(동사) 처벌하다, 징벌하다 (懲治)

● 刑當罪則威

형벌이 그 죄에 상응하면 위엄이 있다

(동사) 벌이 그 죄에 상응하다 (謂罰當其罪)

● 刑當罪則威

형벌이 그 죄에 상응하면 위엄이 있다

則

(접속사) : 인과 접속사로서 앞의 문장은 조건을 나타내고 뒷부분은 결과를 나타낸다. 때로 조건과 원인은 분명하게 구분하기가 쉽지 않아 지나치게 구애되는 것은 불필요하다.

→ 思則得之, 不思則不得也 『孟子·告子』

생각하면(思則) 얻(得之)고, 생각하지 않으면(不思則) 얻지 못한다(不得也)

→ 以五十步笑百步, 則何如? 『孟子·梁惠王上』

오십 보로(以五十步) 백 보를 비웃는다면(笑百步, 則) 어떠한가(何如)?

● 刑當罪則<u>威</u>

형벌이 그 죄에 상응하면 위엄이 있다

(명사) 위엄, 존엄 (尊嚴, 威嚴)

→ 天<u>威</u>不違顔咫尺 『左傳・僖公九年』

천자의 위엄(天威)이 눈앞(顔咫尺)에서 떠나지 않는다(不違)

(형용사) 위엄 있는, 존엄 있는 (尊嚴, 威嚴)

→ <u>威</u>而不猛 『論語・述而』

위엄이 있지만(威而) 무섭지는 않다(不猛)

→ 君子不重, 則不<u>威</u> 『論語・學而』

군자(君子)가 단정하고 장중하지 않으면(不重, 則) 위엄이 없다(不威)

● 刑當罪則威, 不當罪則<u>侮</u>

형벌이 그 죄에 상응하면 위엄이 있고, 그 죄에 상응하지 않으면 모욕을 당한다

(동사) 업신여기다, 모욕하다, 소홀히 하다 (怠慢, 輕慢, 欺負, 侮辱)

→ 北方有<u>侮</u>臣者, 愿借子殺之 『墨子・公輸』

북방에(北方) 나를 모욕하는 사람(侮臣者)이 있는(有)데 당신을 빌어(借子) 그를 죽이고 싶다(愿...殺之)

→ <u>侮</u>聖人之言 『論語・季氏』

성인(聖人)의 말(之言)을 '모욕하다・업신여기다(侮)'

007

貧富之道，莫之奪予而巧者有餘，拙者不足

『史記사기 · 貨殖列傳序화식열전서』

貧富	之	道,	莫
빈부, pínfù	지, zhī	도, dào	막, mò
(명)빈부, 가난하고 부유함	(조사)수식, 종속 관계. '~의'	(명)방법 · 도로, 길 · 규율, 도리	(대)행위 주체 없음, nobody(아무도 ~않다)
빈부의 방법(은) [주어구]			아무도
之	奪	予	而
지, zhī	탈, duó	여, yú	이, ér
(대)재지시. '그것, 그 사람, 그곳	(동)빼앗다	(동)주다, 수여하다	(접)원인 + 而 + 결과
'그것을(=빈부의 방법)' 빼앗아 주지 않기 때문에			
[부정대명사(莫 : 아무도) + 목적어(之 : 그것을 : 빈부의 방법을) + 동사(奪 : 빼앗다) + 동사(予 : 주다)로 '부정대명사'로 인해 동사와 목적어가 도치된 '목적어 전치' 통사이다. 아래 참조]			
巧	者	有餘,	拙
교, qiǎo	자, zhě	여유, yǒuyú	졸, zhuō
(형)민첩하다, 교묘하다	(조사)~한 사람, ~한 것	(형/동)여유가 있다	(형)아둔하다, 굼뜨다
민첩한 사람은 여유가 있(고)			굼뜬

者	不足
자, zhě	부족, bùzú
(조사)~한 사람, ~한 것	(형)부족하다, 충분하지 못하다
사람은 부족하다.	

[번역] 빈부의 방법은 아무도 ‘그것을(=빈부의 방법을)’ 빼앗아 주지 않기 때문에 민첩한 사람은 여유가 있고, 굼뜬 사람은 부족하다.

語法과 語彙

● 貧富之道, 莫之奪予
빈부의 방법은 아무도 '그것을(=빈부의 방법을)' 빼앗아 주지 않는다

(조사) 수식, 종속 관계의 표지 (標志修飾、領屬關係)

→ 奚取於三家之堂? 『論語・八佾』
왜(奚) 삼가의 사당에서(於三家之堂) 채택하(取)는가?

→ 蔓草猶不可除, 况君之寵弟乎! 『左傳・隱公元年』
우거진 들판의 잡초(蔓草)도 여전히(猶) 제거할 수 없(不可除)는데 하물며(况) 그대의(君之) 사랑하는 동생(寵弟)은(乎)?!

● 貧富之道, 莫之奪予
빈부의 방법은 아무도 '그것을(=빈부의 방법을)' 빼앗아 주지 않는다

(명사) 방법, 경로徑路(: 일이 진행되는 방법이나 순서 / 지나는 길), 수단(方法, 途徑)

→ 此五者, 知勝之道也 『孫子・謀攻』
이(此) 다섯 사람(五者)은 이기는 방법(勝之道)을 안다(知...也)

(명사) 도로, 길 (道路)

→ 道聽而塗說, 德之棄也 『論語・陽貨』
길에서 들은 다음(道聽而) 길에서 말하(塗說)는 것은 '덕을 버리고 돌보지 않는 것이다; 德의 포기이다(德之棄也)'

(명사) 규율, 도리 (規律, 道理)

→ 臣之所好者, 道也, 進乎技矣 『莊子・養生主』
제가(臣之) 좋아하는 것(所好者)은 '규율・도리'이(道也)고, 일반적인 기예(技)를 넘었습니다(進乎...矣)

→ 古之道也 『論語・八佾』
과거의 규율(古之道)이다(也)

● 貧富之道, 莫之奪予

빈부의 방법은 아무도 '그것을(=빈부의 방법)' 빼앗아 주지 않는다

莫

(무지시대명사) : 대명사를 내포하여 문장 안에서 부정을 나타내고 보통 동사 서술어 앞에 쓰여 동작, 행위의 주체가 없다는 것을 보여준다. '아무도 없다, 아무도 ~할 수 없다, 아무도 ~않다' 등으로 번역된다. (没有誰(能), 没人)

→ 魯人從君戰, 三戰三北. 仲尼問其故, 對曰 : "吾有老父, 身死, 莫之養也"

『韓非子・五蠹』

노나라 사람(魯人)이 왕을 따라(從君) 전쟁을 했(戰)지만 세 번 싸워(三戰)서 세 번 패했다(三北). 공자(仲尼)가 그 이유에 대해 묻(問其故)자 대구하여 말했다(對曰). "저(吾)는 늙은 아비가 있(有老父)어 제가(身) 죽(死)으면 아무도(莫) 아비(之)를 봉양할 수 없습니다(莫...養)"

→ 莫我知也夫! 『論語・憲問』

아무도 나를 몰라(莫我知)준다(也夫)

→ 不患莫己知 『論語・里仁』

아무도 자신을 알지 못하(莫己知)는 것을 걱정하지 않다(不患)

• 상기 두 예문은 부정대명사 '莫막' 때문에 다음에 나오는 '동사 + 목적어' 어순이 도치되었다(莫 + 목적어 + 동사)

• 부정대명사 '莫막'을 사용할 때 뒤에 등장하는 '동사 + 목적어'가 도치되지 않을 수도 있다(莫 + 동사 + 목적어)

→ 何爲其莫知子也? 『論語・憲問』

왜(何爲其) 아무도 그대를 몰라주는가(莫知子也)?

● 貧富之道, 莫之奪予
빈부의 방법은 아무도 '그것을(=빈부의 방법을)' 빼앗아 주지 않는다

재지시(復指)

재지시는 '동격어'를 가리킨다. 지시대명사를 사용하여 문중에 이미 출현한 성분을 반복하여 대신 가리킨다. 재지시는 대칭재지시(稱代復指)와 중첩재지시(重疊復指) 두 가지가 있다.

대칭재지시는 문장 안의 주어, 한정어, 목적어 등 어떤 부분을 강조하거나 돌출시키기 위해서 그것을 문장의 앞부분에서 제시하고 하나의 대명사(之, 其, 此, 是 중 하나)를 이용하여 재지시한다. 통사 구조를 간결하고 명쾌하게 해주는 효과를 얻을 수 있다. (더 많은 정보는 『언어 논어』 (김형주, 2020) 참조)

→ 子之十三篇, 吾盡觀之矣, 可以小試勒兵乎? 『史記・孫子吳起列傳』
너의 13편(子之十三篇) (병법)을 나는 모두 그것을 보았(吾盡觀之矣)으니 작은 시험으로(以小試) 군대를 지휘할 수 있(可…勒兵)을까(乎)?

→ 板印書籍, 唐人尚未盛行之 『夢溪筆談・技藝』
판목에 새긴(板印) 서적(書籍)을 당나라 사람들(唐人)은 '아직/여전히(尚)' 그것(之)을 광범위하게 유행시키(盛行 : 廣泛流行)지 못했다

● 貧富之道, 莫之奪予
빈부의 방법은 아무도 '그것을(=빈부의 방법을)' 빼앗아 주지 않는다

(동사) 빼앗다 (奪取, 搶奪)

→ 行年四歲, 舅奪母志 (晉・李密『陳情表』)
나이(行年 : 경과한 나이, 당시의 나이. 經歷的年歲, 指當時年齡)가 4세(四歲)가 되었을 때 외삼촌(舅)은 어머니의 뜻을 빼앗았다(奪母志)

● 貧富之道, 莫之奪予
빈부의 방법은 아무도 '그것을(=빈부의 방법을)' 빼앗아 주지 않는다

(동사) 주다 (授予 給予)

→ 四弟曰 : "吾未予子酒矣" 『墨子·公孟』

넷째 동생(四弟)이 말한다(曰). : "나는(吾) 당신(子)에게 술(酒)을 '주지 않았다(未予)'"

● 貧富之道，莫之奪予而巧者有餘，拙者不足

빈부의 방법은 아무도 '그것을(=빈부의 방법을)' 빼앗아 주지 않기 때문에 민첩한 사람은 여유가 있고, 굼뜬 사람은 부족하다

而

(접속사) : 앞부분의 동작 행위는 원인, 조건을 나타내고 뒷부분의 동작 행위는 결과를 나타낸다. (就, 就要, 而)

→ 紂以其大得人心而惡之 『韓非子·難二』

주왕(紂)은 그가(其) 인심을 크게 얻었(大得人心)기 때문에(以...而) 그(之)를 싫어한다(惡). (원인과 결과를 연결하는 접속사로 쓰였다)

→ 入境而問禁, 入國而問俗, 入門而問諱 『禮記·曲禮上』

국경에 들어가(入境)면(而) 금지령에 대해 묻(問禁)고, 수도에 들어가면(入國而) 풍습에 대해 묻고(問俗), 다른 사람의 집에 들어가면(入門而) 사람의 이름과 휘에 대해 묻는다(문휘問諱 : 고대의 예의로 처음 다른 사람의 집에 가면 먼저 조상의 이름과 금기하는 말을 묻는데 문제를 일으키지 않기 위해서이다. 古禮，初至人家，先問以祖先名諱，以免觸犯). (조건과 결과를 연결하는 접속사로 쓰였다)

● 巧者有餘，拙者不足

민첩한 사람은 여유가 있고, 굼뜬 사람은 부족하다

(형용사) 민첩하다, 교묘하다 (靈巧 巧妙)

→ 巧言令色 『論語·學而』

교묘한 말(巧言)과 좋은 표정(令色)

● 巧<u>者</u>有餘, 拙者不足
민첩한 사람은 여유가 있고, 굼뜬 사람은 부족하다

者

(구조조사) 단독으로 사용될 수 없고 반드시 다른 단어나 구 등과 어울려 명사구를 만들어야 비로소 대명사의 역할을 할 수 있다. 동사, 형용사 또는 각종 구와 결합하여 사람, 사물을 가리키며 '~사람, ~한 것' 등으로 번역된다.

→ 然而至此极<u>者</u>, 命也夫! 『莊子』
그럼에도(然而) 이 지경에 이른(至此极) 것(者)은 운명이다(命也夫)!

→ 知之<u>者</u>不如好之<u>者</u>, 好之<u>者</u>不如樂之<u>者</u> 『論語・雍也』
아는 사람(知之者)은 좋아하는 사람(好之者)보다 못하(不如)고, 좋아하는 사람(好之者)은 즐기는 사람(樂之者)보다 못하다(不如)

● 巧者有餘, <u>拙</u>者不足
민첩한 사람은 여유가 있고, 굼뜬 사람은 부족하다

(형용사) 아둔하다, 굼뜨다 (笨拙 ; 遲鈍)

→ 良工取之, <u>拙</u>者疑殆 『史記・扁鵲倉公列傳』
기예(技藝 : 예술로 승화될 정도로 갈고닦은 기술이나 재주)가 훌륭한 사람(良工)은 그것을 택하(取之)지만 아둔한 사람(拙者)은 의혹을 풀지 못한다(疑殆 : 疑惑不解)

● 巧者有餘, 拙者<u>不足</u>
민첩한 사람은 여유가 있고, 굼뜬 사람은 부족하다

(형용사) 충분하지 못하다, 부족하다 (不充足, 不夠)

→ 冶容<u>不足</u>咏, 春游良可嘆 『日出東南隅行』(晉・陸機)
아름다운 용모(冶容)는 감정을 전하기에(咏) 부족하(不足)고 봄나들이(春游)는 정말로(良) 감탄할 만하다(可嘆)

008

酒宜節飮, 財宜節用

『元史원사·王利用傳왕리용전』

酒	宜	節	飮,
주, jiǔ	의, yí	절, jié	음, yǐn
(명)술 [화제topic]	(조동사) 마땅히 ~해야 한다	(동)절제하다, 절약하다[동→부] (품사 활용)	(동)마시다
술은 마땅히 절제하여 마셔야 하(고)			
財	**(又)宜**	**節**	**用**
재, cái	의, yí	절, jié	용, yòng
(명)재물, 돈 [화제topic]	(조동사) 마땅히 ~해야 한다	(동)절제하다, 절약하다[동→부] (품사 활용)	(동)쓰다, 사용하다
돈 (역시) 마땅히 절제하여(or 절약하여) 써야 한다.			

[번역] 술은 마땅히 절제하여 마셔야 하고, 돈 (역시) 마땅히 절제하여(or 절약하여) 써야 한다.

語法과 語彙

● 酒<u>宜</u>節飮

술은 마땅히 절제하여 마셔야 한다

(부사) 마땅히 (應當, 應該)

(조동사) 마땅히 ~해야 한다 (應當, 應該)

→ 老臣<u>宜</u>從, 但犬馬之疾, 日月增甚, 恐死於道路, 仰累陛下 『隋唐嘉話』卷上(唐・劉餗)

늙은 제가(老臣) 마땅히(宜) 따라(從)야 하지만(但) '소인(犬馬)'의 병(之疾)이 나날이(日月) 깊어져(增甚) '객사하여(死於道路)' 폐하를 번거롭게 할까(仰累陛下) 두렵습니다(恐)

● 酒宜<u>節</u>飮

술은 마땅히 절제하여 마셔야 한다

(동사) 절제하다, 절약하다 (節制, 節約)

→ 强本而<u>節</u>用, 則天不能貧 『荀子・天論』

근본을 강화하고(强本而) 비용을 절약하면(節用, 則) 하늘(天)은 빈곤하게 할 수 없다(不能貧)

009

小人居上位必驕慢而在下必暴虐

『易역・'係・繫'辭上계사상』

小人	居	上位	必
소인, xiǎorén	거, jū	상위, shàngwèi	필, bì
(명)소인; 지위가 낮은 사람	(동)머물다	(명)높은 관리, 출세한 직위	(부)반드시, 꼭, 분명히
지위가 낮은 사람은 출세한 직위에 머물 때 꼭			
驕慢	而	在	下(位)
교만, jiāomàn	이, ér	재, zài	하, xià
(형)교만하다	(접)병렬, '그리고'	(동)~에 있다	(명)낮은 지위, 비천한 지위
교만하고 낮은 지위에 있을 때			
必	暴虐		
필, bì	포학, bàonüè		
(부)반드시, 꼭, 분명히	(형)포학하다		
꼭 포학하다.			

[번역] 지위가 낮은 사람은 출세한 직위에 머물 때 꼭 교만하고, 낮은 지위에 있을 때 꼭 포학하다.

견해

본문의 통사는 두 개의 시간조건 긴축복문을 접속사 而로 연결한 복문으로 볼 수 있다. 또 한 가지 주목해야 할 부분은 '행위 + 장소'의 통사가 출현할 때 '장소 앞에 전치사가 생략'되는 경우이다(居(於)上位 / 在(於)下(位)). 이 통사는 고대중국어에서 빈번하게 출현한다. 하지만 생략되지 않는 경우도 있다.

→ 三飯繚適(於)蔡, 四飯缺適(於)秦, 鼓方叔入於河, 播鼗武入於漢

삼반(三飯) 요(繚)는 채(蔡)나라에 가고, 사반(四飯) 결(缺)은 진(秦)나라에 가고, 북을 치는 방숙(方叔)은 황하 지역으로 들어가고, 땡땡이를 흔들던 무(武)는 한수(漢水)로 들어간다)

語法과 語彙

● 小人居上位必驕慢而在下必暴虐

지위가 낮은 사람은 출세한 직위에 머물 때 꼭 교만하고, 낮은 지위에 있을 때 꼭 포학하다

(명사) 옛날 지위가 낮은 사람을 낮춰 부르는 호칭. 지금은 보통 품격이 낮은 사람을 가리킨다 (古時對地位低下的人的鄙稱. 今泛指品格卑下的人)

→ 子曰 : "君子喩於義, 小人喩於利" 『論語・里仁』

공자가 말했다. "군자(君子)는 의를 알(喩於義)고 소인(小人)은 이익을 안다(喩於利)"

● 小人居上位必驕慢而在下必暴虐

지위가 낮은 사람은 출세한 직위에 머물 때 꼭 교만하고, 낮은 지위에 있을 때 꼭 포학하다

(동사) 머물다 (停留, 停)

→ 居十日, 扁鵲復見 『韓非子・喩老』

10일 머무(居十日)를 때 편작(扁鵲; 인명, BC407~BC310, 고대 의사)이 또(復) 보러 오다(見)

● 小人居<u>上位</u>必驕慢而在下必暴虐
지위가 낮은 사람은 출세한 직위에 머물 때 꼭 교만하고, 낮은 지위에 있을 때 꼭 포학하다

(명사) 높은 관리. 출세한 직위 (高官 ; 顯達的職位)

→ 在<u>上位</u>不淩下 『禮記・中庸』
높은 위치에 있(在上位)을 때 아랫사람을 업신여기(淩下)지 않다(不)

● 小人居上位<u>必</u>驕慢而在下必暴虐
지위가 낮은 사람은 출세한 직위에 머물 때 꼭 교만하고, 낮은 지위에 있을 때 꼭 포학하다

(부사) 꼭, 반드시, 분명히 (一定, 必然)

→ 師不<u>必</u>賢於弟子 『師說』(唐・韓愈)
스승(師)이 반드시(必) 학생보다 현명한(賢於弟子) '것은 아니다(不必)'

● 小人居上位必驕慢<u>而</u>在下必暴虐
지위가 낮은 사람은 출세한 직위에 머물 때 꼭 교만하고, 낮은 지위에 있을 때 꼭 포학하다

而

(접속사) 단어, 구, 문장을 연결시켜 병렬 관계를 보여준다. (連接詞、詞組或分句, 表示并列關係)

→ 天道賞善<u>而</u>罰淫 『單子知陳必亡』(先秦)
하늘의 준칙(天道)은 착한 것에 상을 주(賞善)고(而) 사악한 것에 벌을 준다(罰淫)

● 小人居上位必驕慢而<u>在</u>下必暴虐
지위가 낮은 사람은 출세한 직위에 머물 때 꼭 교만하고, 낮은 지위에 있을 때 꼭 포학하다

(동사) ~에 처하다, ~에 거주하다 (處于, 居于)

→ <u>在</u>上位不淩下 『禮記・中庸』
높은 위치에 있(在上位)을 때 아랫사람을 업신여(淩下)기지 않다(不)

● 小人居上位必驕慢而在<u>下(位)</u>必暴虐

지위가 낮은 사람은 출세한 직위에 머물 때 꼭 교만하고, 낮은 지위에 있을 때 꼭 포학하다

(명사) 낮은 지위, 비천한 지위 (低下的地位 ; 卑賤的地位)

→ 是故居上位而不驕, 在<u>**下位**</u>而不憂 『易・乾』

이 때문에(是故) 출세한 직위에 있지만(居上位而) 교만하지 않(不驕)고 낮은 지위에 있지만(在下位而) 걱정하지 않는다(不憂)

010

故善戰者，致人而不致於人

『孫子兵法손자병법 · 虛實허실』

故	善戰	者,	致人
고, gù	선전, shànzhàn	자, zhě	치인, zhìrén
(인과접속사) 그래서, 그러므로	(동)작전을 잘하다	(조사)단어 · 구 + 者. '~사람, ~한 것'(↗007)	(동)타인을 제어하다
그러므로 작전을 잘하는 사람(은) [주어구]			**타인을 제어하지**
而	不	致	於
이, ér	불, bú	치, zhì	어, yú
(접)전환. '그러나, 오히려'	(부)동사술어 앞. '~하지 않다'	(동)타인을 제어하다 [동사 → 피동]	(전)피동. '~에 의해서'
{타인}에 의해서 제어되지 않는다. [피동표지 전치사 '於'로 인하여 앞의 동사(제어하다)가 피동으로 바뀌었다]			
人			
인, rén			
(명) *{타인, 다른 사람}*			

[번역] 그러므로 작전을 잘하는 사람은 타인을 제어하지, 타인에게 제어되지 않는다.

語法과 語彙

● 故善戰者, 致人而不致於人
그러므로 작전을 잘하는 사람은 타인을 제어하지, 타인에게 제어되지 않는다

故

(인과접속사) : 보통 인과복문에서 뒤의 단문의 문두에 쓰이며 앞의 원인이 있기 때문에 뒤의 결과가 있다는 것을 나타낸다. '그래서, 그러므로' 등으로 번역된다.

→ 彼竭我盈, 故克之 『左傳·莊公十年』
저들(彼)은 '힘을 다 쓰고(竭)' 우리(我)는 '힘이 충만해(盈)'서(故) 그들을 물리친다(克之)

● 故善戰者, 致人而不致於人
그러므로 작전을 잘하는 사람은 타인을 제어하지, 타인에게 제어되지 않는다

(동사) 작전을 잘하다, 작전에 대해 잘하다 (善於作戰)

→ 善戰者不死 『穀梁傳·莊公八年』
작전을 잘하는 사람(善戰者)은 죽지 않는다(不死)

● 故善戰者, 致人而不致於人
그러므로 작전을 잘하는 사람은 타인을 제어하지, 타인에게 제어되지 않는다

(동사) 타인을 '제어하다·통제하다' (控制別人)

● 故善戰者, 致人而不致於人
그러므로 작전을 잘하는 사람은 타인을 제어하지, 타인에게 제어되지 않는다

而

(접속사) : 전환을 나타내는 접속사로 앞뒤의 두 부분이 의미적으로 서로 상대적이거나 상반되는 구를 가지고 있어 서로 협력하고 앞뒤의 전환 의미를 돌출되게 한다. '그러나, 오히려' 등으로 번역된다.

→ 擧世皆混濁而我獨淸, 衆人皆醉而我獨醒 『史記・屈原賈生列傳』

온 세상(擧世)은 모두(皆) 혼탁하지만(混濁而) 나만 맑고(我獨淸) 많은 사람들(衆人)은 모두(皆) 취해 있지만(醉而) 나만 깨어 있다(我獨醒)

● 故善戰者, 致人而不致於人

그러므로 작전을 잘하는 사람은 타인을 제어하지, 타인에게 제어되지 않는다

不

(부정부사) : 보통 동사 서술어 앞에 쓰여 부사어가 되어 각종 부정을 나타낸다. 주관적인 바람이나 태도에 대한 부정을 보여준다. '~하지 않다' 등으로 번역된다. (不肯, 不願)

→ 敏而好學, 不恥下問 『論語・公冶長』

똑똑하고 게다가 배우는 것을 좋아하(敏而好學)고 자신보다 지위가 낮은 사람에게 묻는 것을 부끄러워하지 않다(不恥下問)

● 故善戰者, 致人而不致於人

그러므로 작전을 잘하는 사람은 타인을 제어하지, 타인에게 제어되지 않는다

於

(전치사) : 피동의 의미로 쓰여 동작, 행위의 동작주(agent. '어법' 참조)를 유도한다. '~에 의해서'로 번역할 수 있다.

→ 有備則制人, 無備則制於人 『鹽鐵論・險固』

준비가 되어 있으면(有備則) 사람을 지배하(制人)지만, 준비가 안 되어 있으면(無備則) 사람에게 지배당한다(制於人)

● 故善戰者, 致人而不致於<u>人</u>

그러므로 작전을 잘하는 사람은 타인을 제어하지, 타인에게 제어되지 않는다

(명사) 타인, 다른 사람 (別人, 他人)

→ 丘也幸, 苟有過, <u>人</u>必知之 『論語・述而』

나(丘 : 공자)는(也)... 운이 좋다(幸). 만약(苟) 잘못이 있(有過)으면 다른 사람(人)이 꼭 그것을 알려 준다(必知之)

011

政寬則民慢，慢則糾之以猛

『左傳좌전・昭公二十年소공20년』

<table>
<tr><td>政</td><td>寬</td><td>則</td><td>民</td></tr>
<tr><td>정, zhèng</td><td>관, kuān</td><td>즉, zé</td><td>민, mín</td></tr>
<tr><td>(명)정치 권력</td><td>(형)관대하다</td><td>(접)조건＋則＋결과
(↗006)</td><td>(명)백성</td></tr>
<tr><td colspan="4">정치권력이 관대하면 백성이</td></tr>
<tr><td>慢,</td><td>慢</td><td>則</td><td>糾</td></tr>
<tr><td>만, màn</td><td>만, màn</td><td>즉, zé</td><td>규, jiū</td></tr>
<tr><td>(형)교만하다,
거만하다</td><td>(형)교만하다,
거만하다</td><td>(접)조건＋則＋결과
(↗006)</td><td>(동)바로잡다,
시정하다</td></tr>
<tr><td>교만한(데)</td><td colspan="3">교만하면 {백성을 무서움으로} 바로잡는다.</td></tr>
<tr><td>之</td><td>以</td><td>猛</td><td rowspan="4">품사 활용,
'어법' 참조</td></tr>
<tr><td>지, zhī</td><td>이, yǐ</td><td>맹, měng</td></tr>
<tr><td>(대)재지시(↗007).
백성</td><td>(전)행위 도구.
'~로'</td><td>(형)호되다, 무섭다
[형→명](품사 활용)</td></tr>
<tr><td colspan="3">{백성을 무서움으로}</td></tr>
</table>

[번역] 정치권력이 관대하면 백성이 교만한데, 교만하면 무서움으로 백성을 바로잡는다.

語法과 語彙

● 政寬則民慢

정치권력이 관대하면 백성이 교만하다

(명사) 정치권력 (政治權力)

→ 政不在大夫 『論語・季氏』

정치권력(政)은 대부에게 있지 않다(不在大夫)

(명사) 정치, 정사 (政治, 政事)

→ 夏桀爲虐政淫荒 『史記・殷本紀』

하(夏)나라 걸(桀)왕이 '가혹한 정치를 행하(爲虐政)'고 '안락함에 빠지다(淫荒 〈음황, yínhuāng〉)'

● 政寬則民慢

정치권력이 관대하면 백성이 교만하다

(형용사) 관대하다 (寬大)

→ 責人貴寬 『刑賞忠厚之至論』(宋・蘇軾)

사람을 비난할(責人) 때 귀중한(貴) 것은 관대함(寬)이다

● 政寬則民慢

정치권력이 관대하면 백성이 교만하다

(형용사) 교만하다, 거만하다 (驕傲 ; 驕慢)

→ 君子無衆寡, 無小大, 無敢慢 『論語・堯曰』

군자(君子)는 많고 적음에 관계없이(無衆寡), 작고 큼에 관계없이(無小大) 감히 교만하지 않는다(無敢慢)

(형용사) 나태하다 (怠惰 ; 懈怠)

● 慢則糾之以猛

교만하면 무서움으로 백성을 바로잡는다

(동사) 바로잡다, 시정하다 (糾正, 矯正)

→ 以五刑**糾**萬民 『周禮・秋官司寇第五』

오형(五刑 : 다섯 가지 경중輕重이 다른 형법; 五種輕重不等的刑法)으로(以) 많은 백성(萬民 : 廣大百姓)을 바로잡다(糾)

● 慢則糾之**以**猛

교만하면 무서움으로 백성을 바로잡는다

(전치사) 빌려온 사물이나 따르는 준칙을 소개한다. '~로, ~을 이용하여, ~에 따라' (拿, 用, 按照, 依照)

보충

행위의 도구를 지칭하는 데 사용된 '以'는 '쓰다'라는 동사로서의 의미를 단순 확장한 것이다. '以'가 유도한 구는 본동사 앞에 올 수도 있고, 뒤에 놓일 수도 있다. 현대중국어에서는 이러한 전치사구의 자유로운 어순은 상실되었다. 본동사의 보어로 사용되는 특별한 경우를 제외하면 일반적인 수식어와 마찬가지로 전치사구는 언제나 동사 앞에 위치한다.(Pulleyblank, 1995)

→ 殺人**以**挺 『孟子・梁惠王上』

몽둥이로(以挺) 사람을 죽이다(殺人)

→ 醒, **以**戈逐子犯 『左傳・僖公二十三』

잠에서 깨(醒)어 창으로(以戈) 자범(子犯)을 추적하다(逐子犯)

● 慢則糾之以**猛**

교만하면 무서움으로 백성을 바로잡는다

(형용사) 호되다, 무섭다 (嚴厲)

→ 威而不**猛** 『論語・述而』

위엄이 있(威)지만(而) 무섭지는 않다(不猛)

012

習善而爲善，習惡而爲惡

『論衡논형・本性본성』

習	善	而	爲	善,
습, xí	선, shàn	이, ér	위, wéi	선, shàn
(명)습관	(형)좋다	(접)조건가정 +而+ 결과(↗004)	(동)만들다	(형)좋다→좋은 것 [형→명]
습관이 좋으면 선善을(=좋은 것을) 만들(고)				
習	惡	而	爲	惡
습, xí	악, è	이, ér	위, wéi	악, è
(명)습관	(형)좋지 않다, 나쁘다[악, è]	(접)조건가정 +而+ 결과(↗004)	(동)만들다	(형)나쁘다 →나쁜 것 [형→명]
습관이 나쁘면 악惡을(=나쁜 것을) 만든다.				

[번역] 습관이 좋으면 선善을(=좋은 것을) 만들고 습관이 나쁘면 악惡을(=나쁜 것을) 만든다.

語法과 語彙

● <u>習</u>善而爲善

습관이 좋으면 선善을(=좋은 것을) 만든다

(명사) 습관, 나쁜 습관 (習慣, 習染)

→ 性相近也, <u>習</u>相遠也 『論語・陽貨』

사람의 본성(性)은 서로 가깝고(相近也) (나쁜) 습관(習)이 서로 멀어지게 한다(相遠也)

● 習<u>善</u>而爲善

습관이 좋으면 선善을(=좋은 것을) 만든다

(형용사) 좋다 (好)

→ 戰不<u>善</u>, 弊在賂秦 『六國論』(宋・蘇洵)

싸움이 좋지 못하(戰不善)니 폐단(弊 : 弊病)은 진(秦)나라에 '뇌물을 주는(賂)' 것에 있다(弊在賂秦)

● 習善而<u>爲</u>善

습관이 좋으면 선善을(=좋은 것을) 만든다

(동사) 만들다

→ 中庸之<u>爲</u>德也 『論語・雍也』

중용이(中庸之) 덕을 만든다(爲德也)

● 習<u>惡</u>而爲惡

습관이 나쁘면 악惡을(=나쁜 것을) 만든다

(형용사) 좋지 않다, 나쁘다 (壞, 不好)(악, è)

→ 恥<u>惡</u>衣<u>惡</u>食 『論語・里仁』

좋지 않은 옷(惡衣)과 좋지 않은 음식(惡食)을 부끄러워하다(恥)

013

前事之不忘, 後事之師

『戰國策전국책 · 趙策一조책일』

前事	之	不	忘,
전사, qiánshì	지, zhī	불, bú	망, wàng
(명)과거의 일	(조)목적어 전치(前置) 표지	(부)동사술어 앞. '~하지 않다'(↗010)	(동)잊다, 기억하지 못하다
과거의 일을 잊지 않(는 것이)			

• [여기까지 주어구][현대 고대중국어는 주어(구/절)와 뒤에 수반되는 서술어 등을 구별하거나 강조하기 위해서 문장부호 쉼표(두호逗號) ','를 넣고 있다]

• 不을 '금지'의 부정부사(~하지 마라)로 볼 수 있지만(과거의 일을 잊지 마라, 미래 일의 본보기이다) 맞지 않아 보인다. 아래 견해 참조

後事	之	師
후사, hòushì	지, zhī	사, shī
(명)미래의 일, 나중의 일	(조)수식, 종속 관계(↗007)	(명)본보기, 모범
미래의 일의 본보기이다.		

[번역] 과거의 일을 잊지 않는 것이 미래의 일(=後事)의 본보기이다.

語法과 語彙

● **<u>前事</u>**之不忘, 後事之師
과거의 일을 잊지 않는 것이 미래의 일(=後事)의 본보기이다

(명사) 이전의 일, 과거의 일 (以前的事)

→ 操告以**<u>前事</u>**, 曰 『三國演義 · 第四回』
조조(操)가 이전의 일을(以前事) 알려주며 말한다(告…曰)

● 前事<u>之</u>不忘, 後事之師
과거의 일을 잊지 않는 것이 미래의 일(=後事)의 본보기이다

之

(조사) : 목적어 전치 표지이다. 목적어를 동사 앞에 놓을 수 있도록 도우면서 목적어를 강조한다. 즉 '목적어 + 之 + 타동사'의 형식을 만드는 구조조사이다.(標志賓語前置)
(더 많은 정보는 『인어 논어』(김형주, 2020) 참조)

→ 其斯<u>之</u>謂與? 『論語 · 學而』
그것(其)은 이것을 말하(斯之謂)는 것인가(與)?

→ 惟怪<u>之</u>欲聞 『原道』(唐 · 韓愈)
다만(惟) 신기한 것을 듣고 싶다(怪之欲聞)

● 前事之<u>不</u>忘, 後事之師
과거의 일을 잊지 않는 것이 미래의 일(=後事)의 본보기이다

不

(부사) : 그만두게 말리거나 금지를 나타낸다.(表示勸阻、禁止. 不要, 不必.)

→ 病愈, 我且往見, 夷子<u>不</u>來 『孟子 · 藤文公上』
병이 좋아지(病愈)면 내(我)가 또한(且) 가서 볼(往見) 테니 이자(夷子)는 오지 마라(不來)

견해 — 부정부사를 사용한 명령문

부정부사 '不, 無, 勿, 毋' 등을 사용하여 '명령문'을 표현하는 경우 부정 진술의 대상이 되는 부분은 뒤에 놓인다는 것을 볼 수 있다.

→ 我無爾詐, 爾**無**我虞 『左傳 · 宣公15年』
내(我)가 너를 속이지 않을(無爾詐) 테니 너(爾)도 나를 속이지마라(無我虞)

→ **無**從晉師 『左傳 · 僖公二十八年』
진나라 군대(晉師)를 좇지마라(無從)

→ 碩鼠碩鼠 **無**食我苗 『詩經 · 魏風 · 碩鼠』
큰 쥐야(碩鼠)! 큰 쥐야(碩鼠)! 나의 싹(=묘)(我苗)을 먹지마라(無食)!

→ 飯黍**毋**以箸 『禮記 · 曲禮上』
기장을 먹(飯黍)을 때 젓가락(箸)을 사용하(以)지마라(毋)

→ 己所不欲, **勿**施於人 『論語 · 衛靈公』
자기(己)가 원하지 않는 것(所不欲)을 타인에게 행하지마라(勿施於人)

→ **不**患人之不己知 『論語 · 學而』
다른 사람이(人之) 나를 알지 못하(不己知)는 것을 걱정하지마라(不患)

● 前事之不**忘**, 後事之師
과거의 일을 잊지 않는 것이 미래의 일(=後事)의 본보기이다

(동사) 기억하지 못하다. 잊다 (不記得 ; 忘記)

→ 月無**忘**其所能 『論語 · 子張』
매월(月) 그가(其) 할 수 있는 것(所能)을 잊지 않다(無忘)

● 前事之不忘, **後事**之師
과거의 일을 잊지 않는 것이 미래의 일(=後事)의 본보기이다

(명사) 미래의 일, 나중의 일 (未來的事; 後來的事)

→ 天子實云, 雖有後事, 晉勿與知可也 『左傳・昭公三十二年』

천자(天子)가 확실히(實) 말하길(云) 비록(雖) 나중의 일이 있더라도(有後事) 진나라(晉)는 참여하여 내정을 아는(與知) 게 가능하지 않도록(勿...可) 해라(也)

● 前事之不忘, 後事之師

과거의 일을 잊지 않는 것이 미래의 일(=後事)의 본보기이다

(명사) 본보기, 모범 (榜樣)

014

農安於畝，工安於肆，商安於旅

淸청・王夫之왕부지『宋論송론・太祖태조』

<table>
<tr><td>農</td><td>安</td><td>於</td><td>畝,</td></tr>
<tr><td>농, nóng</td><td>안, ān</td><td>어, yú</td><td>묘, mǔ</td></tr>
<tr><td>(명사)농민, 농부</td><td>(형)편안하다→
(동)편안해하다</td><td>(전)동작 발생 장소
‘~에서’</td><td>(명)논두렁, 밭두렁</td></tr>
<tr><td colspan="4">농부는 논두렁 밭두렁에서 편안해하(고)</td></tr>
<tr><td>工</td><td>安</td><td>於</td><td>肆,</td></tr>
<tr><td>공, gōng</td><td>안, ān</td><td>어, yú</td><td>사, sì</td></tr>
<tr><td>(명)공인, 공예가</td><td>(형)편안하다→
(동)편안해하다</td><td>(전)동작 발생 장소
‘~에서’</td><td>(명)수공예 작업장</td></tr>
<tr><td colspan="4">공인(공예가)는 작업장에서 편안해하(고)</td></tr>
<tr><td>商</td><td>安</td><td>於</td><td>旅</td></tr>
<tr><td>상, shāng</td><td>안, ān</td><td>어, yú</td><td>여, lǚ</td></tr>
<tr><td>(명)상인</td><td>(형)편안하다→
(동)편안해하다</td><td>(전)동작 발생 장소
‘~에서’</td><td>(명)길, 도로</td></tr>
<tr><td colspan="4">상인은 길에서 편안해한다.</td></tr>
</table>

[번역] 농부는 논두렁 밭두렁에서 편안해하고, 공인(공예가)는 작업장에서 편안해하고, 상인은 길에서 편안해한다.

語法과 語彙

● 農安於畝

농부는 논두렁 밭두렁에서 편안해한다

(명사) 농민, 농부 (農民)

→ 子曰 : "吾不如老農." 『論語 · 子路』

공자가 말한다(子曰). "나(吾)는 늙은 농부(老農)만 못하다(不如)"

(명사) 농업 (農業)

● 農安於畝

농부는 논두렁 밭두렁에서 편안해한다

(형용사) 편안하다 (安適, 安逸)

→ 然後知生於憂患, 而死於安樂也 『孟子 · 告子下』

그런 다음(然後) 걱정과 어려움 속에서(於憂患) 살(生)고 '편안함과 즐거움 속에서(於安樂)' 죽는다(死)는 걸 안다(知)

● 農安於畝

농부는 논두렁 밭두렁에서 편안해한다

於

(전치사) : '전치사 + 목적어'로 서술어 앞뒤에 쓰여 보어가 되어 동작, 행위가 발생하는 장소, 동작의 방향을 나타낸다. '~에서', '~부터' 등으로 번역된다.

→ 且予縱不得大葬, 予死於道路乎?" 『論語 · 子罕』

또(且) 내(予)가 비록(縱) 큰 장례식을 얻지는 못하(不得大葬)겠지만 내(予)가 도로에서 죽(死於道路)겠는가(乎)?

● 農安於畝
농부는 논두렁 밭두렁에서 편안해한다

(명사) 논두렁, 밭두렁 (田埂)

(명사) 옛날 토지 면적 단위인 시묘의 약칭 (舊地積單位市畝的簡稱)

● 工安於肆
공인(공예가)은 작업장에서 편안해한다

(명사) 공인, 공예가, 노동자 (工匠, 工人)

→ 銅崇朝而山積, 工不日而雲會 『化城寺大鐘銘』(唐・李白)
동(銅)이 아침나절(崇朝而) 산처럼(山) 쌓이고(積), 일꾼(工)은 '오래지 않아(不日而)' 구름처럼(雲) 모인다(會)

● 工安於肆
공인(공예가)은 작업장에서 편안해한다

(명사) 수공예 작업장 (手工業作坊)

→ 百工居肆以成其事 『論語・子張』
각종 공예가(百工)가 작업장에 머물며(居肆以) 그의 직업(其事)을 실현하다(成)

● 商安於旅
상인은 길에서 편안해한다

(명사) 길, 도로 (道路)

→ 旅, 途也 『爾雅・釋宮』
여(旅)는 길이다(途也)

015

鳥則擇木，木豈能擇鳥?

『左傳좌전・哀公애공』

鳥	則	擇	木,
조, niǎo	즉, zé	택, zé	목, mù
(명)새	(판단부사) (주어)+則+서술어	(동)선택하다, 고르다	(명)나무
새가 나무를 선택하(는 것이지),			
木	豈	能	擇鳥?
목, mù	기, qǐ	능, néng	택조, zéniǎo
(명)나무	(의문부사)반문, '왜・어떻게~하겠는가?'	(조동사)동사 앞, ~할 수 있다(↗004)	새를 선택하다
나무가 어떻게 새를 선택할 수 있겠는가?			

[번역] 새가 나무를 선택하는 것이지, 나무가 어떻게 새를 선택할 수 있겠는가?

語法과 語彙

● 鳥**則**擇木, 木豈能擇鳥

(새가 나무를 선택하는 것이지 나무가 어떻게 새를 선택할 수 있겠는가?)

則

(판단부사) : 보통 주어와 서술어 사이에 놓여 부사어가 되어 서술어에 대한 판단을 나타내고 강조의 의미를 갖는다. 즉(則) 다음은 명사서술어이고 '바로 ~이다/하다', '~이다'로 번역할 수 있다(就是, 是).

"한편 노출된 명사(구)(此, 是, 一, 聖人)를 대비시키는 역할을 담당하는 표지로 사용할 수 있다. 노출된 성분은 대부분(모두 다는 아니지만) 주어이다." 서술어는 명사구, 동사구, 전치사구, 명사절 등이 있다.

• 명사구

→ 此**則**寡人之罪也 『國語・越語上』

이것은(此則) 나의 잘못이다(寡人之罪也)

• 동사구

→ 是**則**可憂也 『孟子・離婁下』

이것은(是則) 걱정할 만하다(可憂也)

• 전치사구

→ 一**則**以喜, 一**則**以懼 『論語・里仁』

하나는(一則) 기쁨 때문이(以喜)고, 하나는(一則) 두려움 때문이다(以懼)

• 명사절

→ 孔子曰, "聖人**則**吾不能" 『孟子・公孫丑上』

공자가 말했다 : "성인은(聖人則) 내가 할 수 없다(吾不能)"

(Polleyblank, 1995)

● 鳥則擇木, 木豈能擇鳥?

새가 나무를 선택하는 것이지, 나무가 어떻게 새를 선택할 수 있겠는가?

(동사) 선택하다, 고르다 (選擇, 挑選)

→ 擇其善者而從之 『論語・述而』

그의 뛰어난 것(其善者)을 선택하여(擇...而) 그것을 따르다(從之)

● 鳥則擇木, 木豈能擇鳥

(새가 나무를 선택하는 것이지, 나무가 어떻게 새를 선택할 수 있겠는가?)

豈

(의문부사) : 반문을 나타내며 서술어나 주어 + 서술어 앞에 쓰여 부사어가 된다. '어떻게 ~하겠는가?' 등으로 번역될 수 있다.

→ 吾豈匏瓜也哉? 焉能繫而不食? 『論語・陽貨』

내(吾)가 어떻게(豈) 박(匏瓜)이겠는가((豈)...也哉)? 어떻게(焉) 매달려 먹히지 않(繫而不食)을 수 있겠는가((焉)能)?

→ 任君數當大位, 豈班超所能及哉 『後漢書・班超傳』

임군(任君)은 여러 차례(數) 중요한 직위를 맡았(當大位)는데 어떻게(豈) 반초(班超)가 따라갈 수 있는 것(所能及)이 있겠는가(哉)

016

吾所以有大患者，爲吾有身；及吾無身，吾有何患?

『老子노자 · 十三章13장』

吾	所以 (...者)	有
오, wú	소이, suǒyǐ	유, yǒu
(대)나, 우리 '주어, 목적어, 한정어'	'所以 + A(동)' 'A하는 근거, 조건, 도구, 수단, 목적, 이유, 원인 등'	(동)있다
내가(or 우리가) {큰 걱정}이 있는 이유는		

大患	(所以...) 者,	爲	吾
대환, dà huàn	자, zhě	위, wéi	오, wú
(명사) *{큰 걱정}*	(어기사)멈춤, 다음 문장 이끎	(판단동사) *{~이다}*	(대)나, 우리 [주어]
...		내가(or 우리가)	

有身;	及	吾無身,	吾
유신, yǒushēn	급, jí	오무신, wúwúshēn	오, wú
몸이 있다	(전환접속사) 화제 전환, 가정의미	내가 몸이 없다	(대)나, 우리 '주어, 목적어, 한정어'
몸이 있어서{이다}.	그러나 내가(or 우리가) 몸이 없다(면) [전환과 가정 의미 포함]		내가(or 우리가)

有	<u>何</u>	<u>患</u>?
유, yǒu	하, hé	환, huàn
(동)있다	(의문대명사)한정어. '어떤, 어느, 무슨, 언제'	(동)걱정하다→걱정 [동→명](품사 활용)
무슨 걱정이 있겠는가?		

[번역] 내가 큰 걱정이 있는 이유는 내가 몸이 있어서이다. 그러나 내가 몸이 없다면 내가 무슨 걱정이 있겠는가?

語法과 語彙

● 吾所以有大患者, 爲吾有身
내가 큰 걱정이 있는 이유는 내가 몸이 있어서이다

(1인칭 대명사) 1인칭 대명사 '오吾'는 주로 선진先秦 시기에 사용되어 주어, 한정어로 쓰였고 만약 목적어로 쓰이면 반드시 부정문에서 사용되었고 또한 동사 앞에 놓여야 했다(康瑞琮, 2008)

吾

• 주어

→ 吾何快於是? 將以求吾所大欲也 『孟子・梁惠王上』
내(吾)가 어찌(何) 이것을 즐기(快於是)겠는가? 장차(將) 이것으로(以) 내가 크게 욕망하는 것을 찾을 것이다(求吾所大欲也)

• 목적어

→ 子皮曰 : "愿, 吾愛之, 不吾叛也" 『左傳・襄公三十二年』
자피(子皮)가 말한다. "성실하(愿)여 나는 그를 좋아하(吾愛之)고 나를 배반하지 않(不吾叛)는다"

• 한정어

→ 今雖死乎此, 比吾鄰之死, 則已後矣 『捕蛇者說』(唐・柳宗元)
지금(今) 비록(雖) 여기서 죽(死乎此)지만 나의 이웃의 죽음(吾鄰之死)과 비교하면(比…則) 이미 늦었다(已後矣)

• 복수

→ 吾之所長, 吾出而用之, 彼將不與吾校 『心術』(宋・蘇洵)
우리의 장점(吾之所長)은 우리(吾)가 그것을 드러나게 하고 사용하(出而用之)는 것이니 너희(彼)는 우리와 대결할 수 없을 것이다(將不與吾校)

● 吾**所以**有大患**者**, 爲吾有身
내가 큰 걱정이 있는 이유는 내가 몸이 있어서이다

所以

'所소' 문장(字句)에서 '所소'는 전치사 '以이'가 소개하는 대상을 대신하여 동작, 행위의 근거, 방법, 조건, 도구, 수단, 목적, 이유, 원인 등을 보여준다. 크게 두 가지 형식이 보이는데 형식과 의미를 정리하면 다음과 같다. (더 많은 정보는 『언어 논어』(김형주, 2020) 참조)

1. A(之)(,) + 所以 + B(동사, 동사구) : A는 B하는 (근거, 방법, 조건, 도구, 수단, 목적, 이유...)이다.

→ 夫水**所以**載舟, 亦**所以**覆舟 『張衡・東京賦』
일반적으로(夫) 물(水)은 배를 띄우는 '조건/근거/도구'이(所以載舟)고, 또한(亦) 배를 뒤집는 '조건/근거/도구이다(所以覆舟)

→ 凡吾**所以**來, 爲父老除害, 非有所侵害, 無恐! 『史記・高祖本紀』
어쨌든(凡) 내가 온 '목적/이유'(吾所以來)는 노인들을 위해서(爲父老) 해로움을 없애(除害)고 침해하는 것(所侵害)을 없게 하는 것(非有)이니 두려워 마라(無恐)!

2. A(타동사) + 所以 + B(동사, 동사구) : A하다, B하는 (근거, 방법, 조건, 도구, 수단, 목적, 이유...)를

→ 長勺之役, 曹劌問**所以**戰於莊公 『國語・魯語上』
장작長勺의 전쟁과 관련한 일(長勺之役)에 대해 조귀(曹劌, cáoguì)는 장공莊公과 전쟁하는 '목적/이유'에 대해 묻는다(問所以戰於莊公)

3. 所以...者

때로 소이所以구문 뒤에 어기사 자者를 놓아 所以와 어울려 어기를 멈추는 것과 다음 문장을 이끄는 역할을 한다.

→ 吾**所以**爲此**者**, 以先國家之急而後私仇也 『史記・廉頗藺相如列傳』
내(吾)가 이것을 하(爲此)는 이유는(所以...者) 국가의 위급함(國家之急)을 먼저 한 다음(先...而) 개인의 보복을 나중에 하(後私仇也)기 위해서(以)이다

● 吾所以有大患者, 爲吾有身
내가 큰 걱정이 있는 이유는 내가 몸이 있어서이다

판단동사(계사; copular)

판단동사는 '연계동사, 계동사, 계사'라고 불린다. 이러한 동사는 비록 동작동사처럼 분명한 동작성은 없지만 타동사의 특징을 갖고 있고 목적어를 가질 수 있다. 그리고 목적어와 함께 주어에 대한 판단을 보여주고 이때는 어기사 也를 문미에 쓸 필요가 없다.

→ 克己復禮爲仁 『論語・顔淵』
극기복례(克己復禮)가 인이다(爲仁)

→ 此爲何若人? 『墨子・公輸』
이 사람(此)은 '어떤 사람인가(爲何若人)?'

● 吾所以有大患者, 爲吾有身; 及吾無身, 吾有何患?
내가 큰 걱정이 있는 이유는 내가 몸이 있어서이다. 그러나 내가 몸이 없다면 내가 무슨 걱정이 있겠는가?

及

(전환접속사) : 화제의 전환을 나타내고 앞에서 말한 뜻과 방향이 바뀐다는 것을 나타낸다. 때로는 전환을 보여줄 뿐만 아니라 가정의 의미로 겸용한다. (至如)

→ 老子之言道德, 吾有取焉耳; 及搥提仁義, 絶滅禮學, 吾無取焉耳 『法言・問道』
노자가(老子之) 도덕을 말할(言道德) 때 나는(吾) '그것에서(焉)' 취하는 것이 있(有取...耳)지만(及), 인의仁義를 '버리(搥提 〈추제, chuítí〉)'고 '예학禮學을 없앨(絶滅禮學)' 때 나는(吾) 그것에서(焉) 취하는 것이 없다(無取...耳)

● 吾有<u>**何**</u>患?

내가 무슨 걱정이 있겠는가?

何

(대명사) : 문장에서 한정어가 되며 명사나 명사구 앞에 쓰여 수식의 역할을 한다. 사물, 사람의 상태나 상황에 대한 물음을 보여주며 상황이나 문맥을 고려하여 '어떤', '어느', '무슨', '언제' 등으로 번역될 수 있다.

→ 太子<u>**何**</u>病? 『史記・扁鵲倉公列傳』

태자(太子)는 무슨(何) 병(病)인가?

● 吾有何<u>**患**</u>?

내가 무슨 걱정이 있겠는가?

(동사) 걱정하다 (憂慮)

→ 不**患**人之不己知 『論語・憲問』

다른 사람(人)이(之) 자신을 몰라주(不己知)는 것을 걱정하지 마라(不患)

017

陶氏、田氏，事之氏姓也

『論衡논형 · 詰術힐술』

陶	氏、	田	氏,
도, táo	씨, shì	전, tián	씨, shì
(명)토기	(명)고대 가업관리의 칭호	(명)밭 '전'	(명)고대 가업관리의 칭호
도(陶)씨,		전(田)씨(는) [주어구]	
事	之	氏姓	也
사, shì	지, zhī	씨성, shìxìng	야, yě
(명)직업	(조)수식, 종속 관계(↗007)	(명) 성姓	(어기)진술 강조
직업의 성(姓)이다. [서술구]			

[서술구(敍述句) : 서술어의 구실을 하는 구. 예를 들면, '이 사과는 맛이 있어.'에서 '맛이 있어'가 그것이다.]

[번역] 도씨(陶氏 : 도자기 굽는 사람)와 전씨(田氏 : 농사짓는 사람)는 직업의 성씨이다.

語法과 語彙

● **陶**氏、田氏, 事之氏姓也

도씨(陶氏)와 전씨(田氏)는 직업의 성씨이다

(명사) 토기 (瓦器)

● 陶**氏**、田氏, 事之氏姓也

도씨(陶氏)와 전씨(田氏)는 직업의 성씨이다

(명사) 고대 가업과 관련한 직위의 칭호 (古代世業職官的稱號)

(명사) 성 (姓)

→ 孔子謂季**氏** 『論語・八佾』

공자(孔子)가 계손씨를 평론하다(謂季氏)

(명사) 고대 귀족의 종족 계통을 보여주는 칭호로 상고 시대 씨氏는 성姓에서 갈라진 것으로 자손이 출생된 곳을 구별하기 위해 사용되었다 (古代貴族標志宗族系統的稱號. 上古時代, 氏是姓的支系, 用以區別子孫之所由出生)

● 陶氏、田氏, **事**之氏姓也

도씨(陶氏)와 전씨(田氏)는 직업의 성씨이다

(명사) 직업 (職業)

→ 百工居肆以成其**事** 『論語・子張』

각종 공예가(百工)가 작업장에 머물며(居肆以) 그의 직업(其事)을 실현하다(成)

● 陶氏、田氏, 事之**氏姓**也

도씨(陶氏)와 전씨(田氏)는 직업의 성씨이다

(명사) 성姓 (指姓)

→ **氏姓**無常 『後漢書・烏桓傳』

성(氏姓 : 姓)은 변화하는 것이며 정해지지 않(無常 : 變化不定)은 것이다

● 陶氏、田氏, 事之氏姓<u>也</u>

도씨(陶氏)와 전씨(田氏)은 직업의 성씨이다

也

(어기사) : 진술문의 문미에 쓰여 진술어기를 강조하고, 진술된 내용을 강조하고, 어떤 일이나 상태의 진실성을 확인한다.

→ 知之爲知之, 不知爲不知, 是知<u>也</u> 『論語・爲政』

알면(知之) 안다고 말하(爲知之)고 모르면(不知) 모른다고 말하(爲不知)는 것, 이것(是)이 아는 것이다(知也)

018

觀水有術, 必觀其瀾. 日月有明, 容光必照焉

『孟子맹자 · 盡心上진심상』

觀	水	有	術,
관, guān	수, shuǐ	유, yǒu	술, shù
(동)자세히 보다, 관찰하다, 보다	(명)물	(동)있다	(명)방법, 책략
물을 볼 (때는) 방법이 있(는데) [시간긴축복문] ('어법' 참조)			

必	觀	其	瀾.
필, bì	관, guān	기, qí	란, lán
(부)꼭, 반드시, 분명히	(동)자세히 보다, 관찰하다, 보다	(대)그(것)의 '복수可'	(명)큰 물결
반드시 그것의(=물의) 큰 물결을 봐야 한다.			

日月有	明,	容光	必
일월유, rìyuèyǒu	명, míng	용광, rónngguāng	필, bì
해와 달은 가지고 있다	(명)밝은 빛	(명)작은 틈	(부)꼭, 반드시, 분명히
해와 달은 밝은 빛을 가지고 있(기 때문에) [원인이유절] ('어법' 복문 참조)		**작은 틈은 반드시**	

照	焉.
조, zhào	언, yān
(동)비추다 → (피동)비치다	(겸사)於 + 是/之 '이것에/그것에 의하여'
그것(=밝은 빛)에 의하여 비친다.	

[번역] 물을 볼 때는 방법이 있는데, 반드시 물의 큰 물결을 봐야 한다. 해와 달은 밝은 빛을 가지고 있기 때문에 작은 틈은 반드시 밝은 빛에 의하여 비친다.

語法과 語彙

● **觀**水有術
물을 볼 때는 방법이 있다

(동사) 자세히 보다, 관찰하다, 보다 (仔细看, 觀看)

→ 必有可**觀**者焉 『論語・子張』
꼭(必) 그 안에(焉) 볼 만한 것이 있다(有可觀者)

● 觀水有**術**
물을 볼 때는 방법이 있다

(명사) 방법, 책략 (辦法 ; 策略)

● 觀水有術, **必**觀其瀾
물을 볼 때는 방법이 있는데, 반드시 물의 큰 물결을 봐야 한다

(부사) 꼭, 반드시, 분명히 (一定, 必然)

→ 是故弟子不**必**不如師 『師說』(唐・韓愈)
이 때문에(是故) 제자(弟子)가 스승보다 반드시 못한 것이 아니다(不必不如師)

● 觀水有術, 必觀**其**瀾
물을 볼 때는 방법이 있는데, 반드시 물의 큰 물결을 봐야 한다

其

(대명사) : 其는 其手(그의 손)과 같이 '명사 + 之'의 대명사 대용어로 쓰인다. 명사 혹은 명사화된 단어 앞에서 사용되며 3인칭 소유격 관계를 보여준다. 통상적으로 '그의, 그녀의, 그것의'처럼 3인칭을 보여주지만 때로는 제1인칭, 제2인칭을 보여준다. '그의, 그것의, 나의 너의...' 등으로 번역된다. 참고로 吾手(내 손)와 같이 인칭 대명사 뒤의 '之' 역시 일반적으로 생략된다.

→ 未有禮而後**其**君者也 『孟子・梁惠王上』

의로우(禮)면서(而) 그의 임금(其君)을 뒤로하는 사람(後...者)은 없었다(未有...也)

→ 事君, 敬**其**事而後**其**食 『論語・衛靈公』

왕을 섬길(事君) 때 '나의・자신의・그의' 섬김(其事)을 공손하게 하고(敬...而) '나의・자신의・그의' 봉록(其食)을 뒤로 한다(後)

● 觀水有術, 必觀其**瀾**

물을 볼 때는 방법이 있는데, 반드시 물의 큰 물결을 봐야 한다

(명사) 큰 물결 (大波)

→ **瀾**, 大波爲**瀾** 『說文・水部』

큰 물결(大波)은 란瀾이다(爲瀾)

● 日月有**明**, 容光必照焉

해와 달은 밝은 빛을 가지고 있기 때문에 작은 틈은 반드시 밝은 빛에 의하여 비친다

(명사) 밝은 빛; 광명 (光明 ; 明亮)

(형용사) 밝다 (光明 ; 明亮)

● 日月有明, **容光**必照焉

해와 달은 밝은 빛을 가지고 있기 때문에 작은 틈은 반드시 밝은 빛에 의하여 비친다

(명사) '미약한・작은' '틈・간격・겨를' (指幽微的空隙)

→ **容光**, 小郤也. 言大明照幽微也 –조기趙岐(?–201년)注–

용광(容光)은 작은 틈(小'郤=隙')이다(也). 매우 밝은 빛(大明)이 작고 약한 것을 비추(照幽微)는 것을 말한다(言...也)

● 日月有明, 容光必**照**焉

해와 달은 밝은 빛을 가지고 있기 때문에 작은 틈은 반드시 밝은 빛에 의하여 비친다

(동사) 비추다 (照耀)

→ 秉燭照之, 地平如掌 『夷堅丙志・桐川酒』(宋・洪邁)

촛불을 들고(秉燭) 그것을 밝게 비추(照之)니 땅은 '손바닥처럼 편평하다(平如掌)

● 日月有明, 容光必照焉

해와 달은 밝은 빛을 가지고 있기 때문에 작은 틈은 반드시 밝은 빛에 의하여 비친다

焉

(겸사) : 동사나 형용사 서술어 다음에 쓰여 보어가 되며, 동사 뒤에 놓여 동작의 행위자를 유도하는 경우가 있는데 이때는 '~의 의하여(被)'로 번역된다.

→ 宋公及楚人戰於泓. … 公傷股, 門官殲焉 『左傳・僖公二十二』

송공(宋公)과 초나라 사람(楚人)이 홍(泓 : 물이름)에서 싸웠다(戰於泓). … 송공(公)은 다리를 부상당하(傷股)고 문을 지키는 관리(門官)는 그들에 의하여(焉=於之 : 초나라 사람에 의하여) 섬멸되었다(殲)

019

心之官則思, 思則得之, 不思則不得也

『孟子맹자 · 告子고자』

<table>
<tr><th>心</th><th>之</th><th>官</th><th>則</th></tr>
<tr><td>심, xīn</td><td>지, zhī</td><td>관, guān</td><td>즉, zé</td></tr>
<tr><td>(명)마음</td><td>(조)수식, 종속 관계
(↗007)</td><td>(명)기관</td><td>(판단부사)
(주어) + 則 + 서술어
(↗015)</td></tr>
<tr><td colspan="4">마음의 기관은 (마음이라는 기관의 역할)</td></tr>
<tr><th>思,</th><th>思</th><th>則</th><th>得</th></tr>
<tr><td>사, sī</td><td>사, sī</td><td>즉, zé</td><td>득, dé</td></tr>
<tr><td>(동)생각하다</td><td>(동)생각하다</td><td>(접)조건 + 則 + 결과
(↗006)</td><td>(동)얻다</td></tr>
<tr><td>생각하는 것이기
때문에[원인이유절]</td><td colspan="3">생각하면 얻고,</td></tr>
<tr><th>之,</th><th colspan="2">不思則</th><th>不得</th></tr>
<tr><td>지, zhī</td><td colspan="2">불사즉, bùsīzé</td><td>부득, bùdé</td></tr>
<tr><td rowspan="2">(접사)자 · 타동 + 之.
동사 강조 · 보충,
음절 모으기</td><td colspan="2">생각하지 않으면
[不 : (부정부사)동사술어 앞.
‘~하지 않다’(↗010)]</td><td>얻지 못하다
[不 : (부)동사술어 앞]</td></tr>
<tr><td colspan="3">생각하지 않으면 얻지 못한다.</td></tr>
<tr><th>也</th><td colspan="3" rowspan="3">[보충]
(고정형식) ‘不...不...’ 이러한 형식의 문장은 대체로 두 가지 상황이 있는데 하나는 병렬이고 하나는 ‘조건/가정’과 결과’이다. 여기서는 앞의 不이 이끄는 부분이 가정, 조건을 나타내고 뒤의 不이 이끄는 부분이 결과를 나타낸다. 자주 가정의 복문을 구성한다.
→ 不憤不啓 『論語 · 述而』
가슴에 맺히지 않으면(不憤) 깨우치게 하지 않다(不啓).
고정형식 ‘不...不...’ 형식이 ‘양보’의 상황을 만들 수도 있어 보인다(054 참조).</td></tr>
<tr><td>야, yě</td></tr>
<tr><td>(어기)진술강조(↗017)</td></tr>
</table>

[번역] 마음의 기관은 생각하는 것이기 때문에, 생각하면 얻고, 생각하지 않으면 얻지 못한다.

語法과 語彙

● 心之<u>官</u>則思

마음의 기관은 생각하는 것이다

(명사) 생물체에서 특정한 기능을 가진 부분; 기관 (生物體上有特定機能的部分; 器官)

● <u>思</u>則得之, 不思則不得也

생각하면 얻고, 생각하지 않으면 얻지 못한다

(동사) 생각하다 (思考, 想)

→ 吾嘗終日不食, 終夜不寢, 以<u>思</u>無益 『論語・衛靈公』

나(吾)는 이전에(嘗) 하루 종일(終日) 먹지 않(不食)고, 밤새도록(終夜) 자지 않(不寢)고, 이것으로(以) 생각했(思)지만 좋은 점이 없었다(無益)

● 思則<u>得</u>之, 不思則不得也

생각하면 얻고, 생각하지 않으면 얻지 못한다

(동사) 얻다 (獲得, 得到)

→ 不愿<u>得</u>地, 愿<u>得</u>張儀而甘心 『史記・屈原賈生列傳』

토지를 얻기(得地)를 원하지 않(不愿)고 장의를 얻고(得張儀而) 만족하(甘心)기를 원한다(愿)

● 思則得<u>之</u>, 不思則不得也

생각하면 얻고, 생각하지 않으면 얻지 못한다

之

(접사; 詞綴; affix) : '之'는 어떤 자동사, 타동사 다음에 있는데 이때 주목할 부분은 '之'가 동사의 목적어가 아니라 '접미 조사(後綴助詞)'라는 것이다. 이것은 동사에 대해서 강조나 보충의 역할을 하고 언어의 수요에 의거해서 음절을 충분히 모으는 역할을 하기도 한다. 문맥에 위배되지 않는 전제에서 융통성 있게 번역하면 된다. 대체로 단문

에서 마지막에 자리하고 있음을 볼 수 있다.

→ 永歌之不足, 不知手之舞之, 足之蹈之也 『毛詩序』

노래를 부르는 것이(永歌之) 부족하(不足)여 나도 모르게(不知) 손이 춤추(手之舞之)고 발이 구르다(足之蹈之也)

→ 戰於長勺, 公將鼓之 『左傳·莊公十年』

장작에서(於長勺(chángsháo)) 싸우(戰)니 노나라 장공(公 : 魯莊公)이 북을 울릴 것이다(將鼓之)

020

是故財聚則民散，財散則民聚

『禮記예기 · 大學대학』

是故	財	聚	則
시고, shìgù	재, cái	취, jù	즉, zé
(접)원인 + 是故 + 결과. 이 때문에	(명)물자와 화폐의 총칭, 재물	(동)모으다, 모이다, 집합하다	(접)조건 + 則 + 결과 (↗006)
이 때문에 재물이 모이면			
民	**散,**	**財**	**散**
민, mín	산, sàn	재, cái	산, sàn
(명)백성	(동)흩어지다, 분산시키다	(명)물자와 화폐의 총칭, 재물	(동)흩어지다, 분산시키다
백성이 흩어지(고),		**재물이 분산되…**	
則	**民聚**		
즉, zé	민취, mínjù		
(접)조건 + 則 + 결과 (↗006)	백성이 모이다		
…면 백성이 모인다.			

[번역] 이 때문에 재물이 모이면 백성이 흩어지고, 재물이 분산되면 백성이 모인다.

語法과 語彙

● <u>是故</u>財聚則民散

이 때문에 재물이 모이면 백성이 흩어진다

是故

(인과접속사) 2음절 허사로서, 인과를 나타내는 접속사이다. 보통 인과복문의 뒤의 단문에 쓰여서 앞뒤 사이가 인과로 이어지거나 추리의 관계임을 보여준다. '~(이) 때문에', '그래서' 등으로 번역될 수 있다. (因此, 所以)

→ ..., **<u>是故</u>**惡夫佞者 『論語・先進』

이 때문에(是故) 저(夫) 말 주변이 좋은 자(佞者)를 싫어한다(惡)

● 是故**<u>財</u>**聚則民散

이 때문에 재물이 모이면 백성이 흩어진다

(명사) 물자와 화폐의 총칭, 재물 (物資和貨幣的總稱)

● 是故財**<u>聚</u>**則民散

이 때문에 재물이 모이면 백성이 흩어진다

(동사) 모이다, 모으다, 집합하다, 집결하다 (會合, 集合)

→ 百乘之家, 不蓄**<u>聚</u>**斂之臣 『禮記・大學』

전차(戰車) 백 대를 가진 매우 작은 제후국(百乘之家)은 '세금, 조세를 모으(聚斂)'는 신하(之臣)를 쌓아두지 않(不蓄)는다

● 是故財聚則民**<u>散</u>**

이 때문에 재물이 모이면 백성이 흩어진다

(동사) 분산하다, 분산시키다, 흩어지다, 분리하다, 이별하다 (分離 ; 分散)

散

– 산, sàn : 잡고기(雜肉) / 흩어지다. (分離 ; 分散)

– 산, sǎn : (짜임새가) 성기다, 느슨하다. (不自檢束 ; 松散)

→ 民<u>散</u>久矣 『論語・子張』

백성이 흩어(民散)진 지가 이미 오래되다 (久矣)

021

至言不出，俗言勝也

『莊子장자・天地천지』

<table>
<tr><th>至言</th><th>不</th><th>出,</th><th>俗言</th></tr>
<tr><td>지언, zhìyán</td><td>불, bù</td><td>출, chū</td><td>속언, súyán</td></tr>
<tr><td>(명)출중한・훌륭한
견해 [주어]</td><td>(부)동사술어 앞.
‘~하지 않다’(↗010)</td><td>(동)드러나다, 드러내다,
나타나다(↗002)</td><td>(명)민간에
널리 퍼진 견해</td></tr>
<tr><td colspan="3">출중한 견해가 나타나지 않(으면) [조건가정절](‘어법’ 참조)</td><td>민간에 널리 퍼진
견해(가) [주어]</td></tr>
</table>

<table>
<tr><th>勝</th><th>也</th></tr>
<tr><td>승, shèng</td><td>야, yě</td></tr>
<tr><td>(동)이기다,
승리하다</td><td>(어기)진술 강조(↗017)</td></tr>
<tr><td colspan="2">이긴다.</td></tr>
</table>

[번역] 출중한 견해가 나타나지 않으면 민간에 널리 퍼진 견해가 이긴다.

語法과 語彙

● 至言不出, 俗言勝也

출중한 견해가 나타나지 않다

(명사) 가장 뛰어난 · 빼어난 · 출중한 · 훌륭한 견해, 매우 뛰어난 · 빼어난 · 훌륭한 견해

→ 출중한 · 훌륭한 견해 (最高超的言論 ; 極其高明的言論)

→ 臣聞有意而言, 意盡而言止者, 天下之至言也 『策總敘』(宋 · 蘇軾)

저(臣)는 뜻이 있으면 말하(有意而言)고 뜻이 다하면(意盡而) 말이 멈춘다는 것(言止者)을 들었(聞)는데 천하의(天下之) 훌륭한 견해입니다(至言也)

● 至言不出

출중한 견해가 나타나지 않다

(동사) 나타나다, 드러내다, 드러나다 (出現, 顯露)

→ 當暑, 袗絺綌, 必表而出之 『論語 · 鄉黨』

만약(當) 무더우(暑)면 갈포(絺綌)를 홑겹으로 입(袗)지만 반드시(必) 홑겹 갈포(之)를 겉옷으로 하여(表而) 드러낸다(出)

● 俗言勝也

민간에 널리 퍼진 견해가 이긴다

(명사) 민간에서 널리 퍼진 견해 (民間流傳的說法)

→ 俗言拘忌, 何足聽也? 『唐語林 · 方正』(宋 · 王讜)

민간에서 널리 퍼진 견해(俗言)는 '거북하고 걱정스러(拘忌)우니=꺼림직하니' 무슨 들을 만한 가치가 있겠는가(何足聽也)?

● 俗言勝也

민간에 널리 퍼진 견해가 이긴다

(동사) 승리하다, 이기다 (勝利 ; 贏)

→ 城小而固, <u>勝</u>之不武, 弗<u>勝</u>爲笑 『左傳・襄公十年』

성(城)이 작지만 견고한(小而固)데 그들을 이겨(勝之)도 '용맹한 것이 못 되고(不武)' '이기지 못하(弗勝)'면 '웃음거리가 된다(爲笑)'

022

好面譽人者，亦好背而毁之

『莊子장자 · 雜篇잡편 · 盜跖도척』

好	面	譽	人
호, hào	면, miàn	예, yù	인, rén
(동)좋아하다	(동)마주 보다	(동)훌륭하다고 칭찬하다, 칭송하다	(명)타인, 다른 사람 (↗010)
마주 보고 사람을 훌륭하다고 칭찬하는 것을 좋아하는 [세 개의 동사가 나열되어 있다(好 + 面 + 譽)]			

者,	亦	好	背
자, zhě	역, yì	호, hào	배, bēi
(조사)단어 · 구 + 者. '~사람, ~한 것'(↗007)	(부)역시, 또한	(동)좋아하다	(동)뒤돌아서다
사람(은) [명사구, 주어구]	**또한 뒤돌아선**		

而	毁	之
이, ér	훼, huǐ	지, zhī
(접)동작의 선후. '~다음, ~후(에)'	(동)비방하다, 헐뜯다	1. (접사)자 · 타동 + 之. 동사 강조 · 보충, 음절 모으기(↗019) 2. (대)재지시(↗007)
다음 비방하는 것을 좋아한다.		

[견해] 상기의 '之'를 재지시(↗007)로 볼 때, 특정한(구체적인) 대상이 아니라 일반적인 사람을 지칭할 수 있는지는 더 많은 용례를 제시해야 할 것 같다. 여기서는 동사를 강조하는 '접사'로 보았다

[번역] 마주 보고 사람을 훌륭하다고 칭찬하는 것을 좋아하는 사람은 또한 뒤돌아선 다음 비방하는 것을 좋아한다.

語法과 語彙

● <u>好</u>面譽人者
마주 보고 사람을 훌륭하다고 칭찬하는 것을 좋아하는 사람

(동사) 좋아하다 (喜愛)

→ 從吾所<u>好</u> 『論語・述而』
내가 좋아하는 것(吾所好)을 좇다(從)

→ 我未見<u>好</u>仁者 『論語・八佾』
나(我)는 인을 좋아하는 사람(好仁者)을 아직 본 적이 없다(未見)

● 好<u>面</u>譽人者
마주 보고 사람을 훌륭하다고 칭찬하는 것을 좋아하는 사람

(동사) 마주 보다 (當面)

→ 北山愚公者, 年且九十, <u>面</u>山而居 『列子・湯問』
북산(北山)의 우공(愚公)이란 사람(者)은 나이(年)가 90세(九十)에 가까워지고(且 : 將近) 있고 '산을 마주 보고(面山而)' 산다(居)

● 好面<u>譽</u>人者
마주 보고 사람을 훌륭하다고 칭찬하는 것을 좋아하는 사람

(동사) 훌륭하다고 칭찬하다, 칭송하다 (稱美, 贊美) [예, yù]

→ 誰毁誰<u>譽</u>? 『論語・衛靈公』
누구를 비방하(誰毁)고 누구를 칭찬하(誰譽)는가?

● 亦好背而毀之
또한 뒤돌아선 다음 비방하는 것을 좋아한다

亦

(부사) 사람과 사람, 사물과 사물 사이에서의 유사한 관계를 보여준다. '역시'로 번역될 수 있다.

→ 管氏亦樹塞門 『論語・八佾』
관씨(管氏=관중) 역시(亦) 가림벽(塞門)을 세운다(樹)

● 亦好背而毀之
또한 뒤돌아선 다음 비방하는 것을 좋아한다

(동사) 등으로 마주하다; 뒤돌아서다 (用背對着)

● 亦好背而毀之
또한 뒤돌아선 다음 비방하는 것을 좋아한다

而

(접속사) 앞뒤 두 부분을 이어주어 동작, 행위 발생의 선후 순서에서 서로 이어지는 것을 보여준다. '~다음, ~후, ~후 바로' 등으로 번역될 수 있다. (就, 而後, 然後)

→ 退而省其私 『論語・爲政』
떠난 다음(退而) 그의 개인 생활과 언행(其私)을 살펴보다(省)

● 亦好背而毀之
또한 뒤돌아선 다음 비방하는 것을 좋아한다

(동사) 비방하다, 헐뜯다 (詆毀, 誹謗)

→ 故堯有不慈之毀, 舜有不孝之謗 『原謗』(唐・皮日休)

그래서(故) 요임금(堯)은 '자애롭지 못하다는 비방(不慈之毁)'이 있(有)고, 순임금(舜)은 '불효의 비방(不孝之謗)'이 있다(有)

023

遙聞深巷中犬吠，便有婦人驚覺欠伸，其夫囈語．既而兒醒，大啼

淸청・林嗣環임사환『口技구기』

<table>
<tr><td>遙</td><td>聞</td><td>(於)深</td><td>巷</td><td>中</td></tr>
<tr><td>요, yáo</td><td>문, wén</td><td>심, shēn</td><td>항, xiàng</td><td>중, zhōng</td></tr>
<tr><td>(형)멀다
[형용사→부사]</td><td>(동)듣다, 들리다</td><td>(형)깊다[장소
전치사 생략]</td><td>(명)골목</td><td>(명)안, 내부</td></tr>
<tr><td colspan="5">멀리 {들린다} 깊은 골목 안(에서)</td></tr>
<tr><td>犬</td><td>吠,</td><td>便</td><td>有</td><td>婦人</td></tr>
<tr><td>견, quǎn</td><td>폐, fèi</td><td>편, biàn</td><td>유, yǒu</td><td>부인, fùrén</td></tr>
<tr><td>(명)개</td><td>(동)개가 짖다</td><td>(관련부사)앞뒤
시간상 긴밀함</td><td>(한정어)한, 어떤</td><td>(명)부인</td></tr>
<tr><td colspan="2">개(가) 짖는
'것이=소리가' {들리(고)}</td><td colspan="3">바로 이어 한 부인(이)</td></tr>
<tr><td>驚</td><td>覺</td><td>欠</td><td>伸,</td><td>其</td></tr>
<tr><td>경, jīng</td><td>교, jiào</td><td>흠, qiàn</td><td>신, shēn</td><td>기, qí</td></tr>
<tr><td>(동)놀라다</td><td>(동)잠 깨다[jiào]
[jué : 이해하다]</td><td>(동)하품하다</td><td>(동)곧게 펴다</td><td>(대)그(녀)의…
'복수可'(↗018)</td></tr>
<tr><td colspan="4">놀라 깨어 하품을 하고 몸을 곧게 펴(고)</td><td>그녀의</td></tr>
<tr><td>夫</td><td>囈語.</td><td>既而</td><td>兒</td><td>醒,</td></tr>
<tr><td>부, fū</td><td>예어, yìyǔ</td><td>기이, jìér</td><td>아, ér</td><td>성, xǐng</td></tr>
<tr><td>(명)남편</td><td>(명)잠꼬대
[명사→동사]</td><td>(시간부사)얼마
지나지 않아</td><td>(명)아이(child)</td><td>(동)수면 상태가
끝나다</td></tr>
<tr><td colspan="2">남편이 잠꼬대한다.</td><td colspan="3">얼마 지나지 않아 아이가 잠에서 깨(어)</td></tr>
</table>

大	啼
대, dà	제, tí
(형)크다 [형용사→부사]	(동)큰소리로 울다
크게 운다.	

[번역] 멀리 깊은 골목 안에서 개 짖는 소리가 들리고, 한 부인이 놀라 깨어 하품을 하고, 몸을 곧게 펴고 그녀의 남편이 잠꼬대한다. 얼마 지나지 않아 아이가 잠에서 깨어 크게 운다.

語法과 語彙

● 遙聞深巷中犬吠
멀리 깊은 골목 안에서 개 짖는 소리가 들린다

(형용사) 멀다 (遠)

→ 天都雖近而無路, 蓮花可登而路遙 『徐霞客游記·游黃山日記後』
천도봉(天都 : 天都峰)은 비록 가깝지만(雖近而) 길이 없(無路)고 연화봉(蓮花 : 蓮花峰)은 오를 수 있(可登)지만(而) 길이 멀다(路遙)

● 遙聞深巷中犬吠
멀리 깊은 골목 안에서 개 짖는 소리가 들린다

(형용사) 위에서 아래 또는 밖에서 안으로의 거리가 크다, 깊다 (從上到下或從外到內的距離大)

→ 情長慼(=戚)以永慕兮, 思彌遠而逾深 『寡婦賦』(晉·潘岳)
사랑(情)은 늘 근심을 품으며(長慼以) 오랫동안 생각되며(永慕) 멀고 오래(彌遠) 생각하면 할(思…而)수록 더(逾) 깊어진다(深)

● 遙聞深巷中犬吠
멀리 깊은 골목 안에서 개 짖는 소리가 들린다

(명사) 거리 안의 길; 골목 (街里中的道路 ; 衚同)

● 遙聞深巷中犬吠
멀리 깊은 골목 안에서 개 짖는 소리가 들린다

(명사) 내부, 안 (內部, 里面)

→ 城中皆不之覺 『資治通鑑·唐紀·憲宗元和十二年』
'성 안(城中)=성 안의 사람들' 모두(皆) '그들/그것/…'을 알아차리지 못하다(不之覺)

→ 夫妄意室中之藏, 聖也
집 안(室中)의(之) 물건 저장 장소(藏)를 억측하(妄意)는 것이 신통함이다(夫…聖也)

● 遥聞深巷中犬<u>吠</u>

멀리 깊은 골목 안에서 개 짖는 소리가 들린다

(동사) 개가 짖다 (狗叫)

● 遥聞深巷中犬吠, <u>便</u>有婦人驚覺欠伸

멀리 깊은 골목 안에서 개 짖는 소리가 들리고, 한 부인이 놀라 깨어 하품을 하고 몸을 곧게 편다

便

(관련부사, 연관부사; 關聯副詞) 보통 동사 서술어 앞에 쓰여 부사어가 된다. 단문이나 복문에서 앞 문장과 뒤 문장을 어울리게 한다. 앞뒤 두 항목이 시간에서 서로 이어지는 것을 보여주고, 뒤 항목의 행위가 앞 항목과 긴밀하게 연결되어 출현한다.

→ 方蜀漢相攻, 權在將軍, 擧足左右, 便有輕重 『後漢書・竇融傳』

촉과 한(蜀漢)이 서로 공격하려 하니(方...相攻) 권력(權)은 장군에게 있습니다(在將軍). '다리를 좌우로 움직이(擧足左右, 便)면=발을 약간만 움직이면=조금만 이동하면' '경중이 있습니다(有輕重)=타격이 있다'

● 遥聞深巷中犬吠, 便<u>有</u>婦人驚覺欠伸

멀리 깊은 골목 안에서 개 짖는 소리가 들리고, 한 부인이 놀라 깨어 하품을 하고 몸을 곧게 편다

有

(무특정 한정어) 특정하여 가리키는 것이 없음을 나타낸다. '어떤, 한' 등으로 번역된다. (表示無定指)

→ 暮投石壕村, <u>有</u>吏夜捉人 『石壕吏』(唐・杜甫)

저녁(暮)에 석호촌(石壕村)에 투숙하(投)니 한 관리(有吏)가 밤(夜)에 사람을 체포한다(捉人)

→ <u>有</u>朋自遠方來, 不亦樂乎? 『論語・學而』

한 친구(有朋)가 먼 곳에서(自遠方) 온다(來)면 역시 기쁘지(樂) 않겠는가(不亦...乎)?

● 遥聞深巷中犬吠，便有婦人驚<u>覺</u>欠伸
멀리 깊은 골목 안에서 개 짖는 소리가 들리고, 한 부인이 놀라 깨어 하품을 하고 몸을 곧게 편다

(동사) 잠에서 깨다 (睡醒)

● 遥聞深巷中犬吠，便有婦人驚覺<u>欠</u>伸
멀리 깊은 골목 안에서 개 짖는 소리가 들리고, 한 부인이 놀라 깨어 하품을 하고 몸을 곧게 편다

(동사) 피곤할 때 입을 벌리고 하품을 하다 (疲倦時張口打哈欠)

● 遥聞深巷中犬吠，便有婦人驚覺欠<u>伸</u>
멀리 깊은 골목 안에서 개 짖는 소리가 들리고, 한 부인이 놀라 깨어 하품을 하고 몸을 곧게 편다

(동사) 곧게 펴다, (일정한 방향으로) 뻗다, 늘이다 (伸直 ; 伸展)

● 其<u>夫</u>囈語
그녀의 남편이 잠꼬대한다

(명사) 여자의 배우자, 남편 (女子的配偶)

● 其夫<u>囈語</u>
그녀의 남편이 잠꼬대한다

(명사) 잠꼬대 (夢話)

● <u>既而</u>兒醒

얼마 지나지 않아 아이가 잠에서 깨어 크게 운다

既而

(시간 부사) 동사 서술어 앞이나 문두에 놓여 부사어가 되고 앞의 사건이 끝난 다음 얼마 지나지 않아 뒤의 일이 발생하는 것을 보여준다. '곧, 머지않아' 등으로 번역될 수 있다. (不久)

→ **<u>既而</u>**曰 『論語・憲問』

얼마 지나지 않(既而)아 말하나(曰)

● 既而兒<u>醒</u>

얼마 지나지 않아 아이가 잠에서 깨어 크게 운다

(동사) 수면 상태가 끝나다 또는 아직 잠 못 들다 (睡眠狀態結束或尚未入睡)

● 既而兒醒，大<u>啼</u>

얼마 지나지 않아 아이가 잠에서 깨어 크게 운다

(동사) 큰 소리로 울다, 목 놓아 울다 (啼哭)

024

勤爲無價之寶，愼是護身之符

『明心寶鑑명심보감』

勤	爲	無價	之	寶,
근, qín	위, wéi	무가, wújià	지, zhī	보, bǎo
(동)마음과 힘을 다하여 하다	(판단동사)~이다	(형)가치를 계산할 수 없다	(조사) 한정어 + 之 + 중심어	(명)보물, 진귀한 물건
마음과 힘을 다하여 하는 것은 가치를 계산할 수 없는 보물이(고)				
愼	是	護身	之	符
신, shèn	시, shì	호신, hùshēn	지, zhī	부, fú
(동)신중하다, 조심하다	(판단동사)~이다	(동) 몸을 보호하다	(조사) 한정어 + 之 + 중심어	(명)부적
신중하고 조심하는 것은 몸을 보호하는 부적이다.				

[번역] 마음과 힘을 다하여 하는 것은 가치를 계산할 수 없는 보물이고, 신중하고 조심하는 것은 몸을 보호하는 부적이다.

語法과 語彙

● **勤**爲無價之寶

마음과 힘을 다하여 하는 것은 가치를 계산할 수 없는 보물이다

(동사) 노력하다, 마음과 힘을 다하여 하다 (努力 ; 盡心盡力地做)

→ **勤**而不德, 非禹, 其誰能修之? 『左傳・襄公二十九年』

마음과 힘을 다했지만(勤而) 덕이 없(不德)으니 '우(禹)가 아니(非禹)'면 장차(其) 누가(誰) 그를 성장시킬 수 있(能修之)겠는가?

(동사) 고생하다, 애쓰다, 일하다 (辛勞 ; 從事勞作)

→ 有土之君**不勤**於兵, 不忌於辱 『管子・大匡』

토지가 있는 군주(有土之君)가 '병사에 대해 애쓰지 않고(不勤於兵)' '모욕에 대해 꺼리지 않다(不忌於辱)'

● 勤**爲**無價之寶

마음과 힘을 다하여 하는 것은 가치를 계산할 수 없는 보물이다

爲

(판단동사) : 판단동사는 '연계동사, 계동사, 계사'라고 불린다. 이러한 동사는 비록 동작동사처럼 분명한 동작성은 없지만 타동사의 특징을 갖고 있고 목적어를 가질 수 있다. 그리고 목적어와 함께 주어에 대한 판단을 보여주고 이때는 어기사 也를 문미에 쓸 필요가 없다. 고대중국어 판단동사는 크게 是, 爲 두 가지이다.

→ 克己復禮**爲**仁 『論語・顔淵』

극기복례(克己復禮)가 인이다(爲仁)

● 勤爲**無價**之寶

마음과 힘을 다하여 하는 것은 가치를 계산할 수 없는 보물이다

(형용사) 가치를 계산할 수 없는; 엄청 귀중하다 (無法計算價值. 比喩極爲珍貴)

● 勤爲無價之寶

마음과 힘을 다하여 하는 것은 가치를 계산할 수 없는 보물이다

之

(구조조사) : '지(之)' 앞은 수식을 보여주는 한정어이고 '형용사, 명사, 동사, 수량사' 등 많은 성분이 될 수 있다. '지之' 다음은 중심어로 대부분 명사나 명사성구이다. '지(之)'의 앞뒤는 수식과 피수식의 관계가 된다.

→ 以約失之者鮮矣 『論語・里仁』

절제 때문에(以約) 잃는 사람(失之者)은 적다(鮮矣)

● 勤爲無價之寶

마음과 힘을 다하여 하는 것은 가치를 계산할 수 없는 보물이다

(명사) 보물, 진귀한 물건 (寶物, 珍貴的東西)

→ 懷其寶而迷其邦 『論語・陽貨』

그의 보물을 가슴에 간직한(懷其寶) 채로(而) 그의 나라(其邦)를 갈팡질팡 헤매게 하다(迷)

● 愼是護身之符

신중하고 조심하는 것은 몸을 보호하는 부적이다

(동사) 조심하다, 신중하다 (謹愼, 小心)

→ 故言有招禍也, 行有招辱也, 君子愼其所立乎 『荀子・勸學』

때문에(故) 말은 화를 부르고(言有招禍也) 행동은 치욕을 부르(行有招辱也)니 군자는 그(其)가 세우는 것(所立)을 조심한다(愼...乎)

● 愼是護身之符

신중하고 조심하는 것은 몸을 보호하는 부적이다

是

(판단동사) 판단동사는 '연계동사, 계동사, 계사'라고 불린다. 이러한 동사는 비록 동작동사처럼 분명한 동작성은 없지만 타동사의 특징을 갖고 있고 목적어를 가질 수 있다. 그리고 목적어와 함께 주어에 대한 판단을 보여주고 이때는 어기사 也를 문미에 쓸 필요가 없다. 고대중국어 판단동사는 크게 是, 爲 두 가지이다.

→ 同行十二年, 不知木蘭是女郎 『樂府詩集・木蘭詩』

함께 12년을 다녔(同行十二年)는데 목란(木蘭)이 젊은 여자인(是女郞) 줄 모른다(不知)

보충

목란木蘭 :

(명사) 민간에 전해 내려오는 인물로 여자로서 남장을 하여 아버지 대신 군대를 갔다. (民間傳說人物. 曾女扮男裝, 替父從軍)

(명사) 식물의 꽃. (指此種植物的花)

견해

是가 판단동사인 경우 어기사 也를 문미에 쓸 필요가 없다고 했는데 이는 也가 판단 어기인 경우에 해당하고, 也가 '어기 멈춤, 제시' 등 기타 어기를 보여줄 때는 생략하지 않는 것 같다.

→ 鈞是人也, 或爲大人 『孟子・告子上』

모두(鈞) 사람인(人)데(是...也) 어떤 사람(或)은 큰 사람이 된다(爲大人)

● 愼是護身之符

신중하고 조심하는 것은 몸을 보호하는 부적이다

(동사) 몸을 보호하다 (保護身體)

● 愼是護身之<u>符</u>

신중하고 조심하는 것은 몸을 보호하는 부적이다

(명사) 부적. 옛날 도사가 귀신을 물리치고 귀신을 불러오거나 병을 치료하고 수명을 늘려주는 데 사용하던 신비한 문서 (符箓; 舊時道士用來驅鬼召神或治病延年的神秘文書)

025

恐天下之議我也

『商君書상군서 · 更法경법』

<table>
<tr><th>恐</th><th>天下</th><th>之</th><th>議</th></tr>
<tr><td>공, kǒng</td><td>천하, tiānxià</td><td>지, zhī</td><td>의, yì</td></tr>
<tr><td>(동)두려워하다</td><td>(명)전국, 천하
→세상 사람들</td><td>(접)주어 + 之 + 서술어
(↗001)</td><td>(동)비난하다, 지적하다,
비방하여 논하다</td></tr>
<tr><td colspan="4">세상 사람들(=천하)이 {나를} 비난하는 것이 두렵다.</td></tr>
<tr><th>我</th><th>也</th><td colspan="2" rowspan="3">'천하天下'는 '전국'에서 '전국 사람들;
세상 사람들'로 파생되었다고 본다.</td></tr>
<tr><td>아, wǒ</td><td>야, yě</td></tr>
<tr><td>(대)1인칭, {나}(↗002)</td><td>(어기)진술 강조
(↗017)</td></tr>
</table>

[번역] 세상 사람들이 나를 비난할까 두렵다.

語法과 語彙

● <u>恐</u>天下之議我也
세상 사람들이 나를 비난할까 두렵다

(동사) 두려워하다 (害怕, 畏懼)

→ 舟側欲傾, 人大**恐**懼, 即鳴鼓招衆 『高麗圖經・禮成港』(宋・徐竞)
배의 측면(舟側)이 기울려고 하(欲傾)자 사람들(人)이 '크게 두려워하(大恐懼)'여 바로(即) 북을 두드려(鳴鼓) '사람들을 부른다(招衆)'

● 恐<u>天下</u>之議我也
세상 사람들이 나를 비난할까 두렵다

(명사) 고대에는 보통 중국 범위 내에 있는 전국의 땅을 가리켰다; 전국 (古時多指中國範圍內的全部土地 ; 全國)

→ 伏惟聖朝以孝治<u>天下</u> 『陳情表』(晉・李密)
당대의 조정(聖朝)은 효도로 전국을 다스린다(以孝治天下)고 생각합니다(伏惟 : 아랫사람의 윗사람에 대한 경어이며 '~라고 생각하다' 의미)

● 恐天下之<u>議</u>我也
세상 사람들이 나를 비난할까 두렵다

(동사) 지적하다, 비난하다, 비방하여 논하다 (非議 ; 指責)

→ 庶人不<u>**議**</u> 『論語・季氏』
백성(庶人)이 비난하지 않다(不議)

026

道雖邇，不行不至；事雖小，不爲不成

『荀子순자・修身수신』

<table>
<tr><td>道</td><td>雖</td><td>邇,</td><td>不(...不)</td><td>行</td></tr>
<tr><td>도, dào</td><td>수, suī</td><td>이, ěr</td><td>불, bù</td><td>행, xíng</td></tr>
<tr><td>(명)길, 도로
(↗007)</td><td>(접)비록 ~지만
[주어＋雖＋술어]</td><td>(형)(거리, 시간이)
가깝다</td><td>(고정형식)
조건・가정＋결과</td><td>(동)가다,
운행하다</td></tr>
<tr><td colspan="3">도(道)가 비록 '가깝더라도(=가까이 있더라도)'
[양보 종속절]</td><td colspan="2">가지 않(으면)</td></tr>
<tr><td>(不...) 不</td><td>至;</td><td>事</td><td>雖</td><td>小,</td></tr>
<tr><td>부, bú</td><td>지, zhì</td><td>사, shì</td><td>수, suī</td><td>소, xiǎo</td></tr>
<tr><td>(고정형식)
조건・가정＋결과</td><td>(동)이르다,
도달하다, 오다</td><td>(명)일</td><td>(접)비록 ~지만
[주어＋雖＋술어]</td><td>(형)작다</td></tr>
<tr><td colspan="2">도달할 수 없(고)</td><td colspan="3">일이 비록 작더라도 [양보 종속절]</td></tr>
<tr><td>不 (...不)</td><td>爲</td><td>(不...) 不</td><td>成</td><td></td></tr>
<tr><td>불, bú</td><td>위, wèi</td><td>불, bù</td><td>성, chéng</td><td></td></tr>
<tr><td>(고정형식)
조건・가정＋결과</td><td>(동)하다, 행하다</td><td>(고정형식)
조건・가정＋결과</td><td>(동)이루다</td><td></td></tr>
<tr><td colspan="4">하지 않으면 이루지 못한다.</td><td></td></tr>
</table>

[번역] 길이 비록 가깝지만 가지 않으면 도달할 수 없고, 일이 비록 작지만 하지 않으면 이룰 수 없다.

語法과 語彙

● 道**雖**邇，不行不至

길이 비록 가깝지만 가지 않으면 도달할 수 없다

雖

(양보접속사) : 양보의 복문에서, 앞의 단문 문두나, 주어와 서술어 사이에 쓰여 어떤 사실에 대한 인정을 통하여 양보를 보여준다. 뒤의 단문은 '전환'이나 '추론'을 보여준다. '비록 ~지만, ~하다', '비록 ~지만, 할 수 있다' 등으로 번역될 수 있다.

→ **雖**欲勿用，山川其舍諸? 『論語・雍也』

비록(雖) 쓰고 싶지 않(欲勿用)아도 산천(山川)이 어떻게(其) 그것을 버리(舍諸)겠는가?

● 道雖**邇**，不行不至

길이 비록 가깝지만 가지 않으면 도달할 수 없다

(형용사) (거리나 시간이) 가깝다 (距離或時間近)

→ **邇**之事父 『論語・陽貨』

가까우면(邇之) 노인을 섬긴다(事父)

● 道雖邇，**不**行**不**至；事雖小，**不**爲**不**成

길이 비록 가깝지만 가지 않으면 도달할 수 없고, 일이 비록 작지만 하지 않으면 이룰 수 없다

不…不

(고정형식) : '不…不…' 이러한 형식의 문장은 대체로 두 가지 상황이 있는데 하나는 병렬이고 하나는 '조건/가정'과 결과'이다. 여기서는 앞의 不이 이끄는 부분이 가정, 조건을 나타내고 뒤의 不이 이끄는 부분이 결과를 나타낸다. 자주 가정의 복문을 구성한다.

→ **不**憤**不**啓 『論語・述而』

가슴에 맺히지 않으면(不憤) 깨우치게 하지 않다(不啓)

'不…不…' 통사가 '양보'의 문장으로도 쓰이고 있다(↗054).

→ 不及人不爲憂矣

타인을 따라잡을 수는 없어도 걱정하지 않다

● 道雖邇, 不行不至

길이 비록 가깝지만 가지 않으면 도달할 수 없다

(동사) 운행하다, 가다 (運行, 行走)

→ 行不由徑 『論語・雍也』

갈(行) 때에는 '좁은 길을 지나가(由徑)'지 않는다(不)

● 道雖邇, 不行不至

길이 비록 가깝지만 가지 않으면 도달할 수 없다

(동사) 도달하다, 오다 (及; 到達)

→ 樂至則無怨, 禮至則不争 『禮記・樂記』

악樂이 오면(or 행해지면)(樂至則) 원망이 없(無怨)고 예禮가 오면(or 행해지면)(至則) 다투지 않는다(不争)

● 事雖小, 不爲不成

일이 비록 작지만 하지 않으면 이룰 수 없다

(동사) 하다, 행하다 (做, 幹)

→ 故王之不王, 不爲也, 非不能也 『孟子・梁惠王上』

때문에(故) 왕이(王之) 임금 노릇을 못하(不王)는 것은 하지 않(不爲)는 것이지 할 수 없(不能)는 것이 아니다(非…也)

027

責人貴寬

宋송・蘇軾소식『刑賞忠厚之至論형상충후지지론』

責	人	貴	寬
책, zé	인, rén	귀, guì	관, kuān
(동)탓하다, 책망하다, 꾸짖다	(명)타인, 다른 사람(↗010)	(형)중요하다 [형 → 명](품사 활용)	(형)관대하다(↗011) [형 → 명](품사 활용)

타인을 책망(할 때) 중요한 것은 관대함이다.

[시간긴축복문으로 주절의 '형용사(貴) + 형용사(寬)'가 '명사(주어) + 명사(서술어)'로 품사 활용되었다.('어법' 참조)]

[번역] 타인을 책망할 때 중요한 것은 관대함이다.

語法과 語彙

● <u>責</u>人貴寬
타인을 책망할 때 중요한 것은 관대함이다

(동사) 탓하다, 책망하다, 꾸짖다 (責備)

→ 躬自厚而薄<u>責</u>於外 『春秋繁露·仁禮法』(漢·董仲舒)
몸소 자책을 중요시하(躬自厚)지만(而) 외부 사람을 적게 책망하(薄責於外)다

● 責人<u>貴</u>寬
타인을 책망할 때 중요한 것은 관대함이다

(형용사) 중요하다 (重要)

→ 禮之用和爲<u>貴</u> 『論語·學而』
사회규범과 도덕규범(禮)의 유용(之用)에서 조화하는 것이 중요하다(和爲貴)

028

吾少好讀書, 幸免牆面

『舊唐書구당서·閻立本傳염립본전』

吾	少	好	讀書,
오, wú	소, shào	호, hào	독서, dúshū
(대)나, 우리 '주어, 목적어, 한정어' (↗016)	(형)나이가 어리다	(동)좋아하다(↗022)	(동)책을 읽다, 소리 내어 읽다
나는 나이가 어렸(을 때) 책 읽기를 좋아(했기 때문에)			
[이 통사는 내부적으로 '시간긴축복문'('어법' 참조)으로 쓰였고, 문장 전체에서는 '원인의 종속절'로 쓰였다]			

幸	免	牆面
행, xìng	면, miǎn	장면, qiángmiàn
(부사)다행히, 운 좋게	(동)피하다, 모면하다	(동)아는 것이 하나도 없다→어리석은 사람. 무식한 사람 [동사→명사](어법 '품사 활용' 참조)
다행히 일자무식을 면했다.		

[번역] 나는 어렸을 때 책 읽기를 좋아해서 다행히 일자무식을 면했다.

語法과 語彙

● 吾**少**好讀書, 幸免牆面

나는 어렸을 때 책 읽기를 좋아해서 다행히 일자무식을 면했다

(형용사, 명사) 나이가 어리다 또는 나이가 어린 사람(年紀輕或年輕人)

→ 雖**少**, 必作 『論語・子罕』

비록 나이가 어려도(雖少) 반드시 일어난다(必作; to stand up)

● 吾少好**讀書**, 幸免牆面

나는 어렸을 때 책 읽기를 좋아해서 다행히 일자무식을 면했다

(동사) 책을 읽다, 소리 내어 책을 읽다 (閱讀書籍 ; 誦讀書籍)

→ **讀書**著文, 自七歲至今, 凡二十二年 『感二鳥賦』序(唐・韓愈)

저술한 서적(著文)을 읽(讀書)은 것이 일곱 살부터 지금까지(自七歲至今) 모두 합쳐(凡)서 22년(二十二年)이다

● 吾少好讀書, **幸**免牆面

나는 어렸을 때 책 읽기를 좋아해서 다행히 일자무식을 면했다

(부사) 다행히, 운 좋게 (幸虧 ; 多虧)

● 吾少好讀書, 幸**免**牆面

나는 어렸을 때 책 읽기를 좋아해서 다행히 일자무식을 면했다

(동사) 피하다, 모면하다 (免除, 避免)

→ 難乎**免**於今之世矣 『論語・雍也』

지금의 시대를 피하(免於今之世)는 것은 어렵다(難乎...矣)

● 吾少好讀書, 幸免**牆面**

나는 어렸을 때 책 읽기를 좋아해서 다행히 일자무식을 면했다

(동사) (=墻面) 벽을 마주하여 눈에 보이는 것이 없다; 배우지 않아 재주가 없거나 아는 것이 하나도 없다 (謂面對墻壁, 目無所見. 比喻不學無術或一無所知)

→ 其猶正**牆面**而立也與 『論語・陽貨』
　그것(其)은 바로(正) 벽을 마주하여 서는 것과 같(猶...牆面而立)지 않겠는가(也與)?

029

『書』曰 : “滿招損, 謙得益.”

宋송 · 歐陽脩구양수 『五代史伶官傳序오대사령관전서』

<table>
<tr><td><u>『書』</u></td><td><u>曰</u> :</td><td>“<u>滿</u></td></tr>
<tr><td>서, shū</td><td>왈, yuē</td><td>만, mǎn</td></tr>
<tr><td>『상서尙書』
=『서경書經』</td><td>(동)말하다</td><td>(형)거만하다, 교만하다</td></tr>
<tr><td colspan="2">『상서尙書』에 쓰여 있다.</td><td>“교만하(면)</td></tr>
<tr><td><u>招</u></td><td><u>損</u>,</td><td><u>謙</u></td></tr>
<tr><td>초, zhāo</td><td>손, sǔn</td><td>겸, qiān</td></tr>
<tr><td>(동)초래하다,
불러오다</td><td>(동)잃다, 손해 보다
→(명)손해</td><td>(형)겸허하다</td></tr>
<tr><td colspan="2">손해를 불러오(고)
[조건가정 긴축복문](‘어법’ 참조)</td><td>겸허하(면)</td></tr>
<tr><td colspan="2"><u>得益</u>.”</td><td></td></tr>
<tr><td colspan="2">득익, déyì</td><td></td></tr>
<tr><td colspan="2">(동)좋은 점 · 이익 · 이점을 얻다
[得 : 얻다 + 益 : 좋은 점; 이익=이익을 얻다]</td><td></td></tr>
<tr><td colspan="2">이익을 얻는다.”</td><td></td></tr>
</table>

[번역] 『상서尙書』에 쓰여 있다. “교만하면 손해를 불러오고, 겸허하면 이익을 얻는다.”

語法과 語彙

● 『書』曰

『상서尙書』에 쓰여 있다 or 『상서尙書』에서 정보를 준다

(명사) 상서尙書의 약칭. (『尙書』的簡稱) : 책 이름으로 『서경書經』이라고도 한다. 공자가 배열하고 삭제해서 만들었다고 전해진다. 그중 일부는 나중에 유학자가 보충해 넣은 것이고 일부는 동진東晋 시대 매색梅賾이 위조한 것이다. 이 책은 상商나라와 주周나라, 특히 서주西周 초기 중요한 사료를 보존하고 있다 (也叫《書經》. 書名. 相傳由孔子編刪而成, 其中有些篇是後來儒家补充進去的, 還有一部分是東晋梅賾僞造的. 該書保存了商周特别是西周初期的一些重要史料)(百度漢語)

견해

'『書』曰'은 '『尙書』가 말하다'인데 의미가 '상서에 쓰여 있다', '상서라는 책이 정보를 준다', '상서에서 말했다' 등의 의미가 되어야 한다. 이는 고대중국어의 특징으로 현대중국어와 다르므로(『論語』中曾子說道... '논어'에서 증자가 말하다... / 按照這本書所說... 이 책에 따르면...) 주목할 필요가 있다.

이 표현은 오히려 영어에 가깝다.

영어의 사전적 의미는 다음과 같다.(Oxford Advanced Learner's Dictionary, 2000)

(verb)[no passive](of sth that is written or can be seen) to give particular information or instructions

(동사)[수동태로는 쓰이지 않는다](쓰인 것이나 보일 수 있는 것이) 특정한 정보나 지시를 주다.

→ The book **says** regular exercise is necessary

그 책에는 규칙적인 운동은 필수적이라고 쓰여 있다 (정보를 준다)

→ The guidebook **says** to turn left

그 안내 책자는 왼쪽으로 돌라고 쓰여 있다 (지시한다)

→ The book doesn't **say** where he was born

그 책은 그가 어디서 태어났는지 쓰여 있지 않다 (정보를 주지 않는다)

● 『書』曰

『상서尙書』에 쓰여 있다 or 『상서尙書』에서 정보를 준다

(동사) 말하다 (說; 說道)

● 滿招損, 謙得益

교만하면 손해를 불러오고, 겸허하면 이익을 얻는다

(동사) 거만하다, 교만하다 (驕傲)

→ 這四句詩, 奉勸世人虛己下人, 勿得自滿　『警世通言・王安石三難蘇學士』(宋・王安石)

이(這) 네 개의 시 구절(四句詩)은 세상 사람들(世人)에게 자신을 겸허하게 하(虛己)고 '다른 사람 아래에 있기(下人)'를 '권고하(奉勸)'니 자만하(自滿)면 안 된다(勿得)

● 滿招損, 謙得益

교만하면 손해를 불러오고, 겸허하면 이익을 얻는다

(동사) 불러오다, 초래하다 (招致, 引來)

→ 故言有招禍也, 行有招辱也, 君子愼其所立乎　『荀子・勸學』

때문에(故) 말은 화를 초래하고(言有招禍也) 행동은 치욕을 초래하(行有招辱也)니 군자는 그(其)가 세우는 것(所立)을 조심한다(愼...乎)

(동사) 손을 흔들어 사람을 부르다, 부르다 (打手勢呼人)

→ 舟側欲傾, 人大恐懼, 即鳴鼓招衆　『高麗圖經・禮成港』(宋・徐竟)

배의 측면(舟側)이 기울려고 하(欲傾)자 사람들(人)이 '크게 두려워하(大恐懼)'여 바로(即) 북을 두드려(鳴鼓) '사람들을 부른다(招衆)'

● 滿招**損**, 謙得益
교만하면 손해를 불러오고, 겸허하면 이익을 얻는다

1. 감소(하다), 결손(나다), 적자(나다) (減少 ; 虧損)
2. 상실, 잃다, 손해(보다) (喪失; 損失)

● 滿招損, **謙**得益
교만하면 손해를 불러오고, 겸허하면 이익을 얻는다

(형용사, 동사) 겸허하다(: 스스로 자신을 낮추고 비우는 태도가 있다), 겸손하게 사양하다 (謙虛; 謙讓)

● 滿招損, 謙**得益**
교만하면 손해를 불러오고, 겸허하면 이익을 얻는다

(동사) 좋은 점, 이점을 얻다 (得到好處、益處)

● 滿招損, 謙得**益**
교만하면 손해를 불러오고, 겸허하면 이익을 얻는다

(명사) 좋은 점, 이익 (好處, 利益)
(동사) 증가하다 (增加)
(동사) 도움이 되다, 이익이 되다 (有益)
→ **益**者三友 『論語・季氏』
이익이 되는 사람(益者)은 세 가지 종류의 친구이다 (三友)

030

道人不聞, 至德不得

『莊子장자 · 秋水추수』

道人	不	聞,
도인, dàorén	불, bù	문, wén
(명)매우 높은 도덕을 가진 사람	(부)동사술어 앞. '~하지 않다'(↗010)	(동)듣다

매우 높은 도덕을 가진 사람(이라도) 듣지 않(으면)

[이 문장은 전체적으로 조건가정을 나타내는 종속절(만약 道人이라도 듣지 않으면...)과 주절(훌륭한 덕은 얻을 수 없다)로 이루어져 있다. 한편, 종속절은 내부적으로 '양보 긴축복문'으로 구성되어 있다(비록 도인이지만 듣지 않다). 양보 긴축복문에서 '道人'은 수어가 생략된 명사서술어로 보아야 한다((비록 그가) 道人이지만)]

至德	不	得
지덕, zhìdé	부, bù	득, dé
(명)훌륭한 덕, 최고의 도덕	(부)동사술어 앞. '~하지 않다'(↗010)	(동)얻다(↗019)

훌륭한 덕은 얻을 수 없다.

주절의 문장은 목적어(至德)가 전치된 문장이 아니다(훌륭한 덕을 얻을 수 없다). 고대중국어에서 부정부사 不이 있는 문장에서 '목적어 전치'는 '不+목적어+동사'의 형식으로 쓰였다(→ 父母之不我愛『孟子 · 萬章上』 부모가 나를 사랑하지 않는다). 여기서 지덕(至德)은 '화제(topic)'로 보아야 하는데, 부정동사의 목적어 전치 표지인 '之/是'를 사용하지 않는 용례가 있어 보이기도 한다(→ 鍥而舍之, [朽木][不折] 『戰國策 · 趙策一』 새기다가 새기는 것을 포기하면 '썩은 나무라도 자를 수 없다(= 썩은 나무를 자를 수 없다)'). '목적어 + 목적어 전치 표지(之/是) + 부정동사'에 대한 용례를 더 제시할 필요가 있다.

[번역] 매우 높은 도덕을 가진 사람이라도 듣지 않으면 훌륭한 덕은 얻지 못한다.

語法과 語彙

● **道人**不聞，至德不得

매우 높은 도덕을 가진 사람이라도 듣지 않으면 훌륭한 덕은 얻지 못한다

(명사) 매우 높은 도덕을 가진 사람 (有極高道德的人)

→ 樂**道人**之善 『論語・季氏』

매우 높은 도덕을 가진 사람의 훌륭함(道人之善)을 즐겁게 여기다(樂)

● 道人不**聞**，至德不得

매우 높은 도덕을 가진 사람이라도 듣지 않으면 훌륭한 덕은 얻지 못한다

(동사) 듣다 (聽見)

→ **聞**義不能徙 『論語・述而』

정의로움을 들(聞義)어도 변할 수 없다(不能徙)

● 道人不聞，**至德**不得

매우 높은 도덕을 가진 사람이라도 듣지 않으면 훌륭한 덕은 얻지 못한다

(명사) 가장 높은 도덕, 지고至高의 도덕, 훌륭한 품덕, 훌륭한 도덕성을 가진 인물 (最高的道德 ; 盛德)

→ 文帝永思**至德** 『尚德緩刑書』(漢・路温舒)

문제(文帝)가 지고至高의 도덕을 '오래 생각하다(永思 : 長思)'

031

傳曰 : "君者舟也, 庶人者水也; 水則載舟, 水則覆舟." 此之謂也.

『荀子순자 · 王制왕제』

傳	曰 :	"君	者	舟
전, zhuàn	왈, yuē	군, jūn	자, zhě	주, zhōu
(명)문헌상의 기재, 전기(傳記)	(동)말하다 (↗029)	(명)대부 이상의 통치자	(어기)주어 + 者. 진술, 소개	(명)배
전기傳記에 쓰여 있다. ['曰' : (↗029) 참조]		"통치자는 배이(고)		
也,	庶人	者	水	也;
야, yě	서인, shùrén	자, zhě	수, shuǐ	야, yě
(어기)진술 강조 (↗017)	(명)평민, 백성	(어기)주어 + 者. 진술, 소개	(명)물	(어기)진술 강조 (↗017)
	백성은 물이다;			
水	則	載舟,		水
수, shuǐ	즉, zé	재주, zàizhōu		수, shuǐ
(명)물	(판단부사) (주어) + 則 + 서술어(↗015)	(동)배를 실어 나르다 [載舟가 단어로 쓰여 '배를 타다(乘舟)'로 쓰이기도 한다]		(명)물
물은 배를 실어 나르(고/지만/...)				물...

則	覆舟.”	此	之	謂
즉, zé	복주, fùzhōu	차, cǐ	지, zhī	위, wèi
(판단부사) (주어) + 則 + 서술어(↗015)	(동) 배가 뒤집어지다, 배를 뒤집다	(대)재지시. ‘이, 이것…’	(조사)목적어 전치표지(↗013)	(동)말하다
…은 배를 뒤집는다.”		**이것을 말한다.**		
也.				
야, yě				
(어기)진술 강조(↗017)				

[번역] 전기(傳記)에 쓰여 있다. “통치자는 배이고 백성은 물이다. 물은 배를 실어 나르지만, 물은 배를 뒤집는다.” 이것을 말한다.

語法과 語彙

● <u>傳</u>曰

전기(傳記)에 쓰여 있다

(명사) 문헌상의 기재, 전기傳記 (文字記載; 傳記)

● <u>君</u>者舟也, 庶人者水也

통치자는 배이고 백성은 물이다

(명사) 고대 대부 이상 토지를 점유한 각급 통치자 (古代大夫以上据有土地的各級統治者的通稱)

(동사) 통치하다 (統治)

● 君<u>者</u>舟也, 庶人<u>者</u>水也

통치자는 배이고 백성은 물이다

者

(진술어기사) : '者'는 주어 다음에 쓰여 보통 진술과 소개하는 의미를 갖는다. '者'가 나타내는 주어는 흔히 앞의 문장에서 언급하지 않은 것이고 관련 있는 환경에서 처음으로 출현하거나 처음 판단하거나 소개하는 것이다. 이 주어에 대한 것이 판단을 가하는지 서술이나 묘사를 주는지에 대해서는 뒤의 서술어의 몫이다. '者'를 꼭 구체적으로 번역할 필요는 없다. 판단문 주어 다음에 사용될 때에는 서술어는 보통 판단 어기사 '也'를 문미에 쓰고 따라서 우리가 자주 볼 수 있는 '…者, …也'의 판단문형을 만든다. 한편, 진술문 주어 다음에 쓰여서 서술어 문미에 어기사 '也'를 동반하지 않을 수도 있다.

→ 楚左尹項伯<u>者</u>, 項羽季父<u>也</u> 『史記・項羽本紀』

초(楚)나라 좌윤(左尹 : 관명) 항백(項伯)은(者) 항우(項羽)의 숙부(季父)이다(也)

● 君者舟也, 庶人者水也
통치자는 배이고 백성은 물이다

(명사) 평민, 백성 (平民, 百姓)

→ 禮不下庶人, 刑不上大夫 『禮記・曲禮上』
예절과 의식(禮 : 禮儀)이 일반 백성(庶人)에게 '적용되지 않고(不下=내려가지 않고)' 형벌(刑)이 귀족 계급(大夫)에게 '적용되지 않는다(不上=올라가지 않는다)'

● 水則載舟, 水則覆舟
물은 배를 실어 나르지만, 물은 배를 뒤집는다

(동사) 실어 나르다 (裝運)

→ 禹抑洪水十三年, 過家不入門. 陸行載車, 水行載舟. 『史記・河渠書』
우(禹)가 홍수를 막(抑洪水)은 지가 13년(十三年)이고 집을 지나가(過家)도 집안에 들어가지 않았다(不入門). 육지(陸)에서는 마차가 다니게 하(行載車)고 물(水)에서는 배를 실어 나르게 하다(行載舟)

● 水則載舟, 水則覆舟
물은 배를 실어 나르지만 물은 배를 뒤집는다

(동사) 배를 뒤집다, 패망하고 군대가 전멸하는 것을 비유한다 (翻船. 喻敗亡覆滅)

● 此之謂也
이것을 말하다

(대명사) 재지시. 이, 이것

→ 今公子有急, 此乃臣效命的秋也 『史記・魏公子列傳』
지금(今) 공자(公子)가 급한 어려움이 있(有急)는데 이것(此)은 내(臣)가 힘써야 할 시간(效命的秋)이다(乃...也)

● 此之謂也
이것을 말하다

(동사) 말하다 (說)

→ 何謂惠而不費? 『論語・堯曰』

무엇(何)이 '사람에게 은혜를 베풀지만 낭비하는 것이 없다(惠而不費)'라고 말하(謂)는가?

032

固狂夫下愚，不達大體

『後漢書후한서 · 李固傳이고전』

固	狂夫	下愚,
고, gù	광부, kuángfū	하우, xiàyú
(부)본래, 원래	(명)(=狂人)무지하고 함부로 행동하는 사람	(명)가장 어리석은 사람
본래, 무지하고 함부로 행동하는 사람(과) 가장 어리석은 사람(이)		
[두 개의 단어 나열 통사에서 접속사가 없고, 역시 주어구 다음에 휴지를 두었다(현대에 표기)]		

不達	大體	
부다, bùdá	대체, dádàtǐ	
(동)잘 모르다	(명)중요한 이치, 대세와 관련된 도리	
대세와 관련된 도리를 잘 모른다.		

[번역] 본래 무지하고 멋대로 행동하는 사람과 가장 어리석은 사람이 대세와 관련된 도리를 알지 못한다.

語法과 語彙

● <u>固</u>狂夫下愚

본래, 무지하고 멋대로 행동하는 사람과 가장 어리석은 사람

(부사) 본래, 원래 (本來, 原來)

→ 生乎吾前, 其聞道也<u>固</u>先乎吾 『師說』(唐・韓愈)

내 앞에 태어나(生乎吾前)면 '그 사람(其)'이 '어떤 도리를 이해하(聞道 : 領會某種道理)'는 것이 본래(固) '나보다 빠르다(先乎吾)'

● 固<u>狂夫</u>下愚

본래, 무지하고 멋대로 행동하는 사람과 가장 어리석은 사람

(명사) 광인(狂人)과 같다. 무지하고 함부로 행동하는 사람 (無知妄爲的人)

→ 今之世不聞有師, 有輒嘩笑之, 以爲<u>狂人</u> 『答韋中立論師道書』(唐・柳宗元)

오늘날의 세상 사람들(今之世)은 스승의 도리(師)를 듣지 못하(不聞)여 항상(輒) 그를 크게 비웃(嘩笑之)고 무지하고 함부로 행동하는 사람(狂人)이라고 여긴다(以爲)

● 固狂夫<u>下愚</u>

본래, 무지하고 멋대로 행동하는 사람과 가장 어리석은 사람

(명사) 가장 어리석은 사람 (极愚蠢的人)

→ 唯上知與<u>下愚</u>不移 『論語・陽貨』

오직(唯) 성인・현인(上知)과(與) 가장 어리석은 사람(下愚)만(唯) 이동하지 않는다(不移)

● <u>不達</u>大體

대세와 관련된 도리를 알지 못하다

(동사) 잘 모르다 (不明白, 不通達)

→ 俗儒<u>不達</u>時宜, 好是古非今 『漢書・元帝紀』

보통의 유생(俗儒)은 적절한 시기(時宜)를 잘 모르(不達)기 때문에 좋아하는 것은 옛날이(好是古)지

‘현재가 아니다(非今)’

● 不達<u>大體</u>

대세와 관련된 도리를 알지 못하다

(명사) 중요한 이치・도리로 대세와 관련된 도리 (重要的義理, 有關大局的道理)

(부사) 대체로, 대개 (大致, 大概)

033

覺今是而昨非

晉진・陶淵明도연명 『歸去來兮辭귀거래혜사』

覺	今	是
각, jué	금, jīn	시, shì
(동)의식하다, 감지하다, 여기다	(명사, 부사)현재, 지금	(형)맞다(right)
지금은 맞…*{여기다}*		
而	**昨**	**非**
이, ér	작, zuó	비, fēi
(접)전환. '그러나, 오히려'(↗010)	(명사, 부사)시난날, 과서	(형)틀리다(wrong)
…지만 과거는 틀리다{고 여기다}.		
[이 통사는 연합복문 중에서 병렬복문에 해당한다고 본다]('어법' 참조)		

[번역] 지금은 맞지만, 과거는 틀리다고 여기다.

語法과 語彙

● **覺**今是而昨非
지금은 맞지만 과거는 틀리다고 여기다

(동사) 의식하다, 감지하다, 여기다 (意識到, 感知)

(동사) 깨닫다, 이해하다 (醒悟, 明白)

(동사) 알려주다 (告知, 啓發)

(동사) 발견하다, 알아차리다 (發覺, 覺察)

● 覺**今**是而昨非
지금은 맞지만 과거는 틀리다고 여기다

(명사, 부사) 현재, 지금, 눈앞의(=직면하고 있는) 일정한 시간

→ **今**京不度, 非制也 『左傳・隱公元年』
지금(今) 수도(京)는 '법도에 맞지 않으니; 예법을 존중하지 않으니(不度 : 不合法度 ; 不遵禮度)'
(선왕의) 제도가 아니다(非制也)

● 覺今**是**而昨非
지금은 맞지만 과거는 틀리다고 여기다

(형용사) '맞다'로 '非(틀리다)'와 대응된다 (對, 正确, 與"非"相對)

→ 偃之言**是**也 『論語・陽貨』
'언(偃)=자유(子游)'의 말(偃之言)이 맞다(是也)

● 覺今是而**昨**非
지금은 맞지만 과거는 틀리다고 여기다

(명사) 하루 차이 나는 날, 어제 (隔日 ; 今天的前一天)

(명사) 보통 지난날, 과거 (泛指往日, 過去)

→ **昨**下第 『柳毅傳』(唐・李朝威)

'과거(昨 : past; 過去)에; 옛날에' 낙제했다(下第 : 과거 시대 시험에 떨어진 사람 또는 시험에 떨어지다. 科舉時代考試不中者曰下第, 又稱落第)

● 覺今是而昨<u>非</u>
지금은 맞지만 과거는 틀리다고 여기다

(형용사) 틀리다, 사악하다 (錯誤; 邪惡)

(형용사) 진실하지 않다 (不眞實)

(동사) 위배하다 (違背)

034

故將廣智，必先多聞

『文選문선・何晏하안・景福殿賦경복전부』

<table>
<tr><th>故</th><th><u>將</u></th><th><u>廣</u></th><th><u>智,</u></th></tr>
<tr><td>고, gù</td><td>장, jiāng</td><td>광, guǎng</td><td>지, zhì</td></tr>
<tr><td>(접)원인＋故＋결과
(↗010)그러므로</td><td>(조동사)~하려 하다,
할 예정이다</td><td>(형)크다
[형용사→부사]</td><td>(형)지혜롭다, 총명하다
[형용사→동사]</td></tr>
<tr><td colspan="4">그러므로 크게 지혜(로워지려면) [조건가정절]</td></tr>
<tr><th>必</th><th><u>先</u></th><th colspan="2"><u>多聞</u></th></tr>
<tr><td>필, bì</td><td>선, xiān</td><td colspan="2">다문, duōwén</td></tr>
<tr><td>(부)꼭, 반드시, 분명히
(↗018)</td><td>(부)먼저</td><td colspan="2">(형)견문이 해박하다
[多聞은 '多(많다→많이)＋聞(듣다)'로
'많이 듣다'로 볼 수 있다]</td></tr>
<tr><td colspan="4">반드시 먼저 많이 들어야 한다.</td></tr>
</table>

[번역] 그러므로 크게 지혜로워지려면 반드시 먼저 많이 들어야 한다.

語法과 語彙

● 故<u>將</u>廣智, 必先多聞

그러므로 크게 지혜로워지려면 반드시 먼저 많이 들어야 한다

將

(조동사; 능원동사) 주관적으로 앞으로 어떤 행동을 취하겠다는 것을 나타낸다. '~할 것이다, ~할 예정이다, ~하려고 하다' 등으로 번역될 수 있다. (打算, 將要, 想要, 准備)

→ 天之<u>將</u>喪斯文也 『論語・子罕』

하늘이(天之) 이 예악 제도(斯文)를 잃게 하려 하다(將喪…也)

→ 季氏<u>將</u>伐顓臾 『論語・季氏』

계씨가 전유(顓臾)를 정벌하려 하다(將伐)

'장(將)' 같은 이러한 용도의 단어를 중국 고대중국어 학계에선 '능원동사(能願動詞)'라고 한다. 능원동사는 일종의 보조동사로 동사나 형용사 앞에 놓여 가능, 필요, 의도 등을 나타낸다. 고대중국어의 능원동사은 가능(可能 : 能, 得, 可, 可以, 可得, 得, 足, 足以…), 의도/바람(意願 : 欲, 忍, 將, 肯, 敢, 願…), 당연(應當 : 當, 任, 合, 應, 宜, 如…), 피동(被動 : 見, 被, 爲…) 네 가지로 나눌 수 있다. (張玉金, 2010)

'장將'의 상기의 쓰임을 '미래의 양상 부사'로 분류하기도 하고(Pulleyblank, 1995), '시간부사'로 분류하기도 했다(何樂士, 2006). 이 책에서는 '조동사(능원동사)'로 분류한다.

● 故將<u>廣</u>智, 必先多聞

그러므로 크게 지혜로워지려면 반드시 먼저 많이 들어야 한다

(형용사) 크다 (大)

(동사) 확대하다 (擴大)

● 故將廣**智**, 必先多聞

그러므로 크게 지혜로워지려면 반드시 먼저 많이 들어야 한다

(형용사) 지혜롭다, 총명하다 (智慧, 聰明)

→ 具足千子, **智**勇弘毅 『大唐西域記・羯若鞠闍國』(唐・玄奘)

천 명(千)의 '남자(子)'가 있는데(具足) (모두) '지혜롭(智)고, 용맹하(勇)고, 마음이 넓(弘)고, 의지가 굳세다(毅)'

● 故將廣智, 必**先**多聞

그러므로 크게 지혜로워지려면 반드시 먼저 많이 들어야 한다

(명사, 형용사, 부사, 동사) 시간이나 순서에서 앞에 있고, '앞, 앞의, 먼저, 우선으로 하다' 등으로 번역된다 (時間或次序在前的)

→ 不謂汝之**先**予以去 『祭妹文』(清・袁枚)

네가(汝之) 나(予)를 앞서 가서(先...以)(先 : 前進) 떠날(去) 거라 '생각하지 않는다(不謂 : 不認爲)'

● 故將廣智, 必先**多聞**

(형용사) 견문이 해박하다 (見聞廣博)

→ 友**多聞** 『論語・季氏』

견문이 해박한 사람(多聞)과 친구하다(友)

견해

이 문장은 '한어대사전'의 의미 항목으로 번역해도 문제가 없지만(그러므로 크게 지혜로워지려면 반드시 먼저 견문이 해박해야 한다) 글자 하나하나의 의미를 적용하여 번역하는 것(그러므로 크게 지혜로워지려면 반드시 먼저 많이 들어야 한다) 역시 틀리지 않는다. '크게 지혜로워지려면 반드시 먼저 견문이 해박해야 한다'와 '크게 지혜로워지려면 반드시 먼저 많이 들어야 한다' 중 어느 것이 맞는다고 봐야 할까? 두 글자 이상의 단어는 먼저 글자 하나하나 본래의 의미가 조합되어 그대로 적용된 후 파생된다는 전제에서 본다면 이 부분은 첫 단계를 적용하는 것이 낫다고 생각한다.

035

青取之於藍而青於藍

『荀子순자 · 勸學권학』

青	取	之
청, qīng	취, qǔ	지, zhī
(명)푸른색, 청색, 남색 [화제, topic]	(동)추출하다, 뽑아내다. (맡긴 것을, 배급된 것을)찾다	(대)재지시(↗007)['푸른색'으로 '재귀대명사'로 쓰였다]
푸른색은 자기 자신을 {추출했...}		
於	藍	而
어, yú	람(남), lán	이, ér
(전)동작의 대상 획득 출처 (from)	(명)진푸른색	(접)전환. '그러나, 오히려'(↗010)
진푸른색에서 {추출했}지만		
青	於	藍
청, qīng	어, yú	람, lán
(형용사)푸르다	(전)비교 대상 이끎. '~보다'	(명)진푸른색
진푸른색보다 푸르다.		

[번역] 푸른색은 자기 자신을 진푸른색에서 추출했지만 진푸른색보다 푸르다.

語法과 語彙

● 青取之於藍而青於藍

푸른색은 자기 자신을 진푸른색에서 추출했지만 진푸른색보다 푸르다

(명사) 푸른색, 청색, 남색 (藍色)

(형용사) 푸르다

(명사) 진 녹색 (深綠色)

● 青取之於藍而青於藍

푸른색은 자기 자신을 진푸른색에서 추출했지만 진푸른색보다 푸르다

(동사) (맡긴 것을, 배급된 것을)찾다, 추출하다, 뽑아내다 (提取)

→ 斯焉**取**斯? 『論語・公冶長』

이 사람(斯)이 어떻게(焉) 이것(斯=군자다움)을 '찾(取)겠는가(=뽑아냈겠는가)'?

● 青取之於藍而青於藍

푸른색은 자기 자신을 진푸른색에서 추출했지만 진푸른색보다 푸르다

於

(전치사) : 동작이 대상을 획득한 출처를 이끌어 낸다. 보통 '동사 + 목적어 + 於 + 전치사목적어'의 통사를 갖고 있다. '~에서, ~로부터, from' 등으로 번역된다.

→ 吾聞**諸**(=之於)夫子 『論語・子張』

나(吾)는 그것을 선생님으로부터(諸夫子) 들었다(聞)

● 青取之於藍而青於藍

푸른색은 자기 자신을 진푸른색에서 추출했지만 진푸른색보다 푸르다

(명사) 진푸른색 (深青色)

● 青取之於藍而青於藍

푸른색은 자기 자신을 진푸른색에서 추출했지만 진푸른색보다 푸르다

於

(전치사) 비교의 대상을 이끌어 낸다. 문장에서 서술어는 보통 형용사이다. '~보다'로 해석될 수 있다. (比)

→ 季氏富於周公

계씨(季氏)가 주공(周公)보다(於) 부유하다(富)

036

中也養不中; 才也養不才, 故人樂有賢父兄也

『孟子맹자 · 離婁下이루하』

中	也	養	不中;
중, zhōng	야, yě	양, yǎng	부중, bùzhōng
(동)행동하다 → 행동하는 사람	(어기)주어 + 也. '멈춤, 완만, 제시'	(동)이끌어 주다, 가르치다	(동)행동하지 않다 → 행동하지 않는 사람
행동하는 사람은 행동하지 않는 사람을 이끌어 주(고)			
才	也	養	不才,
재, cái	야, yě	양, yǎng	부재, bùcái
(명)재능이 있는 사람	(어기)주어 + 也. '멈춤, 완만, 제시'	(동)이끌어 주다, 가르치다	(명)재능이 없는 사람
재능이 있는 사람은 재능이 없는 사람을 이끌어 주(기 때문에) [이유원인절]('어법' 참조)			
故	人	樂	有
고, gù	인, rén	요, yào	유, yǒu
(접)원인 + 故 + 결과 (↗010)그래서	(명)인간, 사람	(동)즐겁게 여기다, 좋아하다	(동)가지다, 소유하다, 가지고 있다(↗005)
그래서 사람(들)은 {덕행과 재능이 있는 아버지와 형}을 가지고 있는 것을 좋아한다.			

賢	父兄	也
현, xián	부형, fùxiōng	야, yě
(형)덕행과 재능이 있는	(명)아버지와 형	(어기)진술 강조 (↗017)
{덕행과 재능이 있는 아버지와 형}		

[번역] 행동하는 사람은 행동하지 않는 사람을 이끌어 주고, 재능이 있는 사람은 재능이 없는 사람을 이끌어 주기 때문에 그래서 사람들은 현명한 아버지와 형을 가지고 있는 것을 좋아한다.

語法과 語彙

● <u>中</u>也養不中

행동하는 사람이 행동하지 않는 사람을 이끌어 주다

견해

이 글 中과 不中에 대한 주석에 대해 中을 '중용을 지키다(Those who keep the Mean, train up those who do not – 중용을 지키는 사람이 중용을 지키지 못하는 사람을 훈련시키다 –國哲學書電子化計劃–)'로 보는 것이 있고, 不中을 '행동하지 않다/이루지 못하다'로 기재한 자료가 있다(漢語大詞典). 이 경우 中의 의미는 '행동하다/이루다'가 된다. 이 글의 문맥은 中(사람)이 不中(사람)을 이끌어 주고 才(사람)가 不才(사람)를 이끌어 주는 것이다. 그리고 그 이끌어 주는 사람이 '현명한 아버지와 형(賢父兄)'인 경우 좋다는 것이다. 『漢語大字典』에는 '중용'의 의미가 없다. 본 책은 『漢語大詞典』에 등장하는 不中(행동하지 않다/이루지 못하다)에 근거하여 中을 '행동하다'라고 보고 있으나 '漢字大字典' 안 '中'의 의미 항목에 '행동하다'라는 뜻은 없다.

● 中<u>也</u>養不中

행동하는 사람이 행동하지 않는 사람을 이끌어 주다

也

(문중 어기사) : 주어 다음에 쓰여 어기를 멈추거나, 완만하게 하고 동시에 제시해 주는 역할을 한다. 也다음 문장은 '也가 제시하는 대상(=주어)'에 대한 해석이나 서술을 담당한다. 문장의 의미에 따라 융통성 있게 해석된다.

→ 回<u>也</u>不愚 『論語・爲政』

안회는(回也) 어리석지 않다(不愚)

● 中也養不中

행동하는 사람이 행동하지 않는 사람을 이끌어 주다

(동사) 교육하다, 가르치다, 잘 가르치고 베풀어 좋은 쪽으로 나아가게 하다, 이끌어 주다 (教育, 熏陶)

→ 唯女子與小人爲難養也 『論語・陽貨』

오직(唯) 여자와 소인(女子與小人)만 이끌어 주기 어렵다(爲難養也)

참고

공자의 말일 수 없다. 공자의 시대에 여자에 대한 편견이 없었다고는 말할 수 없지만 이런 사소한 문제를 구태여 어록 자료로 남길 필요는 없었을 것이다. 후대의 번쇄한 윤리 체계나 경직화된 학단의 권위주의적 hierarchy(사회나 조직 내의 계급; 계층)에서 발생한 파편임에 틀림없다. 「자한」 편의 마지막을 보면 "진실로 사랑한다 한 번 말해 보지도 아니하고 어찌 멀리 있다고만 하는가?(未之思也, 夫何遠之有)"라는 구절이 있는가 하면, 호색(好色)하듯이 호덕(好德)하는 자를 보지 못했다고 계속 탄식하는 공자의 모습에는 인간의 연애감정이나 여성이라는 존재에 대한 편견 없는 이해가 들어있다. 여성을 사랑하듯이 내가 원하기만 하면 仁은 당장이라도 달려온다(我欲仁, 斯仁至矣)고 말하는 공자가 여기 이러한 규범화된 이야기를 했을 리 만무하다.

그러나 이 장이 '논어'에 편집된 이상 계속 회자되지 않을 수 없는 자료이고 보면 그 많은 '논어'의 파편 중에서 현대사회에 적용될 수 없는 드문 사례에 속한다. 과거 사회에 있어서 여성에 대한 편견을 나타내는 하나의 사례로 꼽히지 않을 수 없다. 그러나 이것이 여성에 한정되었다는 것 外로 '가깝게 해주면 기어오르고 멀리하면 원망한다'는 이야기는 인간관계에서 일반적으로 논의될 수 있는 감정의 미묘한 사태에 속하는 것이다. 이것은 우리가 체험하는 보편적 현상이며 그러한 인간 유형을 잘 다루는 것은 삶의 지혜에 속하는 일이다. 여자에게 한정하여 말하였다는 것이 잘못되었을 뿐 그 외外로는 단순한 인간의 감정의 미묘한 문제를 다루었을 뿐이다.

이에 반하여 '신약성서'에는 너무나 노골적으로 여자를 비하시키는 발언이 많다. 그것이 이 장에 말하는 것과 같이 감정의 미묘한 차원에서 그치는 것이 아니라, 남자에 비해 근원적으로 인간의 영역에 속하기 어려운 별종인 것처럼 본질적으로 여성을 비하시키고 있다.

> 남자는 하나님의 형상과 영광이니 그 머리에 마땅히 쓰지 않거니와 여자는 남자의 영광이니라. 남자가 여자에게서 난 것이 아니요 여자가 남자에게서 났으며, 또 남자가 여자를 위하여 지음(making; creating)을 받지 아니하고 여자가 남자를 위하여 지음을 받은 것이니, 이러므로 여자는 천사들이 위에서 지켜보고 있으니 남편의 권위를 인정하는 표시로서 면사포로 머리를 가릴지니라(고전 11 : 7~10).

과거의 여성에 대한 편견은 동서를 가릴 필요가 없겠으나 중동 사막 문명권에서의 여성에 대한 잔혹함은 이루 형언하기 어려운 사례들이 많다. 따라서 이러한 '논어'의 파편 때문에 여성에 대한 편견이 유독 동방의 전유물인 것처럼 왜곡하는 사태는 없으면 한다. 사실 오늘날 페미니즘이 주장하는 문제의 대부분은 본질적으로 서양 전통의 문제이며, 그것을 동방 전통에 덮어씌워 말하는 오류는 범하지 말아야 한다. 그러나 여성의 지위의 향상을 위하여 지적되어야 할 문제는 동서고금을 가리지 말아야 한다.
기독교나 유교 전통에 비한다면 '도가 사상'에는 여성에 대한 편견이 전혀 비치지 않는다. 여성성(femininity)에 대한 우주론적 예찬이 그 철학의 골간을 이루고 있으며 여성을 비하하는 말은 그림자도 비치지 않는다. 그런 의미에서 노자(Lao Zi)야말로 인류 최초의 페미니스트(Feminist) 사상가라고 일컬을 만하다. (김용옥, 2008)

● 中也養<u>不中</u>

행동하는 사람이 행동하지 않는 사람을 이끌어 주다

(동사) 행동하지 않다, 이루지 못하다 (不行, 不成)

● <u>才</u>也養不才

재능이 있는 사람이 재능이 없는 사람을 이끌어 주다

(명사) 재능이 있는 사람 (有才能的人)

● 才也養<u>不才</u>

재능이 있는 사람이 재능이 없는 사람을 이끌어 주다

(명사) 재능이 없는 사람 (指無才能者)

● 故<u>人</u>樂有賢父兄也

그래서 사람들은 현명한 아버지와 형을 가지고 있는 것을 좋아한다

(명사) 인간, 인류(人類)

→ 唯仁者能好<u>人</u> 『論語・里仁』

오직(唯) 어진 사람(仁者)만이 '사람을 좋아할 수 있다(能好人)'

● 故人<u>樂</u>有賢父兄也

그래서 사람들은 현명한 아버지와 형을 가지고 있는 것을 좋아한다

(동사) 즐겁게 여기다, 좋아하다 (樂意, 喜歡)

→ 好之者不如<u>樂</u>之者 『論語・雍也』

좋아하는 사람(好之者)은 즐겁게 여기는 사람(樂之者)만 못하다(不如) [yào, 요]

● 故人樂有<u>賢</u>父兄也

그래서 사람들은 현명한 아버지와 형을 가지고 있는 것을 좋아한다

(형용사) 덕행과 재능이 있는 (有德行有才能)

→ 群臣孰<u>賢</u>? 『韓非子・外儲說左下』

많은 신하 중에서(群臣) 누가(孰) 덕행과 재능이 있(賢)는가?

037

學惡乎始, 惡乎終?

『荀子순자 · 勸學권학』

學	惡乎	始,
학, xué	오호, wūhū	시, shǐ
(동)배우다, 공부하다→배움 [동→명](화제; topic)'어법'	(의문대명사)어디, 어디서	(동)시작하다
배움은 어디서 시작되(고)		
惡乎	**終?**	
오호, wūhū	종, zhōng	
(의문대명사)어디, 어디서	(동)끝나다, 마치다, 정지하다	
어디서 끝나는가?		

[번역] 배움은 어디서 시작되고 어디서 끝나는가?

語法과 語彙

● 學惡乎始, 惡乎終?
배움은 어디서 시작되고 어디서 끝나는가?

(동사) 배우다, 공부하다, 교육을 받다 (學習, 接受教育)

→ 家家養子學耕織 『河北民』(宋・王安石)
집집마다(家家) 자식을 키울(養子) 때, 경작(耕作)과 직조(織造)를 배우게 하다(學)

● 學惡乎始, 惡乎終?
배움은 어디서 시작되고 어디서 끝나는가?

惡乎

(의문대명사) 오호(惡'虖(=呼)')와 같다. 장소를 묻는다. '어디, 어디서' (亦作「惡虖」. 疑問代詞. 猶言'何所=何處')(漢語大詞典

→ '天下惡乎定?' 『孟子・梁惠王上』
천하(天下)는 어디서(惡乎) 안정되는(定)가(惡乎)?

하지만 '어떻게(how)'로 보는 용례 역시 있다. (國哲學書電子化計劃)

→ 卒然問曰 :『天下惡乎定?』吾對曰 :『定于一』『孟子・梁惠王上』
(Abruptly he asked me, "How can the kingdom be settled?" I replied, "It will be settled by being united under one sway.")
(갑자기 그가 나에게 물었다, "천하는 어떻게 정착됩니까?" 나는 대답했다, "천하는 하나의 '지배; 장악' 아래에서 통일에 의해 정착됩니다.")
(갑자기(卒然) 물으며 말했다(問曰), "천하(天下)는 '어떻게/어디서'(惡乎) 안정됩(定)니까(惡乎)?" 나(吾)는 대꾸하여 말했다(對曰), "'하나; 통일'에서(于一) 안정됩니다(定)." –김형주–)

→ 君子去仁, 惡乎成名? 『論語・里仁』
(If a superior man abandon virtue, how can he fulfill the requirements of that name?)
(만약 군자(superior man)가 덕을 버리면 그는 어떻게 그 이름이 가진 요구를 충족시킬 수 있나

요?)

(군자(君子)가 仁을 버리(去仁)면 '어떻게/어디서(惡乎)' 명성을 얻(成名)겠는가(惡乎)? –김형주–)

견해

상기 '김형주' 번역을 참고하면, '어디서'의 의미가 꼭 '장소'에 국한되지 않아 보인다. '어떻게'와 '어디서'의 의미가 문맥에 따라 경계가 모호해 두 가지 함께 쓰여도 문제가 되지 않는 부분이 있는 것 같다. 오히려 '방법'을(어떻게) '장소'를(어디서) 나타내어, 보다 완곡한 강조가 될 수 있다고 본다. (하지만, '방법; how'과 '장소; where' 부사(영어에서는 부사로 기록)에 관한 논문 등 관련 자료를 찾을 필요가 있고, 또 더 많은 한문 용례를 연구하여 더욱 정확한 쓰임을 살펴볼 필요가 있다.)

● 學惡乎<u>始</u>, 惡乎終?

배움은 어디서 시작되고 어디서 끝나는가?

(명사, 동사) 처음, 시작, 시작하다 (初, 开始)

→ 有<u>始</u>有卒者 『論語・子張』

처음이 있(有始)고 끝이 있(有卒)는 것(者)

● 學惡乎始, 惡乎<u>終</u>?

배움은 어디서 시작되고 어디서 끝나는가?

(동사) 끝나다, 마치다, 종결하다, 종료하다, 정지하다 (結束, 終止)

→ 其<u>終</u>也已! 『論語・陽貨』

그(其)는 끝난(終) 것이다(也已)!

038

可進而進焉, 不必廉於自進也

唐당・韓愈한유『上宰相書상재상서』

可	進	而	進
가, kě	진, jìn	이, ér	진, jìn
(조동사)가능, '~할 수 있다'	(동)나아가다	(접)가정, 조건(↗004)	(동)나아가다
나아갈 수 있으면 나아가...			
焉,	**不必**	**廉**	**於**
언, yān	불필, búbì	염(렴), lián	어, yú
(어기)문중, 멈춤, 문장제기	(부)~할 필요 없다	(동)(언행을 각별히) 조심하다, 삼가다	(전)동작의 직접대상 (↗002)
...(는 것이니/...)	*{각별히 조심할 필요는 없다}*		
自	**進**	**也**	전치사 於의 목적어로 동사구(自進)가 쓰였다.
자, zì	진, jìn	야, yě	
(부)스스로	(동)나아가다	(어기)진술 강조(↗017)	
스스로 나아가{는 것을 각별히 조심할 필요는 없다}.			

[번역] 나아갈 수 있으면 나아가는 것이니 스스로 나아가는 것을 각별히 조심할 필요는 없다.

語法과 語彙

● 可進而進焉

나아갈 수 있으면 나아가다

(조동사) 가능을 나타내며 '~할 수 있다'로 번역된다.

견해

『古代漢語詞典』에서는 아래의 예문을 제시하면서 이 의미항은 '동사'로서 '가치가 있다, ~할 만하다(值得)'라고 정의하였다.

→ 其文理皆有可觀者 『傷仲永』(宋・王安石)

그것의 문채와 도리(其文理)가 모두(皆) 감상할 만한 부분(可觀者)이 있다(有)

하지만 동사를 병렬하여 사용하는 경우 두 개의 동사 관계는 '타동사(好) + 목적어(面譽)'로 쓰여 한 동작이 나머지 동작을 대상화하거나, 앞의 동사(面)가 부사로 쓰여 뒤의 동사(譽)를 수식하는 역할을 한다.

→ [好][面][譽]人者, 亦好背而毁之 『莊子장자・雜篇잡편・盜跖도척』

마주 보고(面) 사람을 칭찬하(譽人)는 것을 좋아하(好)는 사람(者)은 또한(亦) 뒤돌아서(背而) 비난하(毁之)는 걸 좋아한다(好)

이에 근거하면 『古代漢語詞典』에서 '동사' 명기를 '조동사'로 볼 수 있다.(동사 병렬에 대한 다른 통사도 찾아봐야 한다)

● 可進而進焉, 不必廉於自進也

나아갈 수 있으면 나아가는 것이니 스스로 나아가는 것을 각별히 조심할 필요는 없다

焉

(어기사) 문중에 사용되어 멈춤을 나타내고 다음 문장을 제기하는 어기를 담고 있다. 번역하지 않아도 된다.

→ 子路曰 : "有民人<u>焉</u>, 有社稷<u>焉</u>, 何必讀書, 然後爲學?" 『論語・先進』

자로가 말했다. "백성이 있고(有民人焉) 사직이 있(有社稷焉)는데 왜 꼭(何必) 책을 읽은 다음에야(讀書, 然後) 공부가 됩니까(爲學)?"

● <u>不必</u>廉於自進也

스스로 나아가는 것을 각별히 조심할 필요는 없다

(부사) ~할 필요 없다 (無須 ; 没有必要)

→ 你家中之事, 我已盡知, **<u>不必</u>**提起 『二刻拍案驚奇・卷十一』(明)

네 집안의 일(你家中之事)은 나(我)는 이미 모두(已盡) 아니(知) 거론할 필요 없다(不必提起)

● 不必<u>廉</u>於自進也

스스로 나아가는 것을 각별히 조심할 필요는 없다

(동사) (언행을 각별히) 삼가다, 신중하게 하다, 조심하다, '구속하다, 어색하다, 거북하다' 등으로 파생되었다 (收斂. 引申爲拘束)

→ 古之矜也**<u>廉</u>** 『論語・陽貨』

옛날의 단정하고 장중한 사람(古之矜)이(也) 언행을 각별히 신중히 한다(廉)

● 不必廉於<u>自</u>進也

스스로 나아가는 것을 각별히 조심할 필요는 없다

(부사) 스스로

→ **<u>自</u>**經於溝瀆而莫之知 『論語・憲問』

스스로(自) 도랑에서 목매달아 죽(經於溝瀆)은 다음(而) 아무도 그 사실을 모르다(莫之知)

039

故聲聞過情，君子恥之

『孟子맹자・離婁下이루하』

故	聲聞	過	情,
고, gù	성문, shēngwén	과, guò	정, qíng
(접)원인 + 故 + 결과 (↗010). 그래서…	(명)명성	(동)넘어서다, 지나치다, 초과하다	(명)실제 사정, 일의 상황
그래서 명성이 실제 사정을 넘어서(면) [조건가정절]			
君子	**恥**	**之**	
군자, jūnzǐ	치, chǐ	지, zhī	
(명)군자	(동)부끄럽게 여기다	(대)재지시(↗007). 그것	
군자는 '그것을(=명성이 실제 사정을 넘어서는 것을)' 부끄럽게 여긴다.			

[번역] 그래서 명성이 실제 사정을 넘어서면 군자는 그것을 부끄럽게 여긴다.

語法과 語彙

● 故**聲聞**過情

그래서 명성이 실제 사정을 넘어선다

(명사) 명성 (名聲)

→ 子聞寡人之**聲聞**, 亦何如焉? 『韓非子・內儲說上』

선생(子)은 나의 명성(寡人之聲聞)을 들었(聞)을 때 어떠했습니까?(亦何如焉)

● 故聲聞**過**情

그래서 명성이 실제 사정을 넘어선다

(동사) 지나치다, 넘어서다, 초과하다 (超過)

→ 由也好勇**過**我 『論語・公冶長』

유(由=자로)가(也) 용감함을 좋아하(好勇)는 것이 나를 넘어선다(過我)

● 故聲聞過**情**

그래서 명성이 실제 사정을 넘어선다

(명사) 실제 사정, 일의 상황 (實情 ; 情形)

→ 魯有名而無**情** 『左傳・哀公八年』

노(魯)나라는 이름이 있지만(有名而) 실제에 부합하지 못한다(無情)

● 故聲聞過情, 君子**恥**之

그래서 명성이 실제 사정을 넘어서면 군자는 그것을 부끄럽게 여긴다

(동사) ~을 부끄럽게 여기다 (以...爲恥辱)

→ **恥**功名不顯於天下也 『史記・管晏列傳』

공적과 이름(功名)이 '세상에 드러나지 않(不顯於天下)'는 것을 부끄럽게 여기다(恥)

040

周官之人, 知而訐之上者, 自免於罪, 無貴賤

『商君書상군서 · 賞刑상벌』

周	官	之	人,
주, zhōu	관, guān	지, zhī	인, rén
(명)사방, 원주 →사방에서 [명사→부사]	(동)관직에 있다, 벼슬하다	(조사)한정어 + 之 + 중심어(↗024)	(명)인간, 사람(↗036)

사방에서 벼슬하는 사람(이) [주어구가 된다]

知	而	訐	之
지, zhī	이, ér	알, jié	지, zhī
(동)알다	(접)가정, 조건 (↗004)	(동)타인의 단점을 공격하고 들추어내다	(대)재지시(↗007), 아는 것

알면 알고 있는 것을 *{들추어낸다(=나쁘게 말한다)}*

[여기서 알지訐之는 '알고 있는 것을 들추어내다'이므로 '알고 있는 것을 나쁘게 말하다'로 보아야 한다. 알訐 의미 '알고 있는 것을 들추어내다'에서 '나쁘게 말하다'의 의미로 확장되었다고 본다]

上	者,
상, shàng	자, zhě
(명)높은 곳, 높은 자리→높은 자리에 있는 [명사→형용사]	(구조조사)단어 · 구 + 者, '~한 사람, ~ 한 것'(↗007)

높은 자리에 있는 사람{에게 나쁘게 말하여}

[견해] '동사(訐) + 직접목적어(之) + 간접목적어(上者)'로 쓰였는데(아는 것을 높은 자리에 있는 사람에게 나쁘게 말하다), 이 통사는 '동사(訐) + 간접목적어(上者) + 직접목적어(之)'에서 목적어를 도치한 것으로 볼 수 있다(높은 자리에 있는 사람에게 아는 것을 나쁘게 말하다).

이 예문으로 보면, 고대중국어에서 '동사 + 간접목적어 + 직접목적어'의 통사가 '동사 + 직접목적어 + 간접목적어'로 표현될 때 영어와는 다르게, 간접목적어 앞에 '전치사가 없음'을 볼 수 있다. 이는 현대중국어 통사와 동일하다(→如果您这样做了请**告之我**, 만약 당신께서 이렇게 하시려면 그것을 저에게 알려주세요). 고대중국어 예문을 더 많이 찾아볼 필요가 있다.

自	**免**	**於**	**罪,**
자, zì	면, miǎn	어, yú	죄, zuì
(대)자기	(동)피하다, 모면하다(↗028)	(전) 동작의 직접대상(↗002)	(명)죄
자기 자신은 죄를 모면하(는데)			
(此)無	**貴賤**		
무, wú	귀천, guìjiàn		
(이것에는) 없다	(명)부유함과 가난함, 지위의 높고 낮음		
이것에는 지위의 높고 낮음이 없다.			

[번역] 사방에서 벼슬을 하는 사람이 알면, 알고 있는 것을 높은 사람에게 나쁘게 말하여 자기 자신은 죄를 모면하는데 이것에는 지위의 높고 낮음이 없다.

語法과 語彙

● <u>周</u>官之人
사방에서 벼슬을 하는 사람

(명사) 사방, 원주 (四周; 圓周)

● 周<u>官</u>之人
사방에서 벼슬을 하는 사람

(동사) 관직에 있다, 관직을 맡다, 벼슬하다 (居官; 做官)

● 知而<u>訐</u>之上者
알면, 알고 있는 것을 높은 사람에게 나쁘게 말하다

(동사) 타인의 결점・단점을 공격하고 들추어내다 (攻擊或揭發別人的短處)

→ 惡<u>訐</u>以爲直者 『論語・陽貨』
타인의 결점을 공격하고 들추어내(訐)고 그것을 정직하다고 여기는 것(以爲直者)을 싫어하다(惡)

● 知而訐之<u>上</u>者
알면, 알고 있는 것을 높은 사람에게 나쁘게 말하다

(명사) 높은 곳, 높은 자리 (高處)

→ 居<u>上</u>不寬 『論語・八佾』
높은 자리에 있(居上)을 때 관대하지 않다(不寬)

● <u>自</u>免於罪
자기 자신은 죄를 모면한다

(대명사) 자기 (自己)

→ 遂<u>自</u>投汨羅以死 『史記・屈原賈生列傳』
마침내(遂) 자신(自)을 멱라수(汨羅水 : 중국 호남湖南성을 흐르는 멱수汨水와 라수羅水가 합쳐진

다 하여 이렇게 부름. 전국戰國 시대, 굴원屈原이 투신했다고 전함)에 던져(投汨羅以) 죽다(死)

보충

예문의 통사를 분석하면 다음과 같다.

[[自(목) + 投(타동) : 목적어 전치][(於)汨羅 : 전치사구로 전치사가 생략된 보어]以][死]

● 無貴賤

지위의 높고 낮음이 없다

(명사) 부유함과 가난함, 지위의 높고 낮음 (富貴與貧賤. 指地位的尊卑)

041

善作者不必善成, 善始者不必善終

『史記사기 · 樂毅列傳악의열전』

<table>
<tr><th>善</th><th>作</th><th>者</th><th>不必</th></tr>
<tr><td>선, shàn</td><td>작, zuò</td><td>자, zhě</td><td>불필, búbì</td></tr>
<tr><td>(부)잘, 훌륭하게</td><td>(동)종사하다,
어떤 일을 하다</td><td>(구조조사)단어 · 구 +
者. '~한 사람'(↗007)</td><td>(부)꼭 ~하는 것은
아니다</td></tr>
<tr><td colspan="4">잘 하는 사람(이) 꼭...</td></tr>
<tr><th>善</th><th>成,</th><th>善</th><th>始</th></tr>
<tr><td>선, shàn</td><td>성, chéng</td><td>선, shàn</td><td>시, shǐ</td></tr>
<tr><td>(부)잘, 훌륭하게</td><td>(동)완성하다,
실현하다, 이루다</td><td>(부)잘, 훌륭하게</td><td>(동)시작하다(↗037)</td></tr>
<tr><td colspan="2">잘 완성하는 것은 아니(고)</td><td colspan="2">잘 시작하...</td></tr>
<tr><th>者</th><th>不必</th><th>善</th><th>終</th></tr>
<tr><td>자, zhě</td><td>불필, búbì</td><td>선, shàn</td><td>종, zhōng</td></tr>
<tr><td>(구조조사)단어 · 구 +
者. '~한 사람'(↗007)</td><td>(부)꼭 ~하는 것은
아니다</td><td>(부)잘, 훌륭하게</td><td>(동)끝나다, 끝내다,
정지하다(↗037)</td></tr>
<tr><td colspan="4">...는 사람이 꼭 잘 끝내는 것은 아니다.</td></tr>
</table>

[번역] 잘하는 사람이 꼭 잘 완성하는 것은 아니고, 잘 시작하는 사람이 꼭 잘 끝내는 것은 아니다.

語法과 語彙

● <u>善</u>作者不必善成

잘하는 사람이 꼭 잘 완성하는 것은 아니다

(부사) 동사 앞에 쓰여 부사어가 된다. 적극적으로, 완벽하게 어떤 동작, 행위를 보여준다. '잘', '온전히', '훌륭하게' 등으로 번역된다 (很好地, 好好地)

→ <u>善</u>爲我辭焉 『論語・雍也』

나를 위해(爲我) 그것(焉)을 잘 사양하다(善...辭)

보충

예문의 통사를 분석하면

[善(부사)][爲我(전치사구)][辭(타동사) + 焉(목적어)]로 전치사구가 '부사(善) + 동사구(辭焉)' 사이에 놓인 것을 볼 수 있다.

● 善<u>作</u>者不必善成

잘하는 사람이 꼭 잘 완성하는 것은 아니다

(동사) 종사하다, 어떤 일을 하다 (從事或進行某種活動)

(동사) 시작하다 (開始)

→ 天下大事, 必<u>作</u>於細 『老子・六十三章』

천하의 큰일(天下大事)은 반드시(必) 작은 것에서 시작한다(作於細)

(동사) 일하다, 노동하다 (工作; 勞動)

보충

예문의 통사를 분석하면

[必(부사)][作(동사)][於細(전치사구)](반드시 작은 것에서 시작한다)로 전치사구가 '부사(必) + 동사(作)' 다음에 위치한 것(반드시 시작하다)으로 앞서 분석한 [善(부사)][爲我(전치사구)][辭(타동사) + 焉(목적어)](나를 위해 그것을 잘 사양하다)에서는 전치사

구가 '부사'와 '동사' 사이에 놓였다.

이 예문으로 '부사와 동사'가 있는 고대 중국어 문장에서 전치사구의 위치는 '부사와 동사' 사이 또는 '부사와 동사' 다음에 놓일 수 있음을 알 수 있다.

● 善作者<u>不必</u>善成

잘하는 사람이 꼭 잘 완성하는 것은 아니다

(부사) 반드시 ~한 것은 아니다, 꼭~인 것은 아니다, 꼭 그렇다고 할 수 없다 (沒有一定 ; 未必)

→ 有言者<u>不必</u>有德 『論語・憲問』

좋은 말이 있는 사람(有言者)이 꼭 덕(德)이 있는 것은 아니다(不必有德)

● 善作者不必善<u>成</u>

잘하는 사람이 꼭 잘 완성하는 것은 아니다

(동사) 완성하다, 실현하다, 이루다 (完成, 實現)

→ 好謀而<u>成</u>者也 『論語・述而』

강구하(謀)고 게다가(而) 완성하(成)기를 좋아하는 사람(好…者)이다(也)

042

鍥而舍之，朽木不折；鍥而不舍，金石可鏤

『荀子순자·勸學권학』

鍥	而	舍	之，
계, qiè	이, ér	사, shě	지, zhī
(동)새기다	(접)'동·형 + 而'(부사어) + 서술어(↗060)	(동)버리다, 포기하다	(대)재지시(↗007)

새기다가 새기는 것을 포기하(면)

[조건가정의 긴축복문으로 봐야 한다((당신이 무언가를) 새기다가 (당신이) 새기는 것을 포기한다면). 그러므로 이 문장은 내부적으로 '조건가정의 긴축복문'인 동시에 복문에서 '조건가정절'로 쓰였다고 볼 수 있다]

朽	木	不	折；
후, xiǔ	목, mù	부, bù	절, zhé
(동사)썩다 → 썩은 [동 → 형]	(명)나무	(부)동사술어 앞. '~하지 않다'(↗010)	(동)절단하다, 끊다, 꺾다

썩은 나무라도 자를 수 없(고)

[양보의 긴축복문으로 봐야 한다((비록 그것이) 썩은 나무라도 (당신은) 자를 수 없다). 그러므로 이 문장 역시 내부적으로 '양보의 긴축복문'인 동시에 복문에서 '조건가정의 종속절'에 대한 주절로 결과를 보여준다.

鍥	而	不	舍，
계, qiè	이, ér	불, bù	사, shě
(동)새기다	(접)'동·형 + 而'(부사어) + 서술어(↗060)	(부)동사술어 앞. '~하지 않다'(↗010)	(동)버리다, 포기하다

새기다가 새기는 것을 포기하지 않(으면)		
金石	可	鏤
금석, jīnshí	가, kě	루, lòu
(명)쇠와 돌	(조동사)가능. '~할 수 있다'(↗038)	(동)조각하다
쇠와 돌이라도 조각할 수 있다.		

[번역] 새기다가 새기는 것을 포기하면 썩은 나무라도 자를 수 없고, 새기다가 새기는 것을 포기하지 않으면 쇠와 돌이라도 조각할 수 있다.

語法과 語彙

● <u>鍥</u>而舍之, 朽木不折
새기다가 새기는 것을 포기하면 썩은 나무라도 자를 수 없다

(동사) 새기다 (刻)

● 鍥而<u>舍</u>之, 朽木不折
새기다가 새기는 것을 포기하면 썩은 나무라도 자를 수 없다

(동사) 버리다, 포기하다

→ 操<u>舍</u>鞍馬 『資治通鑑・漢紀・獻帝建安十三年』
조조(操 : 曹操)가 '안장과 말(鞍馬)'을 버린다(舍)

● 鍥而舍之, <u>朽</u>木不折
새기다가 새기는 것을 포기하면 썩은 나무라도 자를 수 없다

(동사) 썩다, 부패하다 (腐爛)

→ 將軍之舉武昌, 若摧枯拉<u>朽</u> 『晉書・甘卓傳』
장군(將軍)이(之) 무창(武昌)을 공격하여 함락시키(舉)는 것은 마른 풀을 꺾(摧枯)고 썩은 것을 자르(拉朽)는 것과 같다(若)

(형용사) 노쇠하다 (衰老)

● 鍥而舍之, 朽木不<u>折</u>
새기다가 새기는 것을 포기하면 썩은 나무라도 자를 수 없다

(동사) 절단하다, 끊다, 꺾다 (切斷 ; 弄斷)

● 鍥而不舍, 金石可<u>鏤</u>
새기다가 새기는 것을 포기하지 않으면 쇠와 돌이라도 조각할 수 있다

(동사) 조각하다 (雕刻)

(명사) 조각 (彫刻)

043

聖人不法古，不修今

『商君書상군서・開塞개색』

聖人	不	法	古,
성인, shèngrén	불, bù	법, fǎ	고, gǔ
(명)성인聖人	(부)동사술어 앞. '~하지 않다'(↗010)	(동)본받다, 모방하다	(명)과거 시대, 옛날
성인은 옛날을 본받지 않(고)			
不	修	今	
불, bù	수, xiū	금, jīn	
(부)동사술어 앞. '~하지 않다'(↗010)	(동)따르다	(명, 부)현재, 지금 (033)	
현재를 따르지 않는다.			

[번역] 성인聖人은 옛날을 본받지 않고, 현재를 따르지 않는다.

; 성인聖人은 과거의 것을 모범으로 여기지 않고, 현재의 것을 고집하지 않는다.

견해

고대중국어 공구서에 고古의 의미로 '과거의 것'이라는 의미 항목이 있다. 하지만 '금今'의 의미 중에는 '현재의 사물(=현재의 것)'이라고 기록한 책을 발견하지 못했다. 하지만 '고古'의 의미 '과거의 것'으로 미루어 '금今'의 의미 '현재의 사물(=현재의 것)'도 가능하다고 본다.

修今(수금)을 '한어대사전'에서 단어로 포함시키지 않았지만 '네이버 중국어 사전'의 출처인 '快懂百科(https : //www.baike.com/)'에서는 '不法古不修今' 본문의 글을 제시하고 해석을 '指不應效法古代, 也不應拘泥於現狀(고대를 본받으면 안 되며, 또한 현상태에 구속되어서도 안 된다는 것을 가리킨다)'로 풀어놓았다.

'한어대자전'에서는 '구속되다' 류의 의미 항목이 없다. 본 책에서는 '한어대자전'의 의미 항목 범위에서 의미를 찾았다(따르다).

語法과 語彙

● 聖人不法古, 不修今

성인은 옛날을 본받지 않고 현재를 따르지 않는다

(명사) 인품과 덕이 가장 고상하고 지혜가 가장 출중한 사람; 성인(聖人) (指品德最高尚、智慧最高超的人)

● 聖人不法古, 不修今

성인은 옛날을 본받지 않고 현재를 따르지 않는다

(동사) 본받다, 모방하다 (效法 ; 仿效)

→ 文王不足法與? 『孟子・公孫丑上』

문왕(文王)은 '본받기에 부족합(不足法)'니까(與)? (문왕은 화제(topic))

● 聖人不法古, 不修今
성인은 옛날을 본받지 않고 현재를 따르지 않는다

(명사, 부사) 과거 오래된 연대로 '현재, 지금'과 상대된다. 옛날, 과거 (過去已久的年代 ; 往昔. 與"今"相對)

→ 古者民有三疾 『論語・陽貨』
옛날(古者) 보통 사람(民)은 세 가지 절박한 것이 있었다(有三疾)

→ 自古皆有死, 民無信不立 『論語・顔淵』
예(=과거)로부터(自古) 모두 죽지(皆有死)만 백성(民)이 믿지 않(無信)으면 존재하지 못한다(不立)

(명사) 고대의 사물, 고대의 것 (指古代的事物)

→ 信而好古 『論語・述而』
옛것(古)을 믿고 좋아하다(信而好)

● 聖人不法古, 不修今
성인은 옛날을 본받지 않고 현재를 따르지 않는다

(동사) 따르다 (遵循)

→ 遇民不修法, 則問法官 『商君書・定分』
백성(民)이 법을 따르지 않(不修法)는 것을 만나면(遇...則) 법관에게 묻는다(問法官)

044

然則今日之是非, 謂予李卓吾一人之是非, 可也

明명 · 李贄이지 『藏書世紀列傳總目前論장서세기열전총목전론』

然則	今日	之	是非,	謂
연즉, ránzé	금일, jīnrì	지, zhī	시비, shìfēi	위, wèi
(접)순접, 그렇다면	(명)지금, 현재	(조)수식, 종속 관계(↗007)	(명)맞고 틀림, 옳고 그름	(동){말하다}(↗007)
그렇다면 지금의 옳고 그름은 [화제]('어법' 참조)				

予	李卓吾	一人	之	是非,
여, yú	이탁오, lǐzhuówú	일인, yìrén	지, zhī	시비, shìfēi
(대)나, 저	(인명)이탁오	(명)한 사람	(조)수식, 종속 관계(↗007)	(명)맞고 틀림, 옳고 그름
나 이탁오 한 사람의 옳고 그름이라고 {말하(여도)}				

['予李卓吾一人之是非'이 통사는 전형적인 한국어 표현과 일치한다(이것은 저 김형주 한 사람의 잘못이라고 말할 수 있습니다). 이 통사는 '대명사(予) + 인명(李卓吾) + 명사구(一人之是非)'로 대명사와 인명은 동일인이고 이 명사구 안에서 발생한 동작이나 상황의 범위가 앞의 한 사람(=동일인)에 국한된다는 것을 보여준다]

可	也
가, kě	야, yě
(형)괜찮다, 적절하다, 적합하다	(어기)진술 강조(↗017)
괜찮다.	

[번역] 그렇다면 지금의 옳고 그름은 나 이탁오(李卓吾) 한 사람의 옳고 그름이라고 말하여도 괜찮다.

語法과 語彙

● <u>然則</u>今日之是非
(그렇다면 지금의 옳고 그름)

然則

(접속사) 문장과 문장을 연결시켜 준다. 앞의 말을 잇는 순접의 관계를 보여준다. '그렇다면' 등으로 해석된다.

→ 子曰 : "書不盡言, 言不盡意" "<u>然則</u>聖人之意, 其不可見乎?" 『周易・係辭上』
선생이 말했다(子曰). "책(書)은 말을 다 전달할 수 없(不盡言)고, 말(言)은 뜻을 다 전달할 수 없다(不盡意)." "그렇다면(然則) 성인의 뜻(聖人之意), 그것은(其) 볼 수 없(不可見)는 것인가요(乎)?"

然則에 이어지는 부분이 의문문인 경우가 있다.

→ <u>然則</u>管仲知禮乎? 『論語・八佾』
그렇다면(然則) 관중(管仲)은 예를 압니까(知禮乎)?

● 然則<u>今日</u>之是非
그렇다면 지금의 옳고 그름

(명사) 지금, 현재 (目前 ; 現在)

→ 樊噲曰 : "<u>今日</u>之事何如?" 『史記・項羽本紀』
번쾌(樊噲)가 말했다. "지금의 사태(今日之事)가 어떠한가(何如)?"

(명사) 오늘 (本日 ; 今天)

→ <u>今日</u>病矣, 予助苗長矣 『孟子・公孫丑上』
오늘(今日) 피곤하(病矣)여 내(予)가 묘(=싹; 苗)가 자라(長)는 것을 도왔다(助...矣)

● 然則今日之<u>是非</u>
그렇다면 지금의 옳고 그름

(명사) 맞고 틀림 (對的和錯的 ; 正確與錯誤)

(형용사) 맞고 틀리다 (對的和錯的 ; 正確與錯誤)

● 謂<u>予</u>李卓吾一人之是非

나 이탁오(李卓吾) 한 사람의 옳고 그름이라고 말하다

(대명사) 1인칭을 대신한다. '나, 저' (我)

→ <u>予</u>觀夫巴陵勝狀, 在洞庭一湖 『岳陽樓記』(宋・範仲淹)

내(予)가 저(夫)파릉(巴陵)의 '뛰어난 경치(勝狀 : 勝境, 佳境)'를 보(觀)니 한 개의 호수(一湖)가 넓은 정원(洞庭)에 있다(在)

● 謂予李卓吾<u>一人</u>之是非

나 이탁오(李卓吾) 한 사람의 옳고 그름이라고 말하다

(명사) 한 사람 (一個人)

(명사) 고대 천자를 칭하는 말, 천자가 스스로 칭하는 말 (古代稱天子. 亦爲天子自稱)

(명사) 한 덩어리, 일체, 전부 (猶一體)

● 謂予李卓吾一人之是非, <u>可</u>也

나 이탁오(李卓吾) 한 사람의 옳고 그름이라고 말하여도 괜찮다

(형용사) 적절하다, 적당하다, 적합하다, 괜찮다(適當, 正當)

→ 其味相反而皆<u>可</u>于口 『莊子・天運』

그 맛(其味)은 서로 반대이지만(相反而) 모두(皆) 입에 괜찮다(可于口)

045

有諸內，必形諸外

『孟子맹자 · 告子下고자하』

<table>
<tr><th>有</th><th>諸</th><th>內,</th><th>必</th></tr>
<tr><td>유, yǒu</td><td>제, zhū</td><td>내, nèi</td><td>필, bì</td></tr>
<tr><td>(동)가지다, 소유하다.
가지고 있다(↗005)</td><td>(겸사)동 + 諸
(=之(it)+於)+명사(성분)</td><td>(명)안, 속</td><td>(부)꼭, 반드시,
분명히(↗009)</td></tr>
<tr><td colspan="3">그것을 안에 가지고 있(으면) [조건가정절]</td><td>반드시</td></tr>
<tr><th>形</th><th>諸</th><th>外</th><td rowspan="4"></td></tr>
<tr><td>형, xíng</td><td>제, zhū</td><td>외, wài</td></tr>
<tr><td>(동)밖으로 드러내다,
보여주다, 표현하다</td><td>(겸사)동 + 諸
(=(it) + 於) + 명사(성분)</td><td>(명)바깥, 외부, 외층</td></tr>
<tr><td colspan="3">그것을 밖으로 드러낸다.</td></tr>
</table>

[번역] (그것을) 안에 가지고 있으면 반드시 밖으로 (그것을) 드러낸다.

語法과 語彙

● 有**諸**內

(그것을) 안에 가지고 있다

諸

(겸사; 兼詞) : 대명사 '之'와 전치사 '於'의 합음사(合音詞)이다. '제(諸)' 앞에는 반드시 동사가 오고, 뒤에는 반드시 명사나 명사성 성분이 와야 한다. '지(之)'는 앞의 동사의 목적어 되고, '어(於)'가 수반하는 뒤의 명사성 성분은 전치사의 목적어가 된다. '於 + 목적어'는 앞의 '동사 + 목적어'의 부사어가 되고 동작, 행위와 관련 있는 '장소, 인물' 등을 나타낸다. 대명사 '지(之)'가 대신하는 대상은 장소와 인물 크게 두 가지이다. 대상을 대신하는 것은 일반적으로 앞의 문장에서 이미 출현한 것이다.

'제(諸)' 다음의 명사가 사람을 보여주는 경우는 '동사 + 제(諸) + 명사(인물)'을 이루고 '어(於)'는 '~에게, ~를 향하여(向)'로 번역될 수 있고, 지(之)'가 나타내는 것은 앞에 나온 구체적인 것이나 동사의 대상이 되는 일반적인 것일 수 있다.

→ 君子求**諸**己, 小人求**諸**人 『論語・衛靈公』

군자(君子)는 그것을(之) 자신'에게(於己)'[諸=之於] 요구하(求)고, 소인(小人)은 그것을(之) 타인'에게(於人)'[諸=之於] 요구한다(求).

→ 投**諸**渤海之尾, 隱土之北 『列子・湯問』

발해(渤海)'의 가(=주변)(之尾)'와 은토(隱土)'의 북쪽(之北)'에 그것을 던지다(投諸).

제諸는 '지어之於 혹은 지호之乎'의 합음과 같고, 갈曷, 합盍는 하불何不의 합음과 같고, 나那는 내하奈何의 합음과 같다. 이러한 겸사兼詞는 사실 하나의 합음자이지 한 글자가 아니다. 이러한 합음자는 의미적으로 해석하든지 어법적으로 해석하든지 관계없이 모두 둘 혹은 세 개의 글자로 분석해야 한다. (楊劍橋, 2010)

● 有諸<u>內</u>

(그것을) 안에 가지고 있다

(명사) 안, 속 (里面. 里頭)

→ 四海之<u>內</u>, 皆兄弟也 『論語・顔淵』

사해 안(四海之內)이 모두 형제이다(皆兄弟也)

● 必<u>形</u>諸外

반드시 밖으로 (그것을) 드러내다

(동사) 밖으로 드러내다, 드러나다, 표현하다, 보여주다 (表現. 顯露)

→ 喜<u>形</u>于色 『貞觀政要・納諫』(唐・吳兢)

기쁨(喜)이 얼굴에 드러나다(形于色)

● 必形諸<u>外</u>

반드시 밖으로 (그것을) 드러내다

(명사) 바깥, 외부, 외층 (外表 ; 外層. 與"內"、"里"、"中"相對)

046

流水之爲物也，不盈科不行；君子之志於道也，不成章不達

『孟子맹자 · 盡心上진심상』

流水	之	爲物	也,
유수, liúshuǐ	지, zhī	위물, wéiwù	야, yě
(명사구) 흐르는 물	(조)수식, 종속 관계 (↗007)	(명)성질	(어기)주어 + 也. '멈춤, 완만, 제시'(↗036)

흐르는 물의 성질은

不...(不...)	盈科	(不...)不...	行
불, bù	잉과, yíngkē	불, bù	행, xíng
(고정형식) 조건 · 가정 + 결과(↗026)	(동사)물이 웅덩이를 가득 채우다	(고정형식) 조건 · 가정 + 결과(↗026)	(동)가다, 운행하다 (↗026)

웅덩이를 채우지 않고는 가지 않(고)

君子之志	於	道	也,
군자지지, jūnzǐzhīzhì	어, yú	도, dào	야, yě
군자의 뜻	(동)~에 있다	(명)도덕, 도의; 도道 (↗026)	(어기)멈춤, 완만, 제시, 강조

군자의 뜻은 道에 있으니

不...(不...)	成章	(不...)不...	達
불, bù	성장, chéngzhāng	부, bù	달, dá
(고정형식) 조건 · 가정 + 결과(↗026)	(동)스스로 '짜임새 · 골격 · 구조'를 만들다	(고정형식) 조건 · 가정 + 결과(↗026)	(동)표현하다

스스로 짜임새 · 골격 · 구조를 만들지 못하면 표현하지 않는다.

[번역] 흐르는 물의 성질은 웅덩이를 채우지 않고는 가지 않고, 군자의 뜻은 道에 있으니 스스로 짜임새 · 골격 · 구조를 만들지 못하면 표현하지 않는다.

語法과 語彙

● 流水之**爲物**也, 不盈科不行
흐르는 물의 성질은 웅덩이를 채우지 않고는 가지 않는다

→ 木之**爲物**, 浮於水也 『子夏易傳·卷八·繫辭下』
나무의 성질(木之爲物)은 물에 뜬다(浮於水也)

위물爲物

견해

위물爲物을 단어로 정리한 공구서는 찾지 못했다. 「中國哲學書電子化計劃」에서 맹자편에 이 문장의 영문 번역을 다음과 같이 기록하였다. "Flowing water is a thing which does not proceed till it has filled the hollows in its course" 번역하면 '흐르는 물은 그것의(=흐르는 물의) 가는 길에 있는 구멍을 채울 때까지는 지나가지 않는 것이다' 정도로 번역할 수 있다. 즉 '것(a thing)'으로 본 것이다.

한편『子夏易傳』에 언급된 동사는 설명하는 글과 동일하다(나무의 성질). 흔히 위인爲人을 '사람됨'으로 번역하는 형식과 같다고 본다.

● 流水之爲物也, 不**盈科**不行
흐르는 물의 성질은 웅덩이를 채우지 않고는 가지 않는다

(동사) 물이 웅덩이를 가득 채우다 (水充滿坑坎)

잉과盈科

보충

잉과盈科는 '물체의 비어 있는(科 : 物體中空)' 곳을 '충분히 채우다(盈)'의 의미로 '동사와 목적어'로 이루어진 합성어이다.

● 君子之志<u>於</u>道也, 不成章不達
군자의 뜻은 道에 있으니 스스로 짜임새・골격・구조를 만들지 못하면 표현하지 않는다

(동사) 있다, 존재하다 (在, 存在)

→ 造次必<u>於</u>是, 顚沛必<u>於</u>是『論語・里仁』
매우 바쁠(造次) 때에도 반드시 여기(인仁)에 있(必於是)고, 곤란하고 고통스러(顚沛)울 때에도 반드시 여기에 있다(必於是)

● 君子之志於道<u>也</u>, 不成章不達
군자의 뜻은 道에 있으니 스스로 짜임새・골격・구조를 만들지 못하면 표현하지 않는다

也

(문중 어기사) 복문 중 앞 문장의 끝에 쓰여서 '어기 멈춤, 제시'를 나타내는 동시에 어기를 강조하는 역할을 한다.

→ <u>當是時也</u>, 禹八年於外, 三過其門而不入 『孟子・藤文公上』
이때(當是時也) 禹는 '8년 동안 밖에 있었(八年於外)'고 '세 번 그의 집 문을 지나갔(三過其門)'지만 '들어가지 않(不入)'았다

같은 문구이지만 아래의 예문에서는 어기사 '也'가 생략된 것을 볼 수 있다.

→ <u>當是時</u>, 秦兵强, 常乘勝逐北, 諸將莫利先入關 『史記・高祖本紀』
이때(當是時) '진나라 군대(秦兵)'는 강하(强)여 보통(常) 승리에 편승하(乘勝)여 북으로 쫓아갔(逐北)고 '많은 장군(諸將)' 중에서 누구도(莫) '먼저 관내에 들어가(先入關)'는 것이 '이득이라고 생각(利)'하지 않았다(莫)

<u>也</u>가 '문중 어기사'로 쓰여 복문 중 앞 문장의 끝에 쓰여서 '어기 멈춤, 제시'를 나타내는 동시에 어기를 강조하는 역할을 할 때 앞의 단문은 '조건가정'의 의미를 갖는 경우가 빈번하다.

→ 聽其言<u>也</u>, 可以知其所好矣 『孟子・離婁下』
그의 말을 들(聽其言)으면(<u>也</u>) '그의 좋은 점(其所好)'을 알 수 있다(可以知…矣)

(더 많은 정보는『언어 논어』(김형주, 2020) 참조)

● 君子之志於道也, 不<u>成章</u>不達

군자의 뜻은 道에 있으니 스스로 짜임새・골격・구조를 만들지 못하면 표현하지 않는다

(동사) 음악이 끝나면 1장이 되는 것인데 파생되어 보통 쌓여서 점점 변화가 일어나 스스로 짜임새를 만드는 것을 모두 성장成章이라고 말할 수 있다; 스스로 짜임새・골격・구조를 만들다 (樂竟爲一章. 引申之, 凡積漸生變, 自成格局, 皆可稱成章)

● 君子之志於道也, 不成章不<u>達</u>

군자의 뜻은 道에 있으니 스스로 짜임새・골격・구조를 만들지 못하면 표현하지 않는다

(동사) 표현하다 (表達)

→ 『詩』以<u>達</u>意　『史記・滑稽列傳』

『詩經』으로(=사용하여)(以) '뜻을 표현하다(達意)'

(동사) 뜻을 이루다, 지위가 높고 귀하다 (得志, 顯貴)

→ 己欲<u>達</u>而<u>達</u>人　『論語・雍也』

자신이 높아지고 자신이 귀해지길 원하면(己欲達而) 타인을 높이고 타인을 귀하게 한다(達人)

(동사) 알다, 잘 알다 (明白, 通曉)

(동사) 막힘없이 잘 통하다 (暢通)

(동사) 도달하다 (到達)

047

聖人無常師

唐당 · 韓愈한유 『師說사설』

聖人	無	常師
성인, shèngrén	무, wú	상사, chángshī
(명)인품과 덕이 가장 고상하고 지혜가 가장 출중한 사람, 성인(聖人)(↗043)	(동)없다	(명)고정적인 선생
성인(聖人)은 고정적인 선생이 없다.		

[번역] 성인(聖人)은 고정적인 선생이 없다.

語法과 語彙

● 聖人<u>無</u>常師

성인(聖人)은 고정적인 선생이 없다

(동사) 없다 (没有)

→ 博學而<u>無</u>所成名 『論語・子罕』

넓게 배웠지만(博學而) 명성을 세운 곳이 없다(無所成名)

● 聖人無<u>常師</u>

성인(聖人)은 고정적인 선생이 없다

(명사) 고정적인 선생 (固定的老師)

→ 夫子焉不學而亦何<u>常師</u>之有? 『論語・子張』

선생님(夫子)께서 누구를 배우지 않았(焉不學)을 것이고(而) 또(亦) 무슨 고정적인 선생님(何常師)이 있었겠는가(之有)?

048

文人相輕，自古而然

『典論전론 · 論文논문』

文人	相	輕,
문인, wénrén	상, xiāng	경, qīng
(명)지식인/학식과 교양이 있고 文에 뛰어난 사람	(부)서로	(동)경시하다, 무시하다
지식인은 서로 무시하(는데)		
自古	**而**	**然**
자고, zìgǔ	이, ér	연, rán
(부)예로부터, 자고로 [自(전치사) + 古(명사)]	(순접접속사) '시간 + 而'(부사어) + 동작 행위	(지시대명사, 동사) 이러하다
예로부터 이러했다.		

[번역] 지식인은 서로 무시하는데 예로부터 이러했다.

語法과 語彙

● 文人相輕, 自古而然
지식인은 서로 무시하는데 예로부터 이러했다

(명사) 지식인 혹은 문학에 종사하는 사람 (讀書人或從事文學的人)

(명사) 학식과 교양이 있고 문文(무武에 상응)에 뛰어난 사람 (知書能文的人)

(명사) 옛날 선조 중에서 문인의 위엄과 덕망이 있는 사람 (古稱先祖之有文德者)

● 文人相輕, 自古而然
지식인은 서로 무시하는데 예로부터 이러했다

(동사) 경시하다, 무시하다, 가볍게 여기다, 중시하지 않다 (輕視, 不看重)

→ 武皇重征伐, 戰士輕生死 『戰城南』詩(唐・邵謁)
무황(武皇)이 다시(重) 토벌하(征伐)자 전쟁에 참가한 사병(戰士)은 '삶과 죽음을 가볍게 여긴다(輕生死)'

● 文人相輕, 自古而然
지식인은 서로 무시하는데 예로부터 이러했다

(부사) 예로부터, 자고로 (從古以來)

→ 自古皆有死, 民無信不立 『論語・顏淵』
예로부터(自古) 모두 죽지(皆有死)만 백성이 믿지 않(民無信)으면 존재하지 못한다(不立)

● 文人相輕, 自古而然
지식인은 서로 무시하는데 예로부터 이러했다

而

(순접접속사; 순승접속사(順承連詞)) 연결되는 앞뒤 두 항목은 '부사어 + 중심어(狀中)' 관계이다. 뒤의 항목이 서술어의 중심 성분이 된다. 앞의 항목이 동작 행위의 시간

을 나타내고 뒤의 항목이 동작 행위를 나타낸다

→ 吾嘗終日而思矣, 不如須臾之所學也 『荀子・勸學』
나(吾)는 일찍이(嘗) 하루 종일(終日而) 생각한 적이 있었(思矣)는데 짧은 시간 동안 공부한 것만 못했다(不如須臾之所學也)

● 文人相輕, 自古而然
지식인은 서로 무시하는데 예로부터 이러했다

(지시대명사, 동사) 문중 서술어로 쓰이는 주요 성분의 하나로 쓰여서 동사의 역할도 겸용한다. '이와 같다(如此)'의 뜻을 갖고 있다. '이렇게' 등으로 번역될 수 있다 (這樣, 如此)

→ 何爲其然也? 『論語・雍也』
왜(何爲) 그(其)가 그러하(然)겠느냐((何爲)…也)?

049

水流濕，火就燥

『易역 · 乾건』

水	流	濕,
수, shuǐ	유(류), liú	습, shī
(명)물	(동)물을 따라 흐르다	(형)습하다, 축축하다 →습한 곳, 축축한 곳 [형→명]

물은 습한 곳으로 흐르(고)

[유습流濕처럼 (동사(흐르다)+장소(습한 곳)) 고대중국어에서는 장소 앞의 전치사가 자주 생략된다(↗009 참조)]

火	就	燥
화, huǒ	취, jiù	조, zào
(명)불	(동)앞으로 가다, 나아가다	(동)마르다, 시들다→마른 곳 [동사→명사]('어법' 참조)

불은 마른 곳으로 나아간다.

[취조就燥 역시 '동사(나아가다)+장소(마른 곳)'의 경우로 장소 앞의 전치사'가 생략되었다]

[번역] 물은 습한 곳으로 흐르고, 불은 마른 곳으로 나아간다.

語法과 語彙

● 水<u>流</u>濕, 火就燥
물은 습한 곳으로 흐르고, 불은 마른 곳으로 나아간다

(동사) 물을 따라 흐르다 (随水漂流)

→ <u>流</u>水之爲物也, 不盈科不行 『孟子・盡心上』
흐르는 물의 성질은(流水之爲物也) 웅덩이를 채우지 않(不盈科)고는 가지 않는다(不行)

(명사) 물의 이동 (水的移動)

(동사) 이동하다, 움직이다, 운행하다 (移動 ; 運行)

● 水流<u>濕</u>, 火就燥
물은 습한 곳으로 흐르고, 불은 마른 곳으로 나아간다

(형용사) 축축하다, 습하다 (=溼)

→ 民<u>濕</u>寢則腰疾偏死, 鰌然乎哉? 『莊子・齊物論』
사람(民)이 '습한 데서 자(濕寢)'면(則) 허리에 병이나(腰疾) '반신불수가 되는(偏死 : 半身不隨)'데 미꾸라지(鰌=鰍)도 그런가(然乎哉)?

● 水流濕, 火<u>就</u>燥
물은 습한 곳으로 흐르고, 불은 마른 곳으로 나아간다

(동사) 앞으로 가다, 나아가다 (前往)

→ <u>就</u>有道而正焉 『論語・學而』
도가 있는 곳(有道)에 나아가(就...而) 그것(焉=도道 있음(有道))을 바로잡다(正)

● 水流濕, 火就<u>燥</u>
물은 습한 곳으로 흐르고, 불은 마른 곳으로 나아간다

(동사) 마르다, 시들다 (干枯)

050

酒極則亂，樂極則悲，萬事盡然.
言不可極，極之而衰.

『史記사기・貨殖列傳화식열전』

酒	極	則	亂,
주, jiǔ	극, jí	즉, zé	란(난), luàn
(명)술	(동)다하다, 극도에 이르다	(접)조건 + 則 + 결과 (↗006)	(형)문란하다(↗004) [형용사 → 동사]

술이 극도에 이르면 (사람은) 문란해(지고)

樂	極	則	悲,
락(악), lè	극, jí	즉, zé	비, bēi
(명)즐거움[락, lè]	(동)다하다, 극도에 이르다	(접)조건 + 則 + 결과 (↗006)	(동)슬퍼하다, 슬퍼지다

즐거움이 극도에 이르면 (사람은) 슬퍼(지는데)

萬事	盡	然.
만사, wànshì	진, jìn	연, rán
(명)모든 일	(부사)모두, 전부	(동사)이러하다(↗048)

모든 일이 모두 이러합니다.

[이 문장은 주어(모든 일)가 나타내는 범위에 대해 동일 범위를 나타내는 부사(모두, 전부)가 중복되어 문장을 강조하는 통사인데 현대중국어에서도 빈번하게 쓰인다([一切事][都]拿不起來 모든 일을 모두 마음대로 할 수 없다)]

言	不可	極,
언, yán	불가, bùkě	극, jí
(명)말 [topic, 화제]	(조동사)~하면 안 된다, ~할 수 없다	(동)다하다, 극도에 이르다

말은 극도에 이르면 안 됩니다.

極	之	而	衰.
극, jí	지, zhī	이, ér	쇠, shuāi
(동)다하다, 극도에 이르다	(접)동사(구) + 之 + 동사(구) 조건, 시간	(접)원인 · 조건 + 而 + 결과 (↗007)	(동사)쇠약해지다, 약해지다

극도에 이르면 (말은) 약해집니다.

[번역] 술이 극도에 이르면 사람은 문란해지고, 즐거움이 극도에 이르면 사람은 슬퍼지는데, 모든 일이 이러합니다. 말은 극도에 이르면 안 됩니다. 극도에 이르면 말은 약해집니다.

語法과 語彙

● 酒**極**則亂
술이 극도에 이르면 문란해진다

(동사) 다하다, 극도에 이르다 (盡 ; 窮盡)

(동사) 다다르다, 도달하다, 이르다 (至 ; 到)

(동사) 끝나다 (盡頭 ; 終了)

(명사) 정점, 가장 높은 지위 (頂點, 最高的地位)

● **樂**極則悲
즐거움이 극도에 이르면 슬퍼진다

(명사) 즐거움 (樂趣)

→ **樂**亦在其中矣 『論語・述而』
즐거움(樂)은 오직(亦) 그 가운데(其中) 있을 것이다(在...矣)

● 樂極則**悲**
즐거움이 극도에 이르면 슬퍼진다

(동사) 슬퍼하다, 애통해하다 (哀痛; 傷心)

(형용사) 슬프다 (傷心)

(동사) 불쌍히 여기다 (哀憐; 憐憫)

(동사) 고통스럽다, 고통스러워하다 (苦)

● **萬事**盡然
모든 일이 이러하다

(명사) 모든 일 (一切事)

→ 子墨子曰 : "**萬事**莫貴於義" 『墨子・貴義』
자묵자(子墨子)가 말했다(曰). "모든 일(萬事)에서 어떠한 것도(莫) 의義보다(於義) 귀중하지 않다

(莫貴)”

● 萬事<u>盡</u>然

모든 일이 이러하다

(부사) 모두, 전부 (全部; 都)

→ 而妨功害能之臣, <u>盡</u>爲萬户候 『答蘇武書』(漢・李陵)

그러나(而) 공적을(功) 손상시키고(妨) 능력 있는 신하(能之臣)를 ‘모함하여(害)’ 모두(盡) 만호후(萬户候)가 된다(爲)

● 言<u>不可</u>極

말은 극도에 이르면 안 된다

(조동사) ~하면 안 된다, ~할 수 없다, ~이 불가능하다 등 (不可以, 不可能)

→ 父母之年, <u>不可</u>不知也 『論語・里仁』

부모의 나이(父母之年)는 모르(不知)면 안 된다(不可...也)

● 極<u>之</u>而衰

극도에 이르면 약해진다

之

(접속사) 동사(구)와 동사(구)를 연결시키고(동사(구) + 之 + 동사(구)) 보통 조건과 시간을 나타내는 종속절을 보여주며 ‘긴축복문’의 형식을 갖고 있다

→ 愛<u>之</u>欲其生, 惡<u>之</u>欲其死 『論語・顔淵』

사랑하면(愛之) 그가 살기를 원하(欲其生)고 미워하면(惡之) 그가 죽기를 원한다(欲其死)

견해

‘極之而衰’이 구문을 이 책에서는 ‘동사(極) + 접속사(시간・조건)(之) + 접속사(조건 + 而 + 결과)(而) + 동사(衰)’의 구조로 보았다. 역시 더 많은 예문을 제시할 필요가 있다.

● 極之而衰

극도에 이르면 약해진다

(동사) 사물의 발전이 강함에서 약함으로 바뀌다, 쇠약해지다 (事物發展由强盛轉向微弱, 衰弱)

→ 甚矣吾衰也! 『論語・述而』

심하다(甚矣)! 내(吾)가 쇠약해진 것이(衰也)!

051

吾將殺子，直兵將推之，曲兵將勾之

『晏子春秋안자춘추』

吾	將	殺	子,
오, wú	장, jiāng	살, shā	자, zǐ
(대)나, 우리 '주어, 목적어, 한정어' (↗016)	(조동사)~하려 하다, 할 예정이다(↗034)	(동)죽이다	(대)너, 당신
나는 너를 죽일 것이다.			
(以)直	兵	將推	之,
직, zhí	병, bīng	장추, jiāngtuī	지, zhī
(형)곧은, 휘지 않은	(명)무기, 병기	밀겠다. [推 : (동)밀다]	(대)1·2·3인칭 (사람, 사물, 장소)
곧은 무기로 너를 밀 것이(고)			
(以)曲	兵	將勾	之
곡, qū	병, bīng	장고, jiānggōu	지, zhī
(형)휘다, 굽다	(명)무기, 병기	당기겠다 [句 : (동)끌어내다 (→당기다)]	(대)1·2·3인칭 (사람, 사물, 장소)
굽은 무기로 너를 당길 것이다.			

[번역] 나는 너를 죽일 것이다. 곧은 무기로 너를 밀 것이고, 굽은 무기로 너를 당길 것이다.

語法과 語彙

● 吾將殺<u>子</u>

나는 너를 죽일 것이다

(대명사) 2인칭 대명사로 '너, 당신' 등에 해당된다 (表示第二人稱, 相當于"你"或"您")

● <u>直</u>兵將推之

곧은 무기로 너를 밀것이다

(형용사) 휘지 않은, 곧은 (不彎曲)

● 直<u>兵</u>將推之

곧은 무기로 너를 밀 것이다

(명사) 병기, 무기 (兵器, 武器)

→ 足食, 足<u>兵</u> 『論語・顔淵』

양식을 충분하게 해주(足食)고, 무기를 충분하게 해주다(足兵)

● 直兵將<u>推</u>之

곧은 무기로 너를 밀 것이다

(동사) 힘을 사용하여 바깥으로 물체가 이동하게 하다, 밀다 (向外用力使物體移動)

● 直兵將推<u>之</u>

곧은 무기로 너를 밀 것이다

之

(대명사) 대명사의 쓰임으로 다음과 같은 것이 있다. 1인칭 대명사로 '나, 우리(我, 我們)', 2인칭 대명사로 '너, 존칭의 너(你, 您)', 3인칭 대명사로 '그, 그들, 그것(他, 他们, 它)', 가까이에 있는 것을 가리키는 것으로 '이, 이것들(這, 這些)', 멀리 있는 것을

가리키는 것으로 '거기, 저(那里, 那)' 등

→ 邦無道, 則可卷而懷<u>之</u> 『論語・衛靈公』

나라에 道가 없으면(邦無道, 則) 그를 숨기(卷...之)어 감출 수 있다(可...懷)

● <u>曲</u>兵將勾之

굽은 무기로 너를 당길 것이다

(형용사) 휘다, 굽다, 구불구불하다 (彎曲)

→ <u>曲</u>肱而枕之 『論語・述而』

팔뚝을 구부(曲肱)려(而) 그것을 베개로 여기다(枕之)

● 曲兵將<u>勾</u>之

굽은 무기로 너를 당길 것이다

(동사) 끌어내다, (주의를)끌다, 야기하다 (引出; 引起) → 당기다

(형용사) 휘다, 굽다, 구불구불하다 (彎曲)

견해

구<u>勾</u>는 앞의 문장 추推와 대응하여 사용되었는데 '밀다'와 대응되는 의미는 '당기다'가 될 것이다. '한어대자전'에 나오는 의미 항목 중에서 이 의미 범주에 있는 것은 위 두 가지 정도가 된다. 여기서는 '끌어내다'를 더 확대하면 '당기다'가 될 수 있다고 보았다.

052

嘗一脟肉而知一鑊之味

『呂氏春秋여씨춘추 · 察今찰금』

嘗	一	脟	肉
상, cháng	일, yí	열(렬), liè	육, ròu
(동)맛보다	(수사)최소자연수, 하나, one	(명)갈빗살, 늑골 부분의 고기	(명)고기
갈빗살 고기 하나를 맛보...			
而	**知**	**一**	**鑊**
이, ér	지, zhī	일, yí	확, huò
(접)가정, 조건(↗004)	(동)알다	(수사)최소자연수, 하나, one	(명)다리가 없는 솥
...면 *{안다}* 솥 하나...			
之	**味**		
지, zhī	미, wèi	'일열一脟과 일확一鑊에서 보듯 고대중국어에서 '수사+명사' 사이에 '단위성 의존명사(중국어의 '양사')'의 생략이 빈번하다. 아래 참조.	
(조)수식, 종속 관계(↗007)	(명)맛		
...의 맛(을) {안다}.			

[번역] 갈빗살 고기 하나를 맛보면 솥 하나의 맛을 안다.

語法과 語彙

● <u>嘗</u>一脟肉而知一鑊之味
갈빗살 고기 하나를 맛보면 솥 하나의 맛을 안다

(동사) 맛보다, 입으로 맛을 분별하다 (用口辨別滋味, 品嘗)

→ 未<u>嘗</u>君之羹 『左傳・隱公元年』
당신의 국(君之羹)을 맛보지 않았다(未嘗)

● 嘗<u>一</u>脟肉而知一鑊之味
갈빗살 고기 하나를 맛보면 솥 하나의 맛을 안다

(수사) 최소자연수, 하나 (最小的正整數)

● 嘗一<u>脟</u>肉而知一鑊之味
갈빗살 고기 하나를 맛보면 솥 하나의 맛을 안다

(명사) 늑골(=옆구리) 부분의 고기, 갈빗살 (肋骨部分的肉)

● 嘗一脟肉而知一<u>鑊</u>之味
갈빗살 고기 하나를 맛보면 솥 하나의 맛을 안다

(명사) 고대 다리가 없었던 솥을 가리킨다. 고기를 삶고 물고기를 말리는 데 사용되었다 (古時指無足的鼎, 用以煮肉及魚腊等物)

● 嘗一脟肉而知一鑊之<u>味</u>
갈빗살 고기 하나를 맛보면 솥 하나의 맛을 안다

(명사) 혀로 무엇을 맛보면 얻는 감각, 맛 (舌頭嘗東西得到的感覺)

보충

양사(한국어 : 단위성 의존명사)

양사는 사물과 동작 행위의 단위를 나타내는 단어로 사물의 단위를 나타내는 '물량사(物量詞)'와 동작의 단위를 나타내는 '동량사(動量詞)' 두 가지가 있다.

1. 물량사(物量詞)

물량사는 명사와 결합한다. 고대중국어에서 자주 보이는 양사로 '균鈞, 인仞, 종鍾, 일鎰' 등이 있지만 현대에는 쓰이지 않는다. 이들 양사는 주로 선진 시대先秦時代에 사용되었다. 고대와 현대가 동일한 양사로는 '근斤, 리里, 필匹, 척尺' 등이 있다. 이들 양사는 선진 시대 도량형 제도가 생긴 다음 출현한 것으로 도량형 단위로 부른다.

물량사 안에는 일종의 천연단위사天然單位詞를 포함하는데 원시의 천연단위 표시법으로 수사 뒤에 수사 앞의 명사와 동일한 명사를 사용한다.

→ 羌百<u>羌</u> (중국고대민족 강 100강)

→ 玉十<u>玉</u> (옥 10옥)

한대漢代 이후 천연단위사는 점점 증가하였고 '매枚, 주株, 차次, 회回, 두頭, 시隻, 과顆, 지枝, 근根, 편片' 등이 있었다.

→ 成都有桑八百<u>株</u> 『諸葛亮傳』(三國蜀・蜀書)

성도(成都)에는 뽕나무(桑) 800그루가 있다(有...八百株)

2. 동량사(動量詞)

동량사는 동작 단위를 나타내는 단어로 '회回, 차次, 조遭, 편遍, 번番, 장場' 등이 있다. 동량사는 당대唐代 이후 출현하였는데 시기가 늦다고 말할 수 있다. 때문에 당대 이전의 고대중국어에서는 수사가 직접 동사 앞에 놓여 부사어가 되면서 단위도 함께 나타내었다.

→ 子<u>三困</u>我于朝 『左傳・襄公二十二年』

너(子)는 조정에서(于朝) 나를(我) 세 번 난처하게 했다(三困)

동량사는 대부분 보통명사에서 변화・발전한 것으로 동량사의 어법적 의미는 동량사의 본래 의미에서 파생한 것이다.

053

人有雞犬放，則知求之；有放心而不知求．學問之道無他，求其放心而已矣．

『孟子맹자 · 告子上고자상』

人	**有**	**雞犬**	**放,**	**則**
인, rén	유, yǒu	계견, jīquǎn	방, fàng	즉, zé
(명)인간, 사람 (↗036)	(동)소유하다, 가지고 있다 (↗005)	(명)닭과 개	(동)도망가다	(접)조건＋則＋결과(↗006)
사람은 닭과 개가 도망간 것이 있으...				**...면**
知	**求**	**之;**	**有**	**放心**
지, zhī	구, qiú	지, zhī	유, yǒu	방심, fàngxīn
(동)알다	(동)추구하다, 찾다	(대)재지시(↗007). 닭과 개	(동)소유하다, 가지고 있다 (↗005)	도망간 마음
그것을 찾을 줄 아(는데)			**도망간 마음이 있...**	
而	**不知求.**	**學問之道**	**(亦)無他,**	
이, ér	부지구, bùzhīqiú	학문지도, xuéwenzhīdào	무타, wútā	
(접)가정, 조건 (↗004)	찾을 줄 모르다	학문의 길	(동)다른 것이 없다, 다르지 않다	
...으면 찾을 줄을 몰라요. (而가 전환접속사(but) 가능 – 도망간 마음이 있어도 찾을 줄을 몰라요)		**학문의 길 (역시) 다르지 않습니다.**		

(學問之道也,) 求	<u>其</u>	放心	<u>而已矣</u>.
구, qiú	기, qí	방심, fàngxīn	이이의, éryǐyǐ
(학문의 길은) 찾는 것이다	(대명사)그의, 나의, 너의	도망간 마음	(어기)제한, '~할 뿐이다'

(학문의 길은) 자신의 도망간 마음을 찾는 것일 뿐입니다.

[번역] 사람은 닭과 개가 도망간 것이 있으면 그것을 찾을 줄 아는데, 도망간 마음이 있으면 찾을 줄 몰라요. 학문의 길 역시 다르지 않습니다. 학문의 길은 자신의 도망간 마음을 찾는 것일 뿐입니다.

語法과 語彙

● 人有雞犬**放**, 則知求之
사람은 닭과 개가 도망간 것이 있으면 그것을 찾을 줄 안다

(동사) 도망가다 (逃逸)

(동사) 흩어져 없어지다, 흩어져 떨어지다 (散失, 散落)

● 人有雞犬放, 則知**求**之
사람은 닭과 개가 도망간 것이 있으면 그것을 찾을 줄 안다

(동사) 찾다, 추구하다 (尋找, 追求)

→ 女爲惠公來**求**殺余 『左傳・僖公二十四年』
너(女)는 혜공을 위하여 와서(爲惠公來) 나를 죽이려고 한다(求殺余) (←나를 죽이기를 추구하다)

● 學問之道**無他**
학문의 길은 다르지 않다

(동사) 다른 것이 없다, 다르지 않다 (沒有別的)

● 求**其**放心而已矣
자신의 도망간 마음을 찾는 것일 뿐이다

其

(대명사) 其는 其手(그의 손)과 같이 '명사 + 之'의 대명사 대용어로 쓰인다. 명사 혹은 명사화된 단어 앞에서 사용되며 3인칭 소유격 관계를 보여준다. 통상적으로 '그의, 그녀의, 그것의' (表示他的, 她的, 它的)처럼 3인칭을 보여주지만 때로는 제1인칭, 제2인칭을 보여준다. '나의, 너의…' 등으로 번역된다. 참고로 吾手(내 손)와 같이 인칭 대명사 뒤의 '之' 역시 일반적으로 생략된다.

→ 事君, 敬其事而後**其**食 『論語・衛靈公』

왕을 섬길(事君) 때 공손하게 섬기고(敬其事(←나의 섬김을 공손하게 하다)而) 나의 봉록을 뒤로 하다(後其食)

● 求其放心<u>而已矣</u>

자신의 도망간 마음을 찾는 것일 뿐이다

而已矣

(관용구) 어기사 '이이(而已)'와 어기사 '의(矣)'가 연용되어 만들어졌다. '이이(而已)'는 제한(制限)의 어기를 나타내고, '의(矣)'는 긍정의 어기를 나타낸다. 문장의 의미에 근거하여 '~할 뿐이다, ~할 따름이다, ~면 된다' 등으로 번역된다. (罷了, 就行了)

→ 救民於水火之中, 取其殘<u>而已矣</u> 『孟子・藤文公下』

백성(民)을 물불의 가운데에서(於水火之中) 구하(救)고 그 흉포한 사람을 체포(取其殘)할 뿐이다(而已矣)

054

人能無以飢渴之害爲心害，則不及人不爲憂矣

『孟子맹자・盡心上진심상』

人	能	無(以A爲B)
인, rén	능, néng	무, wú
(명)인간, 사람(↗036)	(동사)할 수 있다(↗003)	(A를 B로 여기)지 않다 [(부)진술 사실 부정(=不)]

사람이 {~않을 수 있다}

以(A爲B)	飢渴	之	害
이, yǐ	기갈, jīkě	지, zhī	해, hài
(A)를 (B로 여기다)	(동)배가 고프고 목이 타다	(조)수식, 종속 관계 (↗007)	(명)방해, 저해

배고프고 목마른 방해를

<table>
<tr><th>(無以A)爲(B)</th><th>心害,</th><th>則</th><th>不</th></tr>
<tr><td>위, wéi</td><td>심해, xīnhài</td><td>즉, zé</td><td>불, bù</td></tr>
<tr><td>(A를 B로)
여기(지 않다)</td><td>마음의 방해</td><td>(접)조건＋則＋결과
(↗006)</td><td rowspan="2">(부)
행위 불가능・불필요</td></tr>
<tr><td colspan="2">마음의 방해로 여기지 {~않을 수 있다}</td><td>…면</td></tr>
</table>

及	人	不	爲
급, jí	인, rén	불, bù	위, wéi
(동)따라잡다	(명)타인, 다른 사람 (↗010)	(부)동사술어 앞. '~하지 않다'(↗010)	(동)여기다

'타인을 따라잡을 수는 없는 것을 or 타인을 따라잡을 수 없어도' {걱정}으로 여기지 않는다.

憂	矣
우, yōu	의, yǐ
(동)걱정하다, 근심하다 →(명)걱정, 근심	(어기)긍정진술
{걱정...하다}	

[번역] 사람이 배고프고 목마른 방해를 마음의 방해로 여기지 않을 수 있다면, '타인을 따라잡을 수는 없는 것을 or 타인을 따라잡을 수 없어도' 걱정으로 여기지 않는다.

語法과 語彙

● 人能無以飢渴之害爲心害

사람이 배고프고 목마른 방해를 마음의 방해로 여기지 않을 수 있다

無

(부사) 동사, 형용사 술어 앞에 사용하여 진술하는 사실에 대한 부정을 나타낸다. 不과 통한다

→ 無偏無黨, 王道蕩蕩 『尚書・洪範』

치우치지 않고 편애하지 않(無偏無黨)으면 왕도(王道)는 '넓고 크다(蕩蕩)'

● 人能無以飢渴之害爲心害

사람이 배고프고 목마른 방해를 마음의 방해로 여기지 않을 수 있다

(동사) 배가 고프고 목이 타다 (腹餓口渴)

● 人能無以飢渴之害爲心害

사람이 배고프고 목마른 방해를 마음의 방해로 여기지 않을 수 있다

(동사) 방해하다, 저해하다 (妨碍)

(명사) 방해, 저해 (妨碍)

● 人能無以飢渴之害爲心害, 則不及人不爲憂矣

(사람이 배고프고 목마른 방해를 마음의 방해로 여기지 않을 수 있다면, '타인을 따라잡을 수는 없는 것을 or 타인을 따라잡을 수 없어도' 걱정으로 여기지 않는다)

不

(부정부사) 어떤 동작, 행위를 할 수 없거나 할 필요가 없다는 것을 나타낸다. (表示不可能或用不着從事某種動作行爲)

→ 欲速, 則不達 『論語・子路』

서두르면(欲速, 則) 다다를 수 없다(不達).

不...不...

不及人不爲憂矣 (타인을 따라잡을 수는 없어도 걱정하지 않다) 구문에서 '不...不...' 통사가 '조건 · 가정 + 결과(↗026)'가 아니라 '양보'의 의미를 갖게 된다. 이를 미루어 보면 '不...不...' 통사에 또 다른 의미가 있는지 파악할 필요가 있다.

'不...不...'통사가 '조건 · 가정 + 결과'의 의미로도 쓰이고 있는 경우(↗026)

→ 道雖邇, 不行不至; 事雖小, 不爲不成

길(道)이 비록(雖) 가깝(邇)지만 가지 않(不行)으면 도달할 수 없(不至)고, 일(事)이 비록(雖) 작지(小)만 하지 않(不爲)으면 이룰 수 없다(不成)

● 人能無以飢渴之害爲心害, 則不及人不爲憂矣

사람이 배고프고 목마른 방해를 마음의 방해로 여기지 않을 수 있다면, '타인을 따라잡을 수는 없는 것을 or 타인을 따라잡을 수 없어도' 걱정으로 여기지 않는다

(동사) 따라잡나 (赶上, 追上)

→ 懷王悔, 追張儀, 不及 『史記 · 屈原賈生列傳』

회왕(懷王)은 후회하(悔)고 장의(張儀)를 좇아갔(追)지만 따라잡지 못한다(不及)

(동사) 비교할 수 있다 (比得上)

견해

'及A'로 볼 경우 'A와 비교할 수 있다'가 되고, '不及A'인 경우엔 'A와 비교할 수 없다'의 의미가 된다. 이 의미로 볼 경우, 본문의 '불급인不及人'은 '다른 사람과 비교할 수 없다'가 되는데 '불급인불위우不及人不爲憂'의 의미는 '다른 사람과 비교할 수는 없지만 걱정으로 여기지 않는다'가 되는데 틀린다고 말하기 어렵다.

及을 '따라잡다'로 의미를 정하면 문장은 '다른 사람을 '따라가지 못하지만(=넘을 수는 없지만)' 걱정으로 여기지 않는다'가 되는데 이 문장도 틀리다고 말하기 어렵다.

여기서는 '내가 비록 힘들어도 힘들게 하는 조건에 개의치 않으면 객관적 조건에서 유리하고 우세한 비교 대상인 타인을 넘어서지 못하지만 걱정으로 여기지 않는다'의 의미이기 때문에 及의 의미를 '따라잡다'로 보았다.

● 人能無以飢渴之害爲心害, 則不及人不爲憂矣

사람이 배고프고 목마른 방해를 마음의 방해로 여기지 않을 수 있다면, '타인을 따라잡을 수는 없는 것을 or 타인을 따라잡을 수 없어도' 걱정으로 여기지 않는다

(동사) 걱정하다, 근심하다 (担憂, 發愁)

→ 是則可憂也 『孟子・離婁下』

이것은(是則) 걱정할 만하다(可憂也)

● 人能無以飢渴之害爲心害, 則不及人不爲憂矣

사람이 배고프고 목마른 방해를 마음의 방해로 여기지 않을 수 있다면, '타인을 따라잡을 수는 없는 것을 or 타인을 따라잡을 수 없어도' 걱정으로 여기지 않는다

矣

(어기사) 矣는 어기사로만 쓰인다. 여기서는, 긍정의 어기(=진술어기)를 돕는다

→ 余病矣 『左轉・宣公二年』

나(余)는 '병이 났다; 병에 걸렸다'(病矣)

055

倉廩實而知禮節, 衣食足而知榮辱

『管子관자 · 牧民목민』

倉廩	實	而	知	禮節,
창름, cānglǐn	실, shí	이, ér	지, zhī	예절, lǐjié
(명) 곡식 저장 창고	(형)그득하다. 가득하다	(접)전제 조건 +而+가능 · 완성 (동작, 상태)	(동)알다	(명)예절, 의식(儀式), 규율

곡식 저장 창고가 가득해야 예절 · 의식(儀式) · 규율을 알(고)

[이 문장에서 '이而'는 앞 부분(A) '창름실倉廩實'과 뒷부분(B) '지예절知禮節'을 연결시켜 주는 접속사로 쓰였다. 'A 而 B'는 A라는 동작이 진행되거나, A의 상태가 되어야 B의 행위가 이루어지거나(=B의 결과에 도달하거나), B의 상태가 된다는 것을 연결시켜 주는 것으로 A는 B(동작, 상태)가 가능하거나 완성되기 위해서 먼저 발생해야 하는 전제 조건으로 볼 수 있다]

衣食	足	而	知	榮辱
의식, yīshí	족, zú	이, ér	지, zhī	영욕, róngrǔ
(명) 옷과 먹을 것	(형)충분하다	(접)전제 조건 +而+가능 · 완성 (동작, 상태)	(동)알다	(명)영광과 치욕

옷과 먹을 것이 충분해야 영광과 치욕을 안다.

[번역] 곡식 저장 창고가 가득해야 예절 · 의식(儀式) · 규율을 알고, 옷과 먹을 것이 충분해야 영광과 치욕을 안다.

語法과 語彙

● <u>倉廩</u>實而知禮節

곡식 저장 창고가 가득해야 예절・의식(儀式)・규율을 안다

(명사) 미곡(=쌀을 비롯한 갖가지 곡식)을 저장하는 창고 (貯藏米穀的倉庫)

● 倉廩<u>實</u>而知禮節

곡식 저장 창고가 가득해야 예절・의식(儀式)・규율을 안다

(형용사) 그득하다, 가득하다 (滿)

(동사) 가득 채우다, 가득하게 하다 (滿)

● 倉廩實<u>而</u>知禮節, 衣食足<u>而</u>知榮辱

곡식 저장 창고가 가득해야 예절・의식(儀式)・규율을 알고, 옷과 먹을 것이 충분해야 영광과 치욕을 안다

(접속사) 而의 앞부분은 뒷부분의 동작, 상태가 가능하거나 완성되기 위해서 먼저 발생해야 하는 전제 조건으로 볼 수 있고, 而의 뒷부분은 그 전제조건이 충족되면 도달할 수 있는 결과에 대해 기술하고 있다

● 倉廩實而知<u>禮節</u>

곡식 저장 창고가 가득해야 예절・의식(儀式)・규율을 안다

(명사) 예의(禮儀=예절과 의식)와 규율 (禮儀規矩)

● <u>衣食</u>足而知榮辱

옷과 먹을 것이 충분해야 영광과 치욕을 안다

(명사) 의복과 음식물로 기본적인 생활 물품; 옷과 먹을 것 (衣服和食物, 泛指基本生活資料)

● 衣食<u>足</u>而知榮辱

옷과 먹을 것이 충분해야 영광과 치욕을 안다

(형용사) 충분하다 (充足, 足够)

→ 蓄積<u>足</u>而人樂其所矣 『論積貯疏』(漢・賈誼)

비축한 것이 충분하면(蓄積足而) 사람(人)이 '그의 위치를 좋아할(樂其所)' 것이다(矣)

● 衣食足而知<u>榮辱</u>

옷과 먹을 것이 충분해야 영광과 치욕을 안다

(명사) 영광과 치욕으로 지위의 높고 낮음 또는 명예의 좋고 나쁨 (光榮與恥辱, 指地位的高低、名譽的好壞)

056

雨鳴樹偃

明명 · 袁宏道원굉도 『徐文長傳서문장전』

雨	鳴	樹	偃
우, yǔ	명, míng	수, shù	언, yǎn
(명)비[yǔ] (동)비가 내리다[yù]	(동)소리를 내다, 울다	(명)나무	(동)(비, 바람에) 쓰러지다, 넘어지다, 눕다
비가 '소리를 내면; 울면' 나무는 눕는다. [시간 · 조건 · 가정긴축복문]('어법' 참조)			

[번역] 비가 울면 나무는 눕는다.

語法과 語彙

● 雨鳴樹偃

비가 울면 나무는 눕는다

(명사) 구름층에서 지면으로 떨어지는 물방울로 공기 중의 수증기가 하늘로 올라가 응결을 만나 구름을 이루고 다시 차가운 것을 만나 모이면 물방울이 되어 아래로 내려오는 것이 비이다 (從雲層中降向地面的水滴. 空氣中的水蒸氣上'昇(升)'到天空中遇冷凝成雲, 再遇冷聚集成水點, 降下來就是雨) [우, yǔ]

(동사) 비가 내리다 (降雨) [우, yù]

(동사) 위에서 아래로 비처럼 떨어지다 (自上而下, 像雨一样地降落)

● 雨鳴樹偃

비가 울면 나무는 눕는다

(동사) 소리를 내다 (發出聲响)

→ 鷄鳴而駕 『左傳・襄公十四年』

닭이 울(鷄鳴)자(而) '마소에 수레를 메우다(駕)'

(동사) 큰 소리로 외치다, 고함치다, 소리치다 (叫喊)

● 雨鳴樹偃

비가 울면 나무는 눕는다

(동사) 비나 바람 따위에 '쓰러지다・넘어지다・눕다'(=도복(倒伏)하다) (倒伏)

→ 草上之風, 必偃(草) 『論語・顔淵』

풀 위의 바람(草上之風)은 반드시 풀을 쓰러지게 한다 (必偃(草))

057

善氣迎人，親如兄弟；惡氣迎人，害於戈兵

『管子관자 · 心術下심술하』

(以)善氣	迎人,
선기, shànqì	영인, yíngrén
(명)상냥한 표정	(동)오는 사람을 맞이하다

상냥한 표정으로 오는 사람을 맞이하(면) [조건 · 가정절]('어법' 참조)

[행위 도구를 나타내는 전치사가 문두에서 생략된 경우이다]

親	如	兄弟;
친, qīn	여, rú	형제, xiōngdì
(형)관계가 친밀하다→ (명)관계의 친밀함	(동)~와 같다	(명)형제

관계의 친밀함이 형제와 같(고)

(以)惡氣	迎人,
악기, èqì	영인, yíngrén
(명)원망의 표정, 화난 표정	(동)오는 사람을 맞이하다

화난 표정으로 사람을 맞이하(는 것은)

害	於	戈兵
해, hài	어, yú	과병, gēbīng
(형)해롭다	(전)비교 대상 이끎. '~보다'(↗035)	(명)무기, 병기, 전쟁

무기보다 해롭다.

[번역] 상냥한 표정으로 오는 사람을 맞이하면 관계의 친밀함이 형제와 같고, 화난 표정으로 사람을 맞이하는 것은 무기보다 해롭다.

語法과 語彙

● 善氣迎人
상냥한 표정으로 오는 사람을 맞이하다

(명사) '상냥한 · 사근사근한' '얼굴색 · 표정' (和悦的神色)

● 善氣迎人
상냥한 표정으로 오는 사람을 맞이하다

(동사) 오는 사람을 맞이하다 (迎接來人)

→ 兩山不高而翠色迎人 『湘行散記 · 鴨窠圍的夜』(沈從文)
두 산(兩山)은 높지 않고(不高而) 남파랑색(翠色)이 사람을 맞이한다(迎人)

● 親如兄弟
관계의 친밀함이 형제와 같다

(형용사) 감정이 깊다, 관계가 친밀하다 (感情深厚, 關係密切)

• 여기서는 '형용사'에서 '명사(관계의 친밀함)'로 품사 활용되었다 ('어법' 참조)

● 善氣迎人, 親如兄弟
상냥한 표정으로 오는 사람을 맞이하면 관계의 친밀함이 형제와 같다

(동사) ~와 같다 (像, 如同)

→ 譬如北辰 『論語 · 爲政』
비유하(譬)면 북극성과 같다(如北辰)

● 惡氣迎人
화난 표정으로 사람을 맞이하다

(명사) 원망의 표정 · 기운, 화난 표정 · 기운 (怨氣 ; 怒氣)

(명사) 사악한 표정 · 기운 (邪惡之氣)

● 惡氣迎人, <u>害</u>於戈兵

화난 표정으로 사람을 해롭다

(형용사) 해롭다, 이롭다(益)의 반대말 (有害的, 與“益”相對)

→ 攻乎異端, 斯<u>害</u>也已 『論語・爲政』

유가 外 학설과 학파(異端)에 대해 깊이 연구하면(攻乎..., 斯) 해롭다(害也已)

● 惡氣迎人, 害於<u>戈兵</u>

화난 표정으로 사람을 맞이하는 것은 무기보다 해롭다

(명사) 병기, 무기, 전쟁 (兵器, 亦代指戰爭)

058

昔西伯拘羑裏，演周易；孔子戹陳蔡，做春秋；屈原放逐，著離騷；左丘失明，厥有國語；孫子臏腳，而論兵法；不韋遷蜀，世傳呂覽

『史記사기 · 太史公自序태사공자서』

<u>昔</u>	<u>西伯</u>	<u>拘</u>	<u>羑裏,</u>	<u>演</u>
석, xī	서백, xībó	구, jū	유리, yǒulǐ	연, yǎn
(부)과거에, 지난날	(인물)서백, 주나라 문왕	(동)체포하다, 구금하다→(피동)	(지명)유리(羑裏)	(동)추론하다, 추단연역하다

과거 주周나라 문왕文王 서백西伯은 유리(羑裏)에 <u>구금拘禁되었(기 때문에</u>/구금된 다음/구금되었을 때/...) *{추단연역하다}*

[이유 · 시간(after) · 시간(when; while) 모두 가능하지만 용도는 전체 문맥으로 판단해야 한다. 뒤에 등장하는 궐厥(그래서), 이而(~다음) 두 접속사의 역할이 중요한데 이 둘을 근거로 파악할 수 있다. 궐厥(그래서) 앞의 종속절들은 '이유'를 나타내고, 이而(~다음) 뒤의 종속절은 '시간(after)'이라고 보았다]

[**<u>구유리拘羑裏 :</u>** '구유리拘羑裏'는 '동사(拘 : 구금하다) + 고유명사 지명(羑裏)'이 구조인데 동사 앞에는 동작 주체인 주어(서백이), 뒤에는 동작이 이루어진 장소(유리에서)가 등장하기 때문에 능동의 의미(구금하다)는 피동으로 변환된다(구금되다)]

周易;	**孔子**	<u>**戹**</u>	**陳蔡,**
주역, zhōuyì	공자, kǒngzǐ	액, è	진채, chéncài
『주역』=『역경』=『역』	(인물)공자	(형)곤란하고 힘들다 →(피동)곤란하고 힘들게 지내다	(지명)진陳나라와 채蔡나라
'주역'을 {추단연역하였(고)},	**공자는 진陳나라와 채蔡나라에서 곤란하고 힘들게 지냈(기 때문에)**		

做	春秋;	屈原	放逐,
작, zuò	춘추, chūnqiū	굴원, qūyuán	방축, fàngzhú
(동) 창작하다, 쓰다	(저서)『춘추春秋』	(인명)굴원	(동)유배流配하다 : 죄인을 귀양 보내다 →(피동)유배되다
『춘추春秋』를 썼(고),		굴원은 유배되(었기 때문에)	

著	離騷;	左丘	失明,	厥
저, zhù	이소, lísāo	좌구, zuǒqiū	실명, shīmíng	궐, jué
(동)글을 짓다, 저술하다	(저서)『이소離騷』	(인명)복성複姓, 좌구명左丘明	(동)시력을 잃다	(접)그래서
『이소離騷』를 저술하였(고),		좌구명은 시력을 잃어…		…서

有	國語;	孫子	臏脚,	而
유, yǒu	국어, guóyǔ	손자, sūnzi	빈각, bìnjiǎo	이, ér
(동)갖다, 얻다	(저서)『국어國語』	(인명)손자孫子	(동)슬개골을 잘라 버리다 →(피동)	(접)동작의 선후. '~다음'(↗022)
『국어國語』를 갖게 되었(고),		손자는 슬개골이 잘린… [능동 → 피동]		다음

論	兵法;	不韋	遷	蜀,
논(론), lùn	병법, bīngfǎ	불위, bùwéi	천, qiān	촉, shǔ
(동)진술하다, 서술하다	(저서)『손자병법』	(인명)여불위 呂不韋	(동)유배하다. 추방하다→(피동)	(지명)촉蜀나라
『손자병법』을 서술하였(고),		여불위는 촉나라로 유배(된 다음)		

世傳	呂覽
세전, shìchuán	여람, lǚlǎn
(동)대대로 전해지다, 대대로 전해져 내려오다→(타동)	(저서) 『여씨춘추呂氏春秋』
『여씨춘추呂氏春秋』를 대대로 전해 주었다.	

[번역] 과거 주나라 문왕 서백西伯은 유리羑裏에 구금되었기 때문에 『주역』을 추단연역하였고, 공자는 진陳나라와 채蔡나라에서 곤란하고 힘들게 지냈기 때문에 『춘추』를 썼고, 굴원은 유배되었기 때문에 『이소』를 저술하였고, 좌구명은 시력을 잃어서 『국어』를 갖게 되었고, 손자는 슬개골이 잘린 다음 『손자병법』을 서술하였고, 여불위는 촉蜀나라로 유배된 다음 『여씨춘추』를 대대로 전해 주었다.

語法과 語彙

● 昔西伯拘羑裏
과거 주나라 문왕 서백西伯이 유리羑裏에 구금되다

(부사) 이전, 지난날, 과거에, 옛날 (從前 ; 往日)

(형용사, 부사) 멀고 오래되다, 오래전 (久遠 ; 久舊)

● 昔西伯拘羑裏
과거 주나라 문왕 서백西伯이 유리羑裏에 구금되다

(명사; 인물) 서백; 주나라 문왕이나 무왕. 여기서는 문왕을 가리킨다 (指周文王或周武王)

● 昔西伯拘羑裏
과거 주나라 문왕 서백西伯이 유리羑裏에 구금되다

(동사) 체포하다, 구금하다 (拘捕 ; 扣押)

● 昔西伯拘羑裏
과거 주나라 문왕 서백西伯이 유리羑裏에 구금되다

(명사; 지명) 유리. 지금의 하남(河南)성 탕음(湯陰)현 북쪽에 소재하였던 옛 지명

● 昔西伯拘羑裏, 演周易
과거 주나라 문왕 서백西伯은 유리羑裏에 구금되었기 때문에 『주역』을 추단연역하였다

(동사) 추단연역推斷演繹하다; 당신이 사실이라고 알고 있는 다른 것들로 인해 결론에 도달하다(deduce); 추론하다 (推演)

● 孔子戹陳蔡, 做春秋
공자는 진陳나라와 채蔡나라에서 곤란하고 힘들게 지냈기 때문에 『춘추』를 썼다

(형용사) 곤란하다, 힘들다, 곤란하고 어렵다 (困難 ; 艱苦)

(명사) 험준하고 중요한 곳 (險要之處)

● 孔子戹陳蔡, **做**春秋

공자는 진陳나라와 채蔡나라에서 곤란하고 힘들게 지냈기 때문에 『춘추』를 썼다

(동사) 창작하다, 쓰다 (寫作, 創作)

→ 述而不**作** 『論語 · 述而』

명백히 논술하지만(述而) 창작하지는 않는다(不作)

● 孔子戹陳蔡, 做**春秋**

공자는 진陳나라와 채蔡나라에서 곤란하고 힘들게 지냈기 때문에 『춘추』를 썼다

(명사; 저서) 편년체 역사서로 공자가 노나라의 역사의 의거하여 수정하여 완성하였다 한다. 노나라 은공 원년에 시작해서 노나라 애공 14년에 끝났고 전체 242년의 기록이다. 경과에 대한 서술은 매우 간단하고 글자 사용에는 비난을 함축하고 있다. 이 책을 위해 전해지는 것으로는 『左氏좌씨』, 『公羊공양』, 『穀梁곡량』을 최고의 저작으로 여긴다 (編年體史書名. 相傳孔子據魯史修訂而成. 所記起於魯隱公元年, 止於魯哀公十四年, 凡二百四十二年. 敘事極簡, 用字寓褒貶. 爲其傳者, 以《左氏》、《公羊》、《穀梁》最著)

● **屈原**放逐, 著離騷

굴원은 유배되었기 때문에 『이소』를 저술하였다

(명사; 인물) 굴원. 기원전 대략 340년~기원전 대략 278년의 전국 시대 초나라 시인 (屈原(約前340–約前278) 戰國楚詩人)

● 屈原**放逐**, 著離騷

굴원은 유배되었기 때문에 『이소』를 저술하였다

(동사) 유배하다 (流放)

● 屈原放逐, <u>著</u>離騷
굴원은 유배되었기 때문에 『이소』를 저술하였다

(동사) 글을 짓다, 저술하다 (寫作 ; 撰述)

→ 志意蘊憤, 乃隱居<u>著</u>書三十餘篇 『後漢書 · 王符傳』
의지(志意 : 意志)를 깊이(蘊) 가슴에 간직하(憤)고 은거한(隱居) 다음(乃) 책 30여 권을 쓰다(著書三十餘篇)

● 屈原放逐, 著<u>離騷</u>
굴원은 유배되었기 때문에 『이소』를 저술하였다

(명사; 저서) 『이소』. 초사楚辭의 대표적인 작품 이름으로 초楚의 굴원屈原이 지은 장편 서사시이다

● <u>左丘</u>失明, 厥有國語
좌구명은 시력을 잃어서 『국어』를 갖게 되었다

(명사; 이름) 복성複姓으로 춘추 시대 노나라에 좌구명이 있었다 (複姓. 春秋魯有左丘明)

● 左丘<u>失明</u>, 厥有國語
좌구명은 시력을 잃어서 『국어』를 갖게 되었다

(동사) 시력을 잃다 (喪失視力)

● 左丘失明, <u>厥</u>有國語
좌구명은 시력을 잃어서 『국어』를 갖게 되었다

(접속사) 그래서 (乃, 于是)

(부사) 결국, 마침내

● 左丘失明, 厥<u>有</u>國語
좌구명은 시력을 잃어서 『국어』를 갖게 되었다

(동사) 갖다, 얻다 (取得, 獲)

→ **有**, 得也, 取也 『玉篇・有部』
유(有)는 얻는 것이(得也)고, 갖는 것이다(取也)

● 左丘失明, 厥有**國語**
좌구명은 시력을 잃어서 『국어』를 갖게 되었다

(명사; 저서) 『국어』. 주대周代 좌구명左丘明이 엮음. 『춘추외전春秋外傳』이라고도 함

● **孫子**臏腳, 而論兵法
손자는 슬개골이 잘린 다음 『손자병법』을 서술하였다

(명사; 인명) 손자. 춘추春秋 시대의 병법가兵法家인 손무孫武의 존칭

● 孫子**臏腳**, 而論兵法
손자는 슬개골이 잘린 다음 『손자병법』을 서술하였다

(명사) 고대 가혹한 형벌의 하나로 슬개골(무릎 앞 한가운데 있는 작은 종지 모양의 오목한 뼈)을 잘라 버리다 (古代酷刑之一. 削去膝蓋骨)

● 孫子臏腳, 而**論**兵法
손자는 슬개골이 잘린 다음 『손자병법』을 서술하였다

(동사) 진술하다, 서술하다 (陳述 ; 敍說)

● 孫子臏腳, 而論**兵法**
손자는 슬개골이 잘린 다음 『손자병법』을 서술하였다

(명사; 저서) 현존하는 중국 최초의 병서로 춘추 시대 말기 오吳나라 장군 손무孫武(=손자孫子)가 편찬했음

● <u>不韋</u>遷蜀, 世傳呂覽
여불위는 촉蜀나라로 유배된 다음 『여씨춘추』를 대대로 전해 주었다

(명사; 인명) 여불위呂不韋(?~기원전 235년). 중국 전국 시대 진나라의 정치가이자 사학자로 양적(지금의 허난(河南) 위저우(禹州)) 사람이다. 장양왕 때 재상을 지냈으며 『여씨춘추呂氏春秋』를 편찬하였다.

● 不韋<u>遷</u>蜀, 世傳呂覽
여불위는 촉蜀나라로 유배된 다음 『여씨춘추』를 대대로 전해 주었다

(동사) 유배하다, 추방하다 (流放 ; 放逐)

● 不韋遷蜀, <u>世傳</u>呂覽
여불위는 촉蜀나라로 유배된 다음 『여씨춘추』를 대대로 전해 주었다

(동사) 대대로 전해지다, 대대로 전해져 내려오다 (世代相傳 ; 世代相傳下來的)

● 不韋遷蜀, 世傳<u>呂覽</u>
여불위는 촉蜀나라로 유배된 다음 『여씨춘추』를 대대로 전해 주었다

(명사; 저서) 『여씨춘추呂氏春秋』

059

忠不必用兮, 賢不必以

屈原굴원『九章구장 · 涉江섭강』

忠	不必	用	兮,
충, zhōng	불필, búbì	용, yòng	혜, xī
(형)충성스럽다	(부)꼭 ~인 것은 아니다(↗041)	(동)임용하다, 임명하다 →(피동)	(어기)멈춤, 완만, 감정 토로(↗001)

(비록) 충성스러(워도) 꼭 임용되는 것은 아니고...

[양보긴축복문이다. 用은 피동의 의미를 갖는데, 이는 '관계가 완전히 언어 환경과 상식에 의거해서 드러나고 언어 형식의 표지를 빌리지 않는' 피동문의 용도에 해당된다.('어법' 참조)]

賢	不必	以
현, xián	불필, búbì	이, yǐ
(형)재능과 덕행이 모두 좋다	(부)반드시 ~한 것은 아니다. 꼭 ~인 것은 아니다(↗041)	(동)사용하다, 이용하다, 쓰다, 등용하다 →(피동)

(비록) 재능과 덕행이 모두 좋아(도) 꼭 등용되는 것은 아니다.

[양보긴축복문이다. 以 역시 상기와 동일 용도이다]

[견해]

'한어대자전'과 기타 고대중국어 공구서에서 '충忠'의 의미 항목에 '충신'을 기록하지 않았다. 하지만 '현賢'에는 '재능과 덕행을 모두 갖춘 사람'이라고 모두 기록하고 있다. 忠이 '충신'으로 쓰였다면 상용단어로 등재되었을 것이다. 여기서는 '忠, 賢' 모두 형용사로 보았다. '忠, 賢'을 각각 '충신'과 '재능과 덕행이 모두 훌륭한 사람'으로 보아도 틀리지 않다.

[번역] 충성스러워도 꼭 임용되는 것은 아니고, 재능과 덕행이 모두 좋아도 꼭 등용되는 것은 아니다.

語法과 語彙

● 忠不必用
충성스러워도 꼭 임용되는 것은 아니다

(형용사) 마음과 힘을 다하며 충성스럽고 사심이 없다; 충성스럽다 (盡心竭力, 忠誠無私)

● 忠不必用
충성스러워도 꼭 임용되는 것은 아니다

(동사) 임용하다, 임명하다, 파견하다 (任用, 差遣)

→ 表惡其能而不能用也 『資治通鑑・漢紀・獻帝建安十三年』
유표(劉表)는 그의 재능을 미워하여(惡其能而) 임용하지 않는다(不能用也)

(동사) 채용하다 (採用)

● 賢不必以
재능과 덕행이 모두 좋아도 꼭 등용되는 것은 아니다

(형용사) 재능과 덕행이 모두 좋다 (才能、德行均好)

→ 群臣孰賢? 『韓非子・外儲說左下』
많은 신하 중에서(群臣) 누가(孰) 덕행과 재능이 있(賢)는가?

(명사) 재능과 덕행이 모두 좋은 사람 (才能、德行均好的人)

● 賢不必以
재능과 덕행이 모두 좋아도 꼭 등용되는 것은 아니다

(동사) 쓰다, 사용하다, 이용하다, 등용하다, 임용하다 (使用, 用)

→ 毋吾以也 『論語・先進』
아무도(毋) 나를 이용하(吾以)지 않다(毋…也)

→ 君使臣以禮, 臣事君以忠 『論語・八佾』

왕(君)이 신하를 부릴(使臣) 때는 예를 사용하(以禮)고 신하(臣)가 왕을 섬길(事君) 때는 충성을 사용한다(以忠)

060

水之性，不雜則清，莫動則平；鬱閉而不流，亦不能清

『莊子장자 · 刻意각의』

水	之	性,	不	雜
수, shuǐ	지, zhī	성, xìng	부, bù	잡, zá
(명)물	(조)수식 · 종속 관계 (↗007)	(명)사물의 성질이나 특성	(부)동사 앞. '~하지 않다' (↗010)	(동)섞다, 섞이다, 섞이게 하다
물의 성질 · 특성(은) [화제, topic]('어법' 참조)			섞이지 않으...	
則	**清,**	**莫**	**動**	**則**
즉, zé	청, qīng	막, mò	동, dòng	즉, zé
(접)조건+則+결과 (↗006)	(형)물이 깨끗하고 투명하다	(부)동사 앞. 일반적 부정	(동)움직이다	(접)조건+則+결과 (↗006)
...면 깨끗하고 투명하(고),		움직이지 않으면		
平;	**鬱閉**	**而**	**不**	**流,**
평, píng	울폐, yùbì	이, ér	불, bù	유, liú
(형)평온하다	(동)가로막히다, 통하지 않다	(접) '동 · 형 + 而' (부사어) + 서술어	(부)동사 앞. '~하지 않다' (↗010)	(동)물을 따라 흐르다 (↗049)
평온하(며),	가로막히어 흐르지 않(으면) [조건가정절]			

亦	不能	淸
역, yì	불능, bùnéng	청, qīng
(접)조건 구비＋亦＋상황 변화	(조동사; 능원동사) 불가능, ~할 수 없다	(형)물이 깨끗하고 투명하다 →(동)물이 깨끗하고 투명해지다
깨끗하고 투명해질 수 없다.		

[참조]

'水之性, 不雜則淸, 莫動則平; 鬱閉而不流, 亦不能淸'에서 '조건＋결과'를 나타낼 때 앞의 두 문장 '不雜**則**淸, 莫動**則**平'은 두 개의 조건긴축복문 안에 則이 사용되었고, 뒤의 '鬱閉而不流, **亦**不能淸' 문장에서는 '역亦'이 '조건절＋亦＋결과 주절'처럼 '종속절'과 '주절'을 연결시키는 접속사로 사용되었다. 이를 보면 조건을 나타내는 접속사 '則, 亦, 而 등'에 어떠한 통사적, 문법적, 의미적 차이가 있는지 알아볼 수도 있을 것이다.

[번역] 물의 성질은 섞이지 않으면 깨끗하고 움직이지 않으면 평온하며, 가로막히어 흐르지 않으면 깨끗하고 투명해질 수 없다.

語法과 語彙

● 水之**性**, 不雜則淸

물의 성질은 섞이지 않으면 깨끗하다

(명사) 사물의 성질이나 특성 (事物的性質、特性)

● 水之性, 不**雜**則淸

물의 성질은 섞이지 않으면 깨끗하다

(동사) 뒤섞(이)다, 섞다, 섞이게 하다, 혼합하다, 혼합시키다 (混雜 ; 摻雜)

(형용사) 뒤섞여 순수하지 않다 (駁雜不純)

● 水之性, 不雜則**淸**

물의 성질은 섞이지 않으면 깨끗하다

(형용사) 물이 깨끗하고 투명하다 (水純淨透明)

● 水之性, 不雜則淸, **莫**動則平

물의 성질은 섞이지 않으면 깨끗하고 움직이지 않으면 평온하다

莫

(부정부사) 동사 서술어 앞에 쓰이고 부사어가 된다. 일반적인 부정을 보여주며 '~하지 않다, ~할 수 없다' 등으로 번역된다. (不, 不能)

→ 諸將皆**莫**信 『史記・淮陰侯列傳』

많은 지도자들(諸將)이 모두(皆) 믿지 않다(莫信)

→ 小子何**莫**學夫詩? 『論語・陽貨』

제자들(小子)은 왜(何) '이 『詩經 시경』(夫詩)'을 공부하지 않(莫學)는가?

● 水之性，不雜則淸，莫動則平

물의 성질은 섞이지 않으면 깨끗하고 움직이지 않으면 평온하다

(형용사) (환경 · 마음 따위가) 편안하다, 조용하다, 평온하다 (寧静)

(형용사) 평탄하다, 기울지 않다, 경사지지 않다 (平坦 ; 不傾斜)

(형용사) (마음 등이) 차분하다, 평온하다, (반란 따위를) 평정하다, 진압하다 (平定 ; 平息)

● 鬱閉而不流，亦不能淸

가로막히어 흐르지 않으면 깨끗하고 투명해질 수 없다

(동사) 가로막히다, 통하지 않다 (阻塞不通)

● 鬱閉而不流，亦不能淸

가로막히어 흐르지 않으면 깨끗하고 투명해질 수 없다

而

(접속사) '동 · 형 + 而 + 서술어'의 형식으로 쓰이는 접속사로 而의 앞부분은 동작, 행위의 방식, 상태, 시간 등을 보여주고, 而 뒤는 동작, 행위를 나타낸다

→ 爲人謀而不忠乎? 『論語 · 學而』

타인을 위하여(爲人) 계획하면서(謀而) 충실하지 않았는지(不忠乎)?

● 鬱閉而不流，亦不能淸

가로막히어 흐르지 않으면 깨끗하고 투명해질 수 없다

亦

(접속사 · 부사) 동작, 행위가 일정한 조건을 갖추면 어떠한 상황에서 자연스럽게 어떻게 된다는 것을 강조한다. '~면 ~하다, 어떠한 상황에서 어떠하다' 등으로 번역될 수 있다. (就, 則)

견해

고대중국어 공구서에 이 용도를 '부사'로 보았는데 '접속사'가 더 맞아 보인다.

→ 因不失其親, <u>亦</u>可宗也 『論語・學而』

옆에 있(因)지만 그 친밀함(其親)을 잃지 않으면(不失, 亦) 존경받을 만하다(可宗也)

● 鬱閉而不流, 亦<u>不能</u>淸

가로막히어 흐르지 않으면 깨끗하고 투명해질 수 없다

(조동사; 능원동사) 불가능을 나타낸다. '~할 수 없다'

→ 不善<u>不能</u>改 『論語・述而』

나쁜 일(不善)을 고칠 수 없다(不能改)

061

是故弟子不必不如師，師不必賢於弟子

唐당・韓愈한유『師說사설』

是故	弟子	不必	<u>不如</u>	師,
시고, shìgù	제자, dìzǐ	불필, búbì	불여, bùrú	사, shī
(접)이 때문에 (↗020)	(명사)제자	(부) 꼭 ~인 것은 아니다 (↗041)	(동)不如A : A만 못하다; A가 낫다	(명)선생, 스승
이 때문에 제자가 꼭 스승보다 못하지 않(고),				
<u>師</u>	不必	賢	於	弟子
사, shī	불필, búbì	현, xián	어, yú	제자, dìzǐ
(명)선생, 스승	(부) 꼭 ~인 것은 아니다 (↗041)	(형)재능과 덕행이 모두 좋다	(전) 비교 대상 이끎. ~보다(↗035)	(명사)제자
스승이 꼭 제자보다 재능과 덕행이 모두 좋은 것은 아니다.				

[번역] 이 때문에 제자가 꼭 스승보다 못하지 않고, 스승이 꼭 제자보다 재능과 덕행이 모두 좋은 것은 아니다.

語法과 語彙

● 是故弟子不必**不如**師

이 때문에 제자가 꼭 스승보다 못하지 않다

不如

(동사) 비교할 수 없다. 비교가 되지 않는다, 미치지 못하다(比不上, 不及); (**不如A**) A만 못하다. A가 낫다

→ 積財千萬, **不如**薄技在身 『顔氏家訓・勉學』

재산을 천만금 쌓(積財千萬)는 것이 작은 기술(薄技)이 몸에 있(在身)는 것만 못하다(不如)(=작은 기술이 몸에 있는 것이 더 낫다)

● 是故弟子不必不如**師**

이 때문에 제자가 꼭 스승보다 못하지 않다

(명사) 선생, 스승 (先生, 老師)

→ 可以爲**師**矣 『論語・爲政』

스승을 맡(爲師)을 수 있다(可以...矣)

062

安存、危殆、滅亡，制與在我，亡乎人

荀子순자・王制왕제

安存、	危殆、	滅亡，	制(之・此…)
안존, āncún	위태, wēidài	멸망, mièwáng	제, zhì
(동)안정적으로 생존하다→(명사화)	(형)위험하다→(명사화)	(동)멸망하다→(명사화)	(동)만들다→(동명사)
안정적으로 생존하는 것, 위험해지는 것, 멸망하는 것			(이것들을) 만드는 것(은)
與	在	我，	亡
여, yǔ	재, zài	아, wǒ	무, wú
(범위부사)(=거擧). 모두, 전부	(동)~에 속해 있다, ~에 있다	(1인칭 대명사)나 (↗002)	(동)없다, 있지 않다 [wáng : 도망가다]
모두 나에게 있(지)			{있지 않다}
乎	人		
호, hū	인, rén		
(전)동작 대상. ~에게, ~로	(명)타인, 다른 사람 (↗010)		
다른 사람에게 {있지 않다}.			

[번역] 안정적으로 생존하는 것, 위험해지는 것, 멸망하는 것, 이것들을 만드는 것은 모두 나에게 있지 다른 사람에게 있지 않다.

語法과 語彙

● <u>安存</u>、危殆、滅亡
안정적으로 생존하는 것, 위험해지는 것, 멸망하는 것

(동사) 안정적으로 생존하다 (安定生存)

● 安存、<u>危殆</u>、滅亡
안정적으로 생존하는 것, 위험해지는 것, 멸망하는 것

(형용사) 위험하다 (猶危險)

● 安存、危殆、<u>滅亡</u>
안정적으로 생존하는 것, 위험해지는 것, 멸망하는 것

(동사) 다시 존재하지 못하다 (不復存在)

(동사) 존재하지 못하게 하다 (使不存在)

● 安存、危殆、滅亡, <u>制</u>(之・此)與在我, 亡乎人
안정적으로 생존하는 것, 위험해지는 것, 멸망하는 것, 이것들을 만드는 것은 모두 나에게 있지 다른 사람에게 있지 않다

(동사) 만들다, 제작하다, 제조하다 (制作 ; 制造)

● 安存、危殆、滅亡, 制(之・此)<u>與</u>在我, 亡乎人

與

(범위부사) '거(擧)'와 같다. 동사서술어 앞에 쓰여 부사어가 되어 가리키는 범위에 예외가 없다는 것을 나타낸다. '모두, 전부' 등으로 번역된다. (全, 都)

→ 故天下之君子<u>與</u>謂之不祥者 『墨子・天志中』
그래서(故) 세상의 군자(天下之君子)는 모두(與) 그것을 불길한 것(之不祥者)이라고 말한다(謂)

● 安存、危殆、滅亡, 制與(之・此)與在我, 亡乎人

안정적으로 생존하는 것, 위험해지는 것, 멸망하는 것, 이것들을 만드는 것은 모두 나에게 있지 다른 사람에게 있지 않다

(동사) ~에 남아 있다. ~에 속해 있다. ~에 있다 (留在 ; 屬于)

→ 政不在大夫 『論語・季氏』

정치권력(政)은 대부에게 있지 않다(在大夫)

(동사) 존재하다, 생존하다 (存, 存在)

● 安存、危殆、滅亡, 制與(之・此)與在我, 亡乎人

안정적으로 생존하는 것, 위험해지는 것, 멸망하는 것, 이것들을 만드는 것은 모두 나에게 있지 다른 사람에게 있지 않다

(동사) 없다 (沒有)[무, wú][망, wáng : 도망가다, 잃다, 죽다]

→ 亡而爲有 『論語・述而』

없는데(亡而) 있는 척하다(爲有)

● 安存、危殆、滅亡, 制與(之・此)與在我, 亡乎人

乎

(전치사) 동작이 미치는 대상을 끌어들이고 그 동작의 대상은 주로 '사람'이 된다. '~에게, ~에, ~로' 등으로 번역된다

→ 天子嫁女乎諸侯 『公羊傳・莊公元年』

천자(天子)는 제후에게(乎諸侯) 딸을 시집보낸다(嫁女)

063

富而不驕者鮮, 吾唯子之見

『左傳좌전 · 定公十三年정공13년』

富	而	不	驕
부, fù	이, ér	불, bù	교, jiāo
(형)부유하다, 재물이 많다	(접)점층. '게다가, 또한'	(부)형용사앞. 성질, 상태의 부정	(형)오만하다
부유하면서 게다가 오만하지 않은			
者	**鮮,**	**吾**	**唯**
자, zhě	선, xiǎn	오, wú	유, wéi
(조사)단어 · 구 + 者. '~사람, ~한 것'(↗007)	(형)적다 [xiān : 신선하다…]	(대)나, 우리 '주어, 목적어, 한정어' (↗016)	(부사)오직 ~만(=惟)
사람은 적(은데)		**나는 오직**	
子	**之**	**見**	
자, zǐ	지, zhī	견, jiàn	
(대)2인칭. '너, 너희들'(↗051)	(조사) 목적어 전치표지(↗013)	(동)보다	
너만 본다.			

[번역] 부유하면서 게다가 오만하지 않은 사람은 드문데 나는 오직 너만 본다.(=너는 유일하게 부유하면서 오만하지 않은 사람이다)

이 문장은 일반적인 세태를 나열하고(=일반적 사실을 전제하고) 다음 문장은 이에 대한 예외적 사실을 보여주어 말의 효과를 더해 주고 있다.

語法과 語彙

● 富而不驕者鮮

부유하면서 게다가 오만하지 않은 사람은 드물다

(형용사) 재물이 많다. '가난하다, 곤궁하다'와 반대 (財物多. 與"貧", "窮"相對)

→ 蓋文帝之時, 無鹽鐵之利而民富 『鹽鐵論・非鞅』

대체로(蓋) 문왕 때(文帝之時)에는 소금과 철의 이점이 없었지만(無鹽鐵之利而) 백성은 부유했다(民富)

● 富而不驕者鮮

부유하면서 게다가 오만하지 않은 사람은 드물다

而

(접속사) 단문을 연결시키고 한층 올라가는(進層) 관계를 나타낸다. '게다가, 또한'으로 번역된다(連接分句, 表示進層關係. 而且)

→ 就有道而正焉 『論語・學而』

도가 있는 곳(有道)에 나아가서 게다가(就...而) 그것(焉=도 있음; 有道)을 바루잡다(正)

● 富而不驕者鮮

부유하면서 게다가 오만하지 않은 사람은 드물다

不

(부정부사) 형용사 서술어 앞에 쓰여 부사어가 되며 성질, 상태에 대한 부정을 보여준다. 때로는 형용사 성질에 변화를 일으키기도 한다(예, 형용사가 명사성질을 갖는 것 등). 이러한 것들은 문맥에 따라서 구별해야 한다.

→ 不義而富且貴, 於我如浮雲 『論語・述而』

정의롭지 않은데 부유하(不義而富)고 게다가 귀하다(且貴)면 나에게(於我)는 뜬구름과 같다(如浮雲).

● 富而不**驕**者鮮

부유하면서 게다가 오만하지 않은 사람은 드물다

(형용사) 오만하다(=태도나 행동이 건방지거나 거만함) (傲慢)

→ 君子泰而不**驕** 『論語・子路』

군자(君子)는 안정되고(泰而) 오만하지 않다(不驕)

● 富而不驕者**鮮**

부유하면서 게다가 오만하지 않은 사람은 드물다

(형용사) 적다 (少) [선鮮(xiǎn) : 적다][선鮮(xiān) : 신선하다]

→ 孝弟而好犯上者, **鮮**矣 『論語・學而』

부모에게 효도하고 형을 공경하는데(孝弟) 윗사람에게 무례하게 대하는 것을 좋아하는 사람(好犯上者)은 적다(鮮矣)

● 吾**唯**子之見

나는 오직 너만 본다

唯

(부사) 이체자는 惟이다. 어떤 범위에 국한되는 것을 나타낸다. '오직'의 의미 (表示僅限于某一範圍. 隻.)

→ 無恒産而有恒心者, **惟**士爲能 『孟子・梁惠王上』

일정한 재산(恒産)이 없지만(無...而) 일정한 마음이 있는 사람(有恒心者)은 오직(惟) 선비・지식인만 그럴 수 있다(士爲能)

● 吾唯子之**見**

나는 오직 너만 본다

(동사) 보다 (看到, 看見)

064

知生於憂患而死於安樂也

『孟子맹자 · 告子下고자하』

知	生	於	憂患
지, zhī	생, shēng	어, yú	우환, yōuhuàn
(동)이해하다, 알다	(동)생존하다, 살게하다	(전)발생 장소, 방향. '~에서, ~부터'(↗014)	(명)어려움, 고통, 고난
어려움 · 고통 · 고난에서 살 수 있... {알아야 한다}			

而	死於	安樂	也
이, ér	사어, sǐyú	안락, ānlè	야, yě
(접)전환. '그러나, 오히려'(↗010)	~에서 죽다	(형)편하고 한가롭다 → (명)편하고 한가로움	(어기)진술 강조(↗017)
...지만 편하고 한가로움에서 죽는다는 것을 {알아야 한다}.			

[번역] 어려움 · 고통 · 고난 속에서 살 수 있지만, 편하고 한가로움 속에서 죽는다는 걸 알아야 한다.

語法과 語彙

● **知**生於憂患

어려움 · 고통 · 고난 속에서 살 수 있다는 것을 알다

(동사) 이해하다, 알다 (了解)

→ **知**我者鮑子也 『史記 · 管晏列傳』

나를 이해하는 사람(知我者)은 포숙아(鮑子 : 鮑叔牙)이다(也)

● 知**生**於憂患

어려움 · 고통 · 고난 속에서 살 수 있다는 것을 알다

(동사) 생존하다, 살게 하다 (生存 讓...活)

→ 予我千金, 吾**生**若 『獄中雜記』(清 · 方苞)

나에게 천금을 '주니(予我千金)' 내(吾)가 너(若)를 살게 해준다(生)

● 知生於**憂患**

어려움 · 고통 · 고난 속에서 살 수 있다는 것을 알다

(명사) 어려움, 고통, 고난 (困苦患難)

● 死於**安樂**

편하고 한가로움 속에서 죽는다

(형용사) 편하고 한가롭다, 즐겁고 유쾌하다 (安逸, 快樂)

(동사) 안녕하고 즐겁게 하다 (使安寧快樂)

065

富者不得自保, 貧者無以自存

『漢書한서 · 食貨志下식화지하』

富	者	不得	自保,
부, fù	자, zhě	부득, bùdé	자보, zìbǎo
(형)부유하다, 재물이 많다(↗063)	(조사)단어 · 구 + 者. '~사람, ~한 것'(↗007)	(조동사)~할 수 없다, 허용되지 않다	(동)자신의 힘으로 자신을 지키다
부유한 사람은 자신의 힘으로 자신을 지킬 수 없(고)			

貧	者	無以	自存
빈, pín	자, zhě	무이, wúyǐ	자존, zìcún
(형)가난하다, 빈궁하다	(조사)단어 · 구 + 者. '~사람, ~한 것'(↗007)	(동사)~할 방법이 없다, ~할 수 없다	(동)자신을 보호하다
가난한 사람은 자신을 보호할 방법이 없다.			

[번역] 부유한 사람은 자신의 힘으로 자신을 지킬 수 없고, 가난한 사람은 자신을 보호할 방법이 없다.

語法과 語彙

● 富者<u>不得</u>自保

부유한 사람은 자신의 힘으로 자신을 지킬 수 없다

不得

(관용구, 부사어) 동사 앞에 놓여 부사어가 된다. '~할 수 없다, 허용되지 않는다' 등으로 번역될 수 있다. (不能, 不可能, 不允許, 不准許, 不要)

견해

'득得'은 동사 앞에 쓰여서 동작행위의 실현 가능성을 보여주는 조동사로 쓰이고, 부정부사 不을 더할 수 있다. 不得에 대해 한 중국 공구서에서 '부사어'로 정의했다(何樂士, 2006). 고대중국어 여러 어법서 중에서 조동사(능원동사)에 관해 가장 많은 항목을 나열한 『古代漢語語法學』(張玉金, 2010)를 보면 '부득不得'이 아닌 '부득이不得已'를 기재하고, '부득이不得已'의 본래 의미는 '그만둘 수 없다(不能停止)'로 설명하고 예문을 제시한다. 이에 따르면 '부득不得'을 따로 떼어 제시하지는 않았지만 '부득이不得已'를 미루어 보면 '부득不得'을 조동사(능원동사)로 보아도 무방하다고 생각한다.

→ 予<u>不得</u>視猶子也 『論語・先進』

나(予)는 아들처럼(猶子) 대할 수 없다(不得視…也)

→ 滕, 小國也.竭力以事大國, 則<u>不得</u>免焉.如之何則可? 『孟子・梁惠王下』

등(滕)은 작은 나라(小國)입니다(也). 힘을 다하여(竭力以) 대국을 섬긴다 하더라도(事大國, 則) (압박을) 면할 수가 없습니다(不得免焉). 어찌하면(如之何則) 괜찮(可)겠습니까?

● 富者不得<u>自保</u>

부유한 사람은 자신의 힘으로 자신을 지킬 수 없다

(동사) 자신의 힘으로 자신을 지키다 (用自己的力量保全自己)

● <u>貧</u>者無以自存
가난한 사람은 자신을 보호할 방법이 없다

(형용사) 가난하다. 빈궁하다 (貧窮)

→ 家**貧**, 無從致書以觀 『送東陽馬生序』(明・宋濂)
집이 가난하여(家貧) 책을 구해서(致書以) 볼(觀) 수 있는 실마리를 찾을 수 없다(無從)

● 貧者<u>無以</u>自存
가난한 사람은 자신을 보호할 방법이 없다

無以

(동사) 동사 '無'와 전치사 '以'로 구성된 것이다. 無는 부정을 나타내고 以는 생략된 목적어와 함께 사용되어 '어떤 사물에 근거하다/의지하다'를 나타낸다. '無以'는 동사 서술어 앞에 사용되어 '행위를 실행할 근거, 구실, 의지, 가능' 등이 없음을 나타낸다. '방법이 없다', '사용하지 않았다', '~할 수 없다' 등으로 번역된다

→ 好仁者, **無以**尙之 『論語・里仁』
인을 좋아하는 사람(好仁者)은 인을 넘어설 수 없다(無以尙之).

→ 故推恩足以保四海, 不推恩**無以**保妻子 『孟子・梁惠王上』
그러므로(故) 은혜를 널리 확산하(推恩(推 : 推廣))면 천하를 보호할 수 있(足以保四海)지만 은혜를 널리 확산하지 않(不推恩)으면 아내와 자식을 '보호할 방법이 없다/ 보호할 수 없다(無以保妻子)'

● 貧者無以<u>自存</u>
가난한 사람은 자신을 보호할 방법이 없다

(동사) 자신을 보호하다 (保全自己)

(동사) 스스로 생계를 찾다 (自謀生計)

066

夫水所以載舟，亦所以覆舟

『張衡장형 · 東京賦동경부』

夫	水	所以	載舟,
부, fú	수, shuǐ	소이, suǒyǐ	재주, zàizhōu
(조)문두에서 판단, 의견 토로	(명)물	所以 + A(동). A하는 근거 · 조건 · 도구 (↗016)	(동)배를 실어 나르다 (↗031)
물은 배를 실어 나르는 조건 · 근거 · 도구이(고)			

亦	所以	覆舟
역, yì	소이, suǒyǐ	복주, fùzhōu
(부사)역시, 또한(↗022)	所以 + A(동). 'A하는 근거 · 조건 · 도구(↗016)	(동)배가 뒤집어지다, 배를 뒤집다(↗031)
또한 배를 뒤집는 조건 · 근거 · 도구이다.		

[번역] 물은 배를 실어 나르는 조건 · 근거 · 도구이고 또한 배를 뒤집는 조건 · 근거 · 도구이다.

語法과 語彙

● <u>夫</u>水所以載舟

물은 실어 나르는 조건 · 근거 · 도구이다

夫

(문두조사) 보통 문두에 쓰여 판단을 하거나 의견을 토로하는 어기의 일종이다. '夫'는 판단되거나 의론되는 대상(사람, 사건, 사물, 동작 등) 앞에 놓인다. 이 대상에 대해서 표지 작용을 하거나 이 대상의 개괄성이나 보편성을 강조하고, 그것에 대한 판단과 의론 역시 자주 규칙성과 개괄성을 가져 온다. 동시에 다음 문장의 어기와 작용을 가져온다. 판단이나 의론을 나타낼 때에는 보통 어기사 '也', '者也'를 취한다.

→ <u>夫</u>戰勇氣<u>也</u> 『左傳 · 莊公十年』

전쟁은(夫戰) 용기이다(勇氣也)

→ <u>夫</u>民神之主<u>也</u> 『左傳 · 宣公六年』

백성은(夫民) 신령스러운 주인이다(神之主也)

067

孔子說, "人之所以立, 信、智、勇也"

『左傳좌전 · 成公十七年성공17년』

孔子	說,	"人	之
공자, kǒngzǐ	설, shuō	인, rén	지, zhī
(인명)공자	(동)알려주다, 알리다	(명)인간, 사람(↗036)	(접)주어 + 之 + 서술어 (↗001)
공자가 알려주었다		**"사람이**	

[보충] 설說은 현대중국어에서 흔히 '말하다'로 사용되지만 고대중국어에서는 '말하다'라는 의미 항목이 없고, 오히려 '평론하다'의 용례가 더 많다. 아래 고대중국어 說의 여러 의미 항목을 적었는데 여기서는 '알려주다, 알리다'로 보았다.

所以	立,	信、	智、
소이, suǒyǐ	립(입), lì	신, xìn	지, zhì
所以 + A(동), 'A하는 방법 · 근거 · 조건 (↗016)	(동)존재하다, 생존하다	(명)신용	(명)지식
생존할 수 있는 방법 · 조건(은)		**신용, 지식,**	

勇	也"
용, yǒng	야, yě
(형)용감하다, 배짱이 있다 →(명)용감함	(어기)진술 강조(↗017)
용기이다."	

[번역] 공자가 알려주었다. "사람이 생존할 수 있는 방법 · 조건은 신용, 지식, 용기이다."

語法과 語彙

● 孔子說

공자가 알려주다

(인명) 孔子(B.C.551~B.C.479)는 중국 춘추 시대의 사상가이자 학자로 이름은 구(丘). 자는 중니(仲尼). 노나라 사람으로 여러 나라를 두루 돌아다니면서 인(仁)을 정치와 윤리의 이상으로 하는 도덕주의를 설파하여 덕치 정치를 강조하였다. 만년에는 교육에 전념하여 3,000여 명의 제자를 길러 내고, 『시경』과 『서경』 등의 중국 고전을 정리하였다. 제자들이 엮은 『논어』에 그의 언행과 사상이 잘 나타나 있다.

● 孔子說

공자가 알려주다

(동사) 알리다 (告訴)

(동사) (일이나 도리 등을) 진술하다, 강술하다, 서술하다 (講述)

(동사) 해석하다, 해설하다, 설명하다 (解釋)

(동사) 서로 의견을 교환하여 의논하다, 평론하다, 비평하다, 세평(世評)하다, 이러쿵저러쿵 말하다 (評議; 評論)

(동사) 권고(하다), 충고(하다), 탓하다, 책망하다, 꾸짖다 (勸告 ; 責備)

(동사) 중개하다, 소개하다, 중매하다 (說合, 介紹)

● 人之所以立, 信、智、勇也

사람이 생존할 수 있는 방법・조건은 신용, 지식, 용기이다

(동사) 존재하다, 생존하다 (存在, 生存)

→ 民無信不立 『論語・顔淵』

백성이 믿지 않(民無信)으면 존재하지 못한다(不立)

(동사) 서다 (站)

● 人之所以立，<u>信</u>、智、勇也
사람이 생존할 수 있는 방법 · 조건은 신용, 지식, 용기이다

(명사) 신용 (信用)

→ <u>信</u>近於義, 言可復也 『論語 · 學而』
신용(信)이 의로움에서 가까(近於義)우면 말(言)은 실행될 수 있다(可復也)

● 人之所以立，信、<u>智</u>、勇也
사람이 생존할 수 있는 방법 · 조건은 신용, 지식, 용기이다

(명사) 지식 (知識)

● 人之所以立，信、智、<u>勇</u>也
사람이 생존할 수 있는 방법 · 조건은 신용, 지식, 용기이다

(형용사) 배짱이 있다, 과감하다, 용감하다 (有胆量, 果敢, 勇敢)

→ 卞莊子之<u>勇</u> 『論語 · 憲問』
변장자卞莊子의(卞莊子之) 용감함(勇)

068

尚賢使能

『荀子순자・王制왕제』

尚	賢	使	能
상, shàng	현, xián	사, shǐ	능, néng
(동)숭상하다, 중시하다, 존중하다	(명)재능과 덕행이 모두 좋은 사람(↗059)	(동)일을 시키다, 부리다(↗004)	(명)능력 있는 사람
재능과 덕행이 모두 좋은 사람을 존중하고 능력이 있는 사람에게 일을 시킨다.			

[번역] 재능과 덕행이 모두 좋은 사람을 존중하고, 능력이 있는 사람에게 일을 시킨다.

語法과 語彙

● 尚賢使能

재능과 덕행이 모두 좋은 사람을 존중하고 능력이 있는 사람에게 일을 시킨다

(동사) 숭상하다, 존중하다, 중시하다 (崇尚, 尊重)

→ 尚德哉若人! 『論語・憲問』

덕을 중시한(尚德)다(哉)! 이(若) 사람(人)은!

● 尚賢使能

재능과 덕행이 모두 좋은 사람을 존중하고 능력이 있는 사람에게 일을 시킨다

(명사) 능력 있는 사람 (有能力的人)

→ 以能問於不能 『論語・泰伯』

능력 있는 사람으로서(以能) 능력 없는 사람(不能)에게 묻다(問於)

069

强本而節用, 則天不能貧

『荀子순자 · 天倫천륜』

强本	而	節用,	則
강본, qiángběn	이, ér	절용, jiéyòng	즉, zé
(동)농업을 강화하다	(접)점층. '게다가, 또한'(↗063)	(동)비용을 아끼다	(접)조건 + 則 + 결과 (↗006)
농업을 강화하고 게다가 비용을 아끼...			...면

天	不能	貧
천, tiān	불능, bùnéng	빈, pín
(명)하느님, 자연계의 주재자	(조동사; 능원동사)불가능. '~할 수 없다'(↗060)	(형)가난하다 → (사동)가난하게 하다
하느님(도) 가난하게 할 수 없다.		

[번역] 농업을 강화하고 게다가 비용을 아끼면 하느님도 가난하게 할 수 없다.

語法과 語彙

● 强本而節用

농업을 강화하고 게다가 비용을 아끼다

(동사) 농업을 강화하다, 농업 생산을 강화하다 (加强農業 ; 加强農業生産)

→ 桓公曰 : '**强本**節用, 可以爲存乎?' 『管子・輕重乙』

환공이 말했다(桓公曰) "농업을 강화하(强本)고 비용을 아끼(節用)면 생존을 얻을 수 있는가(可以爲存乎)?"

● 强本而節用

농업을 강화하고 게다가 비용을 아끼다

(동사) 비용을 아끼다 (節省費用)

→ 酒宜節飮, 財宜**節用** 『元史・王利用傳』

술(酒)은 당연히 절제해서 마셔야 하(宜節飮)고 돈(財)은 당연히 절제해서 써야 한다(宜節用)

● 强本而節用, 則天不能貧

농업을 강화하고 게다가 비용을 아끼면 하느님도 가난하게 할 수 없다

(명사) 하느님, 하늘에 있는 신, 자연계의 주재자 (天神, 上帝, 自然界的主宰者)

(명사) 자연, 보통 사람의 의지로 바꿀 수 없는 객관적이고 필연적인 것 (自然, 泛指不以人意志爲轉移的客觀必然性)

(명사) 하늘 (天空)

(명사) 천체, 천체 현상, 천문 현상 (天體 ; 天象)

(명사) 사람이나 사물의 자연적 재능과 기질, 천성 (人或物的自然形質 ; 天性)

(명사) 날씨, 기후 (天氣 ; 氣候)

(형용사) 자연적인, 천성적인 (自然的 ; 天生的)

070

愛多者，則法不立；威寡者，則下侵上

『韓非子한비자・內儲說上七術내저설상칠술』

<table>
<tr><th>愛</th><th>多</th><th>者,</th><th>則</th><th>法</th></tr>
<tr><td>애, ài</td><td>다, duō</td><td>자, zhě</td><td>즉, zé</td><td>법, fǎ</td></tr>
<tr><td>(명)자애로움</td><td>(형)지나치다</td><td>(어기)단문 문미,
가정</td><td>(접)조건＋則＋
결과(↗006)</td><td>(명)법法</td></tr>
<tr><td colspan="3">자애로움이 지나치(면)…</td><td colspan="2">…면 법은</td></tr>
<tr><th colspan="2">不立,</th><th>威</th><th>寡</th><th>者,</th></tr>
<tr><td colspan="2">불립, bú</td><td>위, wēi</td><td>과, guǎ</td><td>자, zhě</td></tr>
<tr><td colspan="2">(동)성립되지 않다, 안정되고
견고해지지 않다, 세워지지 않다</td><td>(명)존엄, 위엄
(↗006)</td><td>(형・동)적다,
모자라다</td><td>(어기)단문문미,
가정</td></tr>
<tr><td colspan="2">안정되고 견고해지지 않(고)</td><td colspan="3">위엄이 적으(면)…</td></tr>
<tr><th>則</th><th>下</th><th>侵</th><th>上</th><td rowspan="4"></td></tr>
<tr><td>즉, zé</td><td>하, xià</td><td>침, qīn</td><td>상, shàng</td></tr>
<tr><td>(접)조건＋則＋
결과(↗006)</td><td>(명)아랫사람</td><td>(동)모욕하다,
업신여기다</td><td>(명)손윗사람,
윗사람</td></tr>
<tr><td colspan="4">…면 아랫사람이 윗사람을 업신여긴다.</td></tr>
</table>

[번역] 자애로움이 지나치면 법은 안정되고 견고해지지 않고, 위엄이 적으면 아랫사람이 윗사람을 업신여긴다.

語法과 語彙

● 愛多者, 則法不立
자애로움이 지나치면 법은 안정되고 견고해지지 않는다

(명사) 인애, 자애로움(=아랫사람에게 베푸는 사랑과 정이 도탑고 깊음) (仁惠, 惠)

→ 愛之能勿勞乎? 『論語 · 憲問』
자애롭다면(愛之) 일을 시키지 않을 수 있(能勿勞)겠는가?(乎)

● 愛多者, 則法不立
자애로움이 지나치면 법은 안정되고 견고해지지 않는다

(동사, 형용사) 지나치다, ~할 필요가 없다 (過多 ; 不必要)

→ 多貨則傷於德 『儀禮 · 聘禮』
지나친 재물(多貨)은(則) 덕에 해로움을 준다(傷於德)

● 愛多者, 則法不立
자애로움이 지나치면 법은 안정되고 견고해지지 않는다

者

(어기사) 가정의 어기로 '者'는 보통 가정복문에서 가정을 나타내는 앞의 단문의 문미에 사용되며 뒤의 단문은 결과를 나타낸다. 가정을 나타내는 접속사 '약若', '사使', '소所' 등과 함께 쓰이기도 한다

→ 若不得者, 則大優以懼 『莊子 · 至樂』
만약(若) 얻지 못하면(不得者, 則) 크게 걱정하고(大優以) 두려워한다(懼)

→ 所不殺子者, 有如陳宗! 『左傳 · 哀公十四年』
만약(所) 너를 죽이지 않으면(不殺子者) 전씨 종주(陳宗)와 같을 것이다(有如 : 好像)

→ 使其主有大失于上, 臣有大罪于下, 索國之不亡者, 不可得也 『韓非子 · 孤憤』
만약(使) 그 군주가(其主) 윗사람에 대하여(于上) 큰 실수가 있(有大失)고, 신하가 아랫사람에 대

하여 큰 죄가 있(臣有大罪于下)을 때 나라가 망하지 않(國之不亡)는 걸 찾는다면(索...者) 가능하지 않을 것이다(不可得也)

● 愛多者, 則法<u>不立</u>

자애로움이 지나치면 법은 안정되고 견고해지지 않는다

(동사) 성립되지 않는다, 안정되고 견고해지지 않는다, 세워지지 않는다 (不成立、不穩固、不建立)

● 威<u>寡</u>者, 則下侵上

위엄이 적으면 아랫사람이 윗사람을 업신여긴다

(형용사・동사) 적다, 모자라다 (少, 缺少)

→ 力役同科, 無衆<u>寡</u>之別 『魏書・食貨志』

노역(力役)은 같아(同科)서 많고 적음의 차이(衆寡之別)가 없다(無)

● 威寡者, 則<u>下</u>侵上

위엄이 적으면 아랫사람이 윗사람을 업신여긴다

(명사) 지위・등급이 아래에 있는 것, 아래의 것, 아랫사람 (地位、等級在下的)

→ 民斯爲<u>下</u>矣 『論語・季氏』

백성은(民斯) 지위가 가장 아래의 것(下)이 될 것이다(爲...矣)

→ 且相如素賤人, 吾羞, 不忍爲之<u>下</u> 『史記・廉頗藺相如列傳』

게다가(且) 상여(相如)는 본질・본성(素 : 本質; 本性)이 비천한 사람(賤人)이어서 나는 부끄럽고(吾羞) 그의 아랫사람이 되는(爲之下) 것을 참을 수 없다(不忍)

● 威寡者, 則下<u>侵</u>上

위엄이 적으면 아랫사람이 윗사람을 업신여긴다

(동사) 모욕하다, 업신여기다 (凌辱 ; 欺侮)

(동사) 침범하다, 침해하다 (侵犯 ; 侵占)

(동사) 손상되다 (損傷)

● 威寡者, 則下侵上

위엄이 적으면 아랫사람이 윗사람을 업신여긴다

(명사) 손윗사람이나 윗사람 (指尊長或在上位的人)

→ 上好禮, 則民莫敢不敬 『論語・子路』

윗사람이 예(禮)를 좋아하면(上好禮, 則) 백성(民) 누구도(莫) 감히(敢) 공경하지 않을 수 없다 (莫...不敬)

(명사) 군주; 왕 (君子)

071

鈞是人也，或爲大人，或爲小人，何也?

『孟子맹자・告子上고자상』

<table>
<tr><td>鈞</td><td>是</td><td>人</td><td>也,</td></tr>
<tr><td>균, jūn</td><td>시, shì</td><td>인, rén</td><td>야, yě</td></tr>
<tr><td>(부)모두</td><td>(판단동사)~이다(↗024)</td><td>(명)인간, 사람(↗036)</td><td>(어기)멈춤, 완만, 제시, 강조(↗046)</td></tr>
<tr><td colspan="4">모두 사람인데...</td></tr>
<tr><td>或</td><td>爲</td><td>大人,</td><td>或</td></tr>
<tr><td>혹, huò</td><td>위, wéi</td><td>대인, dàrén</td><td>혹, huò</td></tr>
<tr><td>(대)어떤 사람</td><td>(동)되다, 변하다</td><td>(명)덕행이 고상하고 지향이 높고 깊은 사람</td><td>(대)어떤 사람</td></tr>
<tr><td colspan="3">어떤 사람은 대인(=덕행이 고상하고 지향이 높고 깊은 사람)이 되(고)</td><td>어떤 사람(은)</td></tr>
<tr><td>爲</td><td>小人,</td><td>何</td><td>也?</td></tr>
<tr><td>위, wéi</td><td>소인, xiǎorén</td><td>하, hé</td><td>야, yě</td></tr>
<tr><td>(동)되다, 변하다</td><td>(명)소인
(=지위가 낮은 사람)
(↗009)</td><td>(의・대)문중서술어.
'원인, 상황 의문'</td><td>(어기)의문</td></tr>
<tr><td colspan="2">소인(=지위가 낮은 사람)이 되(는데)</td><td colspan="2">어째서인가?/왜인가?</td></tr>
</table>

[번역] 모두 사람인데 어떤 사람은 대인이 되고 어떤 사람은 소인이 되는데 어째서인가?

語法과 語彙

● 鈞是人
모두 사람이다

(부사) 균均과 같다, 모두 (全, 都)

(양사) 고대 중량 단위로 30근 (古代重量單位. 三十斤爲鈞)

(명사) 국정 (喻國政)

● 或爲大人, 或爲小人
어떤 사람은 대인이 되고 어떤 사람은 소인이 된다

(대명사) 어떤 사람, 누군가 (有人)

→ 或謂孔子曰 『論語・爲政』
어떤 사람(或)이 공자에게 말하다(謂孔子曰)

● 或爲大人, 或爲小人
어떤 사람은 대인이 되고 어떤 사람은 소인이 된다

(동사) 변하다, 되다 (變成, 成爲)

→ 冰, 水爲之而寒於水 『荀子・勸學』
얼음(冰)은 물이 그것(=얼음)으로 변하지만(水爲之而) 물보다 차갑다(寒於水)

● 或爲大人, 或爲小人
어떤 사람은 대인이 되고 어떤 사람은 소인이 된다

(명사) 덕행이 고상하고 지향이 높고 깊은 사람 (指德行高尙、志趣高遠的人)

→ 大人之學也爲道, 小人之學也爲利 『法言・學行』(漢・揚雄)
덕행이 고상하고 지향이 높고 깊은 사람의 배움은(大人之學也) 道이(爲道)고 소인의 배움은(小人之學也) 이익이다(爲利)

● 或爲小人, **何**也?

어떤 사람은 소인이 되는데 어째서인가?

何

(의문대명사) 문중에서 서술어가 되며 보통 단독으로 의문문을 구성한다. 보통 원인이나 상황에 대한 의문을 나타내고 뒤에는 자주 어기사 '也, 者, 哉' 등과 어울리어 의문문의 어기를 강조한다. '무엇인가?, 왜인가?, 어떠한가?' 등으로 번역될 수 있다. (甚麼, 爲甚麽呢, 怎麽様呢)

→ 走出門者**何**? 白馬也? 『韓非子・內儲說上』

문밖으로 나간 것(走出門者)이 무엇이지(何)? 백마인가(白馬也)?

● 或爲小人, 何**也**?

어떤 사람은 소인이 되는데 어째서인가?

也

(어기사) 의문을 도와주는 어기 조사이다. '嗎, 呢'에 해당된다.

→ 是其故何**也**? 『墨子・尙賢上』

이러하다면(是) 그 이유는(其故) 무엇인가(何也)?

[보충과 견해]

『墨子묵자』에서 '是其故何也?' 이 문구가 많이 등장하는데 영문으로 옮긴 번역이 다음과 같다. 'What was the reason for this?', 'Why is this?', 'Now what is the reason for all this?', 'Why?', 'Why so?' 등이다. 의미는 '왜 이러한가? 이것에 대한 이유가 무엇인가?' 정도가 된다. 전후 문맥으로 볼 때는 '시是'가 '대명사 서술어'로 쓰여, '이러하다면(是) 그 이유(其故)는 무엇인가(何也)?' 가 된다고 본다.

072

一日不見，如三秋兮

『詩經시경・鄭風정풍』

<u>一日</u>	不	<u>見,</u>
일일, yírì	불, bú	견, jiàn
(명)하루, 한 번의 낮과 밤 →(부사)하루, 하루 동안	(부)동사 앞. 과거 경험 부정	(동)보다(↗063)
하루 못 본 것(이) [주어구]		
如	<u>三秋</u>	**兮**
여, rú	삼추, sānqiū	혜, xī
(동)~와 같다(↗057)	(명)세 번의 가을(3년), 9개월	(어기)멈춤, 완만, 감정 토로 (↗001)
3년 같구나!		

[번역] 하루 못 본 것이 3년 같구나!

語法과 語彙

● 一日不見

하루 못 보다

(명사) 한 번의 낮과 밤, 하루 (一晝夜 ; 一天)

→ 吾聞之, 一日縱敵, 數世之患也 『左傳・僖公三十三年』

나는 그런 말을 들었다(吾聞之). 적(敵)을 하루(一日) '내버려 두(縱 : 放縱)'는 건 여러 세대의 우환(數世之患)이다(也)

● 一日不見

하루 못 보다

不

(부정부사) 보통 동사 서술어 앞에 쓰여 부사어가 되어 각종 부정을 나타낸다. 과거 경험에 대한 부정을 나타낸다. '~하지 않다', '~하지 못하다', '~적 없다' 등으로 번역된다. (没有, 未曾)

→ 臣聞以德和民, 不聞以亂 『左傳・隱公三年』

신(臣)은 德으로(以德) '백성을 온순하게 하고 안정시킨다(和民 : 使民和順安定)'는 말을 들은(聞) 적이 있지만 '그것으로 혼란시킨다는 말은 들은 적이 없습니다(不聞以亂)'

→ 牢曰 : "子云, '吾不試, 故藝.'" 『論語・子罕』

금뢰(琴牢)가 말했다. "공자께서 말씀하셨습니다. '나는 관직에 취임한 적이 없기 때문에 재능이 있다.'"

● 一日不見

하루 못 보다

(동사) 보다 (看到, 看見)

→ 吾唯子之見 『左傳・定公十三年』

나(吾)는 오직(唯) 너만 본다(子之見)

(동사) 접견하다 (會見; 接見)

(동사) 우연히 만나다 (遇見)

● 一日不見，如三秋兮
(하루 못 본 것이 3년 같구나!)

三秋

보충과 견해

『한어대사전』에는 다음과 같이 기록되어 있다.

(명사) 삼추는 9개월을 말한다. 일추는 3개월이고 삼추는 9개월이다 (謂九個月. 一秋三月, 三秋爲九月)

공영달 소疏(주注에 가한 주注 : 낱말이나 문장의 뜻을 쉽게 풀이한 글보다 더 상세한 뜻풀이 글) : "1년은 사계절(四時=四季)이 있는데 한 계절은 모두 3개월이고 삼추는 9개월이다" (孔穎達疏 : "年有四時，時皆三月，三秋謂九月也.")

(명사) 가을 (指秋季)

(명사) 가을의 셋째 달로 즉 음력 9월 (指秋季的第三月，即農曆九月)

2. 『국어사전』에는 다음과 같이 기록되어 있다.

(명사) 3년 (三年)

(명사) 가을. 가을은 가을의 첫 달, 가을의 두 번째 달, 가을의 세 번째 달로 나누어지기 때문에 합하여 '삼추'라고 부른다 (秋天. 因秋天分為初秋、仲秋、季秋，故合稱為「三秋」)

(명사) 깊은 가을로 가을의 세 번째 달을 가리킨다; 만추 (深秋. 指秋季的第三個月)

3. 『현대한어사전』에는 다음과 같이 기록되어 있다.

(명사) 가을의 석 달 (指秋季的第三月)

(명사) 세 해의 가을; 3년 (三個秋天)

(명사) 특히 가을의 세 번째 달을 가리키는 것으로 즉 음력 9월 (特指秋季的第三個月, 即農曆九月)

一日不見, 如<u>三秋</u>兮

이 문장의 삼추三秋에 대하여 각각 『한어대사전』에는 '9개월', 『국어사전』에는 '3년', 『현대한어사전』에는 '3년'의 의미 항목에 있다. 여기서는 '3년'으로 본다.

073

悲夫, 世人以形色名聲爲足以得彼之情

『莊子장자・天道천도』

悲	夫,	世人	以
비, bēi	부, fú	세인, shìrén	이, yǐ
(형)슬프다 (↗050)	(어기)문미위치. 감탄, 찬탄	(명)세상 사람들, 일반인들	(전)동작진행의 조건, 근거, 신분
슬프다!		세상 사람들은	
(一人之)形色	名聲	爲	足以
형색, xíngsè	명성, míngshēng	위, wéi	족이, zúyǐ
(명)신체와 생김새, 형체와 용모	(명)명성, 평판	(동)~라고 여기다, ~라고 생각하다	(조동)조건, 능력 구비, '~할 수 있다'
(한 사람의) 신체와 생김새, 명성・평판에 근거하여 {그 사람의 실제 사정을 알} 수 있다 생각한다.			
得	彼	之	情
득, dé	피, bǐ	지, zhī	정, qíng
(동)분명히 알다, 이해하다	(지시대명사) 그, 거기, 그 사람	(조)수식, 종속 관계 (↗007)	(명)실제 사정, 일의 상황
{그 사람의 실제 사정을 안다}			

[번역] 슬프다! 세상 사람들은 (한 사람의) 신체와 생김새, 명성과 평판에 근거하여 그 사람의 실제 사정을 알 수 있다고 생각한다.

語法과 語彙

● 悲**夫**, 世人以形色名聲爲足以得彼之情

슬프다! 세상 사람들은 신체와 생김새, 명성과 평판에 근거하여 그 사람의 실제 사정을 알 수 있다고 생각한다!

夫

(어기사) 문미에 쓰여 문장의 뜻과 어울려 감탄이나 찬탄(贊嘆 : 찬양과 감탄)을 나타낸다. (呀, 啊, 罷)

→ 子在川上曰 : "逝者如斯**夫**!" 『論語・子罕』

공자가 '흐르는 물줄기 위에서(在川上)' 말했다. "(시간이) 지나가는 것(逝者)이 이와 같(如斯)구나(夫)!

● **世人**以形色名聲爲足以得彼之情

세상 사람들은 신체와 생김새, 명성과 평판에 근거하여 그 사람의 실제 사정을 알 수 있다고 생각한다

(명사) 세상 사람들, 일반인들 (世間的人; 一般的人)

→ 這四句詩, 奉勸**世人**虛己下人, 勿得自滿 『警世通言・王安石三難蘇學士』(宋・王安石)

이(這) 네 개의 시 구절(四句詩)은 세상 사람들(世人)에게 자신을 겸허하게 하(虛己)고 '다른 사람 아래에 있기(下人)'를 '권고하(奉勸)'니 자만하(自滿)면 안 된다(勿得)

(명사) 출가하지 않은 세속인. 승려와 상반된다 (指未出家的世俗之人, 與「僧侶」相對)

● 世人**以**形色名聲爲足以得彼之情

세상 사람들은 신체와 생김새, 명성과 평판에 근거하여 그 사람의 실제 사정을 알 수 있다고 생각한다

以

(도구전치사) 동작, 행위가 의지하여 진행하는 조건이나 근거 또는 행위자가 동작을 할 때의 신분 등을 나타낸다. '~에 의지하여, ~의 신분으로서, ~에 따라, ~에 의거하여' 등으로 번역될 수 있다. (工具助辭 : 可譯爲'根据、用、按照、凭借或以身份'等)

→ **以**能問於不能 『論語・泰伯』

능력 있는 사람으로서(以能) 능력 없는 사람에게 묻다(問於不能).

● 世人以**形色**名聲爲足以得彼之情

세상 사람들은 신체와 생김새, 명성과 평판에 근거하여 그 사람의 실제 사정을 알 수 있다고 생각한다

(명사) 신체와 생김새, 형체와 용모 (指形體和容貌)

(명사) 형태, 색깔 (形態、顏色)

(명사) 모양, 빛깔과 광택 (樣式、色澤)

● 世人以形色**名聲**爲足以得彼之情

세상 사람들은 신체와 생김새, 명성과 평판에 근거하여 그 사람의 실제 사정을 알 수 있다고 생각한다

(명사) 명성, 평판 (名譽聲望)

(명사) 세상에 널리 퍼진 평가 (謂流傳於世的評價)

● 世人以形色名聲**爲**足以得彼之情

세상 사람들은 신체와 생김새, 명성과 평판에 근거하여 그 사람의 실제 사정을 알 수 있다고 생각한다

(동사) ~하다고 여기다, ~라고 생각하다 (以爲, 認爲)

→ 竊**爲**大王不取也 『史記・項羽本紀』

개인적으로(竊) 대왕이(大王) 가질 수 없다(不取)고 여긴다

● 世人以形色名聲爲**足以**得彼之情

足以

(조동사; 복합허사) 조동사 足과 접속사 以로 구성되었다. 고대중국어 조동사와 동사 사이에는 때로 접속사 以가 들어가 '연결 성분(係接成分)' 역할을 하였다. 이후 이 구조는 '중국어 어휘의 2음절화(漢語詞彙雙音節化)' 때문에 '연결 성분'인 以는 이미 '후첨 성분(後附成分)'으로 허화虛化되었다. 동사 앞에 쓰여 어떤 일을 할 수 있는 조건을 갖추고 있거나, 할 수 있는 능력이 있음을 보여준다. '~할 수 있다'로 번역된다.

→ 吾力**足以**擧百鈞而不**足以**擧一羽 『孟子・梁惠王上』

내 힘(吾力)은 3천 근(斤)을 들 수 있으나(足以擧百鈞而) 한 개의 깃털(一羽)은 들 수 없나(不足以擧)

● 世人以形色名聲爲足以**得**彼之情

세상 사람들은 신체와 생김새, 명성과 평판에 근거하여 그 사람의 실제 사정을 알 수 있다고 생각한다

(동사) 분명히 알다, 이해하다 (曉悟 ; 了解)

→ 如**得**其情, 則哀矜而勿喜! 『論語・子張』

만약(如) 그 사람의 실제 사정을 알면(得其情, 則) 불쌍히 여기고(哀矜而) 기뻐하지 마라(勿喜)!

● 世人以形色名聲爲足以得**彼**之情

세상 사람들은 신체와 생김새, 명성과 평판에 근거하여 그 사람의 실제 사정을 알 수 있다고 생각한다

(지시대명사) '피(彼)'는 보통 자주 '차(此)'와 대조를 이루는데, 비교적 멀리 있는 사람, 일, 사물, 장소 등을 가리킨다. '그, 그 사람, 그것, 그 일, 거기' 등으로 번역될 수 있다 (那, 那里)

→ **彼**哉! **彼**哉! 『論語・憲問』

그 사람! 그 사람!

→ 將焉用**彼**相矣? 『論語・季氏』

그 보좌인(彼相)을 어디에 쓰(焉用)겠는가(將...矣)? [한정어로 사용]

● 世人以形色名聲爲足以得彼之<u>情</u>

세상 사람들은 신체와 생김새, 명성과 평판에 근거하여 그 사람의 실제 사정을 알 수 있다고 생각한다

(명사) 실제 사정, 일의 상황 (實情 ; 情形)

→ 魯有名而<u>無情</u> 『左傳・哀公八年』

노(魯)나라는 이름이 있지만(有名) 실제에 부합하지 못한다(無情)

失火而取水於海，海水雖多，火必不滅矣．遠水不救近火

『韓非子한비자・設林上설림상』

<table>
<tr><th>失火</th><th>而</th><th>取</th><th>水</th><th>於海</th></tr>
<tr><td>실화, shīhuǒ</td><td>이, ér</td><td>취, qǔ</td><td>수, shuǐ</td><td>어해, yúhǎi</td></tr>
<tr><td>(동)화재가 발생하다</td><td>(접)동작의 선후. '~다음'(↗022)</td><td>(동)획득하다, 얻다, 받다</td><td>(명)물</td><td>바다에서 [於(전)동작의 (대상) 획득 출처 (↗035)]</td></tr>
<tr><td colspan="5">화재가 발생한 다음 바다에서 물을 얻(는다면/~~얻을 때~~/...)[가정복문('어법' 참조)]</td></tr>
<tr><th>海</th><th>水</th><th>雖</th><th>多,</th><th>火</th></tr>
<tr><td>해, hǎi</td><td>수, shuǐ</td><td>수, suī</td><td>다, duō</td><td>화, huǒ</td></tr>
<tr><td>(명)바다 [장소전치사 생략]</td><td>(명)물</td><td>(접)비록 ~지만 (↗026)</td><td>(형)많다</td><td>(명)불, 화재</td></tr>
<tr><td colspan="4">바다에는 물이 비록 많지만; 바닷물이 비록 많지만</td><td>불은</td></tr>
<tr><th>必</th><th>不滅</th><th>矣.</th><th>遠水</th><th>不</th></tr>
<tr><td>필, bì</td><td>불멸, búmiè</td><td>의, yǐ</td><td>원수, yuǎnshuǐ</td><td>불, bú</td></tr>
<tr><td>(부)꼭, 반드시, 분명히(↗018)</td><td>(동)불이 꺼지지 않다</td><td>(어기)미래 상황에 대한 확신</td><td>멀리 있는 물</td><td>(부)동사 앞. '~하지 않다' (↗010)</td></tr>
<tr><td colspan="3">분명 꺼지지 않을 것이다.</td><td colspan="2">멀리 있는 물은</td></tr>
<tr><th>救</th><th>近火</th><th>也</th><td></td><td></td></tr>
<tr><td>구, jiù</td><td>근화, jìnhuǒ</td><td>야, yě</td><td></td><td></td></tr>
<tr><td>(동)재난, 위험에서 벗어나게 해주다</td><td>가까운 불</td><td>(어기)진술 강조 (↗017)</td><td></td><td></td></tr>
<tr><td colspan="3">가까운 불을 구조하지 못한다(끄지 못한다).</td><td></td><td></td></tr>
</table>

[번역] 화재가 발생한 다음 바다에서 물을 얻는다면 바다에는 물이 비록 많지만 불은 분명 꺼지지 않을 것이다. 멀리 있는 물은 가까운 불을 끄지 못한다.

語法과 語彙

● <u>失火</u>而取水於海

화재가 발생한 다음 바다에서 물을 얻다

(동사) 화재가 발생하다 (發生火災)

● 失火而<u>取</u>水於海

화재가 발생한 다음 바다에서 물을 얻다

(동사) 획득하다, 얻다, 접수하다, 받다 (獲得 ; 接受)

(동사) 받다, 수납하다 (收取)

(동사) 잡다, 쥐다, 꺼내다 (拿 ; 拿出)

● 海水雖多，火必<u>不滅</u>矣

바다에는 물이 비록 많지만 불은 분명 꺼지지 않을 것이다

(동사) 불이 꺼지지 않다, 불을 끄지 못하다 (不熄)

(동사) 사라지지 않다, 소멸되지 않다, 멸망하지 않다 (不消失, 不滅亡)

● 海水雖多，火必不滅<u>矣</u>

바다에는 물이 비록 많지만 불은 분명 꺼지지 않을 것이다

矣

(어기사) 일, 상황이 분명히 어떻게 될 것임을 보여준다. 일의 이치에 대한 판단 어기를 동반하여 이론적 '추단(推斷=미루어 판단함)'이나 사태의 발전으로 보아 이렇게 할 것이다 혹은 분명히 발생할 결과를 보여준다. 서술어 앞에 '必, 可' 등의 단어와 어울릴 수 있고 그렇지 않을 수도 있다.

→ 雖曰未學, 吾<u>必</u>謂之學<u>矣</u> 『論語・學而』

비록(雖) 배우지 않았다고 말하(曰未學)지만 나(吾)는 분명히(必) 그가 배웠다고 말할(謂之學) 수

있을 것이다(謂...矣)

● 遠水不**救**近火也

(멀리 있는 물이 가까운 불을 끄지 못한다

(동사) 돕다, 원조하다, 구호하다, 구조하다, 재난이나 위험에서 벗어나게 하다 (援助 ; 救護, 使脫離災難或危險)

(동사) 금지하다, 막다 (禁止 ; 阻止)

→ 女弗能**救**與? 『論語・八佾』

너(女)는 막을 수 없(弗能救)는가(與)?

(동사) 돕다, 원조하다, 지원하다, 구원하다 (援助, 救援)

(동사) 치료하다 (治療)

(동사) 바로잡다, 고치다 (糾正)

075

孟子曰：夫道若大路然．豈難知哉？
病不求耳．子歸而求之，有餘師．

『孟子맹자 · 告子下고자하』

孟子曰 :	夫	道	若	大路
맹자왈, mèngzǐyuē	부, fú	도, dào	약, ruò	대로, dàlù
맹자가 말하다	(조)문두. '판단, 의견 토로'(↗066)	도道. (↗007)(↗026)	(동)~와 같다	(명)큰길, 큰 도로
맹자가 말했다.	**道는 큰길 같...**			
然.	**豈**		**難知**	**哉?**
연, rán	기, qǐ		난지, nánzhī	재, zāi
(어기)문미 긍정	(의문부사)반문. '어찌 · 어떻게 · 왜~하겠는가?'(↗015)		(동)알기 어렵다	(어기)반문
(은데)	**왜 알기 어렵겠습니까?**			
(人之)病	**不求**	**耳.**	**子**	**歸**
병, bìng	불구, bùqiú	이, ěr	자, zǐ	귀, guī
(명)결점, 단점	찾지 않다, (동)찾다(↗053)	(진술어기)문미. '긍정, 판단'	(대)2인칭. '너, 너희들'(↗051)	(동)돌아가다
(사람들의) 단점은 찾지 않는 겁니다.			**그대가 돌아가...**	
而	**求**	**之,**	**有**	**餘**
이, ér	구, qiú	지, zhī	유, yǒu	여, yú
(접)동작의 선후. '~다음'(↗022)	(동)찾다, 추구하다 (↗053)	道.(대)재지시 (↗007)	(동)갖다, 얻다 (↗058)	(형)풍부하다, 여유 있다
...서 그것을 찾아보(면) [조건가정절]			**많은 본보기를 얻(을 겁니다).**	

師(矣)	[견해]
사, shī	마지막 문장에서 '여사(餘師)'를 대개의 주석서에서 '많은 스승'으로 보고 있다(you will have abundance of teachers. 당신은 많은 선생을 가질 겁니다. -中國哲學書電子化計劃-). 하지만 문맥으로 보면 선생이 될 수 없다. '道의 많은 본보기를 얻을 수 있다'는 의미와 맥락이 더 설득력 있다고 보았다. 그리고 '미래 확신'을 나타내는 어기사 또는 가능을 나타내는 조동사가 생략되었는데 문맥이 확실한 경우이어서 생략한 것으로 보인다.
(명)본보기, 모범 (↗013)	

[번역] 맹자가 말했다. "道는 큰길 같은데 왜 알기 어렵겠습니까? (사람들의) 단점은 찾지 않는 겁니다. 그대가 돌아가서 그것을 찾아보면 많은 본보기를 얻을 겁니다."

語法과 語彙

● 夫道<u>若</u>大路然
道는 큰길 같다

(동사) ~와 같다 (如, 像)

→ 門庭<u>若</u>市 『戰國策・齊策一』
문을 마주하고 있는 넓은 곳(門庭 : 迎着門的空闊的地方)이 시장과 같다(若市)

● 夫道若<u>大路</u>然
道는 큰길 같다

(명사) 큰길, 큰 도로 (大道)

(명사) 바른 길, 바르고 곧은 길 (猶正道, 正當途徑)

● 夫道若大路<u>然</u>. 豈難知哉?
(道는 큰길 같은데 왜 알기 어렵겠는가?)

然

(진술어기사) 문미에 쓰여 긍정의 어기를 나타낸다

→ 若由也, 不得其死<u>然</u> 『論語・先進』
이(this, 若) 유(由=자로)는(也) '그의 죽음(其死)을 갖지 못할 것이다(不得...然=제 명에 죽지 못할 것이다)'

● 夫道若大路然. 豈難知<u>哉</u>?
(道는 큰길 같은데 왜 알기 어렵겠는가?)

哉

(어기사) 반문의 어기를 도와준다.

→ 彼惡敢當我哉? 『孟子・梁惠王下』

저 놈(彼)이 어찌(惡) 감히 나를 상대하(敢當我)겠는가(哉)?

● 病不求耳

단점은 찾지 않는 것이다

(명사) 결점, 단점 (毛病 ; 缺点)

(형용사) 빈곤하다, 가난하다 (貧困)

(명사) 기아 (飢餓)

● 病不求耳

단점은 찾지 않는 것이다

耳

(진술어기사) 진술문 문미에 쓰여 문맥과 어울려 긍정 또는 판단의 어기를 나타낸다.

(啊, 呢)

→ 且壯士不死即已, 死即擧大名耳 『史記・陳涉世家』

하물며(且) 대장부(壯士)는 죽지 않(不死)으면 (바로(即 : 就)) 그만두(已)고, 죽으면 (바로(即 : 就)) '좋은 명성을 날린(擧大名)'다(耳)

→ 而翁歸, 自與汝復算耳! 『聊齋志異・促織』

너의 아버지(而翁)가 돌아오(歸)면 '내가 너와(自與汝)' 다시(復) 결판을 내겠다(算耳)!

● 子歸而求之, 有餘師

당신이 돌아가서 그것을 찾아보면 많은 본보기를 얻는다

(형용사) 풍부하다, 여유 있다 (豊足; 寬裕)

(형용사) 이외의, 그 밖의, 다른 (其他的, 以外的)

076

鬼神害盈而福謙, 人道惡盈而好謙

『周易주역 · 謙겸』

鬼神	害盈	而	福謙
귀신, guǐshén	해잉, hàiyíng	이, ér	복겸, fúqiān
(명)하느님, 창조자	(동)자만하는 사람이 화를 입게 하다	(접)전환. '그러나, 오히려'(↗010)	(동)겸손한 사람이 복 받게 하다
하느님은 자만하는 사람은 화를 입게 하지만 겸손한 사람은 복을 받게 하(며)			
人道	**惡**	**盈**	**而**
인도, réndào	오, wù	잉, yíng	이, ér
(명)사람됨의 길	(동)싫어하다, 증오하다	(동)넘쳐흐르다→(명)넘쳐흐름	(접)전환. '그러나, 오히려'(↗010)
사람됨의 길은 넘치는 것을 싫어하지만			
好	**謙**	품사 활용은 '어법' 참조	
호, hào	겸, qiān		
(동)좋아하다(↗022)	(형)겸허하다, 겸손하다(↗029)→(명)겸손		
겸손한 것을 좋아한다.			

[번역] 하느님은 자만하는 사람은 화를 입게 하지만, 겸손한 사람은 복을 받게 하며, 사람됨의 길은 넘치는 것을 싫어하지만, 겸손한 것을 좋아한다.

語法과 語彙

● <u>**鬼神**</u>害盈而福謙

하느님은 자만하는 사람은 화를 입게 하지만, 겸손한 사람은 복을 받게 한다

1. 어떤 종교 또는 미신에서 사람들이 말하는 사후의 영혼(某些宗教或迷信的人所說的人死後的靈魂)과 천지만물의 창조자와 숭배하는 사람의 사후 혼령(미신을 믿는 사람은 천지만물의 창조자와 숭배하는 사람의 사후 혼령이라고 말한다; 迷信的人稱天地萬物的創造者和所崇拜的人死後的精靈)을 합친 것; 사후의 영혼, 神, 하느님, 창조자 (鬼與神的合稱)'

→ 敬<u>**鬼神**</u>而遠之 『論語・雍也』

신神을 공경하지만(敬鬼神而) 신(神)을 멀리한다(遠之)

2. 일반적으로 심령, 정기(=천지 만물을 생성하는 원천이 되는 기운)를 가리킨다; 심령, 정기 (泛指心靈、精氣)

3. 죽은 선조 (偏指鬼 ; 死去的祖先)

● 鬼神<u>**害盈**</u>而福謙

하느님은 자만하는 사람은 화를 입게 하지만, 겸손한 사람은 복을 받게 한다

(동사) 교만하고 자만하는 사람이 화・재난을 받게 하다 (害盈 : 使驕傲自滿者受禍害)

● 鬼神害盈而<u>**福謙**</u>

하느님은 자만하는 사람은 화를 입게 하지만, 겸손한 사람은 복을 받게 한다

(동사) 겸손한 사람이 복을 받게 하다 (使謙虛者得福)

● <u>**人道**</u>惡盈而好謙

사람됨의 길은 넘치는 것을 싫어하지만, 겸손한 것을 좋아한다

(명사) 사람됨의 길. 어떤 사회에서 사람에게 따르도록 요구하는 도덕 규범 (為人之道. 指一定社會中要求人們遵循的道德規範)

(명사) 인륜, 사회 윤리 등급의 관계 (猶言人倫. 指社會的倫理等級關係)

● 人道惡盈而好謙
사람됨의 길은 넘치는 것을 싫어하지만, 겸손한 것을 좋아한다

(동사) 싫어하다, 미워하다, 증오하다, 질투하다 (討厭, 憎恨, 嫉妬(妬의 이체자는 妒))

→ 嘗問衡天下所疾惡者 『後漢書・張衡傳』
일찍이(嘗) 장형(張衡)에게 천하가 싫어하는 것(天下所疾惡者)을 물어본 적이 있다(嘗問)

● 人道惡盈而好謙
사람됨의 길은 넘치는 것을 싫어하지만, 겸손한 것을 좋아한다

(동사) 넘쳐흐르다 (溢出)

(형용사) 원만하다 (圓滿)

(동사) 증가하다 (增長 ; 增加)

077

受辱於跨下，無兼人之勇，不足畏也

『漢書한서 · 卷三四권삼사 · 韓信傳한신전』

受辱	於	跨下,	無
수욕, shòurǔ	어, yú	과하, kuà xià	무, wú
(동)모욕을 당하다	(전)발생 장소, 방향. '~에서, ~부터'(↗014)	(명)두 다리 사이	(동)없다(↗047)
두 다리 사이에서(=가랑이 아래에서) 모욕을 당하(면서도) [양보절]			

兼人	之	勇,	
겸인, jiānrén	지, zhī	용, yǒng	
(동)다른 사람보다 낫다	(조)수식, 종속 관계(↗007)	(형)용감하다, 과감하다, 배짱이 있다(↗067) →(명)용감함	
다른 사람보다 나은 용감함이 없다(면) [조건시간절]			

不足	畏	也
부족, bùzú	외, wèi	야, yě
(형)부족하다, ~할 가치가 없다	(동)두려워하다	(어기)진술 강조(↗017)
두려워할 가치가 없다.		

[번역] 두 다리 사이에서(=가랑이 아래에서) 모욕을 당하면서도 다른 사람보다 나은 용감함이 없다면 두려워할 가치가 없다.

語法과 語彙

● 受辱於跨下
두 다리 사이에서(=가랑이 아래에서) 모욕을 당하다

(동사) 모욕을 당하다 (遭受侮辱)

● 受辱於跨下
두 다리 사이에서(=가랑이 아래에서) 모욕을 당하다

(명사) 두 다리 사이 (兩腿之間)

● 無兼人之勇
다른 사람보다 나은 용감함이 없다

(동사) 다른 사람보다 낫다, 능력이 타인의 배이다 (勝過他人 ; 能力倍於他人)

● 無兼人之勇, 不足畏也
다른 사람보다 나은 용감함이 없다면 두려워할 가치가 없다

보충과 견해

'不足 + 동사'의 통사 경우, 不足(부족하다, 가치가 없다)은 동작 주체가(주어가) '부족'의 대상을(목적어를) 직접 갖는 것이 아니라, 주어는 화제(topic)로서 '서술 대상'이 되고 이 대상에 대한 동작의 실행 가치가 충분하지 않거나 부족하다는 것을 나타내고 있다. (topic은 '어법' 참조)

→ 其餘不足觀也已 『論語・泰伯』

'The rest is not worth considering(그 나머지는 고려할 가치가 없다)'

그의 나머지(其餘)는 볼 가치가 없다(不足觀也已)

→ 文王不足法與? 『孟子・公孫丑上』

'King Wen is not sufficient to follow(문왕은 본받기에 부족하다)'

문왕(文王)은 '본받기에 부족합(不足法)'니까(與)? (문왕이 본받아지다)

→ 冶容**不足**咏, 春游良可嘆 『日出東南隅行』(晉・陸機)

'Beautiful features are not sufficient to convey emotions(아름다운 용모는 감정을 전하기에 부족하다)'

아름다운 용모(冶容)는 감정을 전하기에(咏) 부족하(不足)고 봄나들이(春游)는 정말로(良) 감탄할 만하다(可嘆)

반약 본문 중 '無兼人之勇**不足**畏也' 문구만 본다면, 역시 상기의 통사에 속한다고 볼 수 있다(다른 사람보다 나은 용감함이 없는 것은 두려워할 가치가 없다). 하지만 앞의 문장을 고려하고(受辱於跨下; 가랑이 아래에서 모욕을 당하면서도), 현대에 첨부했지만 구두점의 위치를 고려해서(無兼人之勇, 不足畏也) 여기서는 '조건시간절'로 보았다.

● 無兼人之勇, 不足**畏**也

다른 사람보다 나은 용감함이 없다면 두려워할 가치가 없다

(동사) 두려워하다, 무서워하다 (害怕, 恐懼)

→ 君子有三**畏** 『論語・季氏』

군자(君子)는 세 가지 두려워하는 것을 가지고 있다(有三畏)

078

白圭之玷，尙可磨也；斯言之玷，不可爲也

『詩經시경 · 大雅대아 · 抑억』

白圭	之	玷,
백규, báiguī	지, zhī	점, diàn
(명)백옥(白玉)으로 만든 예기(禮器)	(조)수식, 종속 관계(↗007)	(명)옥玉에 있는 결점 · 오점

백옥白玉으로 만든 예기禮器의 결점(은)

尙	可	磨	也;
상, shàng	가, kě	마, mó	야, yě
(부)행위 연속, 이어받기. '아직도, 여전히'	(조동사) 가능. '~할 수 있다' (↗038)	(동)돌그릇을 갈고 문지르다	(어기)진술 강조(↗017)

여전히 갈고 문지를 수 있지만…

斯	言	之	玷,
사, sī	언, yán	지, zhī	점, diàn
(대)한정어. '이…'	(명)말, 언사, 한마디	(조)수식, 종속 관계 (↗007)	(명)옥玉에 있는 결점 · 오점

이 말의 결점(은)

不可	爲	也
불가, bùkě	위, wéi	야, yě
(조동사)~하면 안 된다, ~할 수 없다, ~이 불가능하다(↗050)	(동)하다, 행하다 (↗026)	(어기)진술 강조(↗017)

어찌할 수가 없다. (←… 할 수가 없다)

[번역] 백옥白玉으로 만든 예기禮器(=백규白圭)의 결점은 여전히 갈고 문지를 수 있지만, 이 말의 결점은 어찌할 수가 없다.

語法과 語彙

● <u>白圭</u>之玷

백옥白玉으로 만든 예기禮器(=백규白圭)의 결점

(명사) 백옥(白玉)으로 만든 예기(禮器)이다. 또한 『詩經시경・大雅대아・抑억』 가운데 백규(白圭)와 관련 있는 시구를 가리킨다.

→ 南容三復<u>白圭</u> 『論語・先進』

남용(南容 : 인명)이 『시경(詩經)・대아(大雅)・억(抑)』 가운데 백규(白圭)와 관련 있는 시구를 '여러 번 반복하다(三復)'

● 白圭之<u>玷</u>

백옥白玉으로 만든 예기禮器(=백규白圭)의 결점

(명사) 옥玉에 있는 결점・오점 (玉上的瑕玷)

(명사) 결점, 오염 (缺點 ; 污染)

● 白圭之玷, <u>尚</u>可磨也

백옥白玉으로 만든 예기禮器(=백규白圭)의 결점은 여전히 갈고 문지를 수 있다

(부사) 동작 행위의 연속, 이어받기를 나타내주는 것으로 '여전히, 아직도' 등에 상응된다 (表示動作行爲的繼續、相承, 相當於"還"、"依然")

● 白圭之玷, 尚可<u>磨</u>也

백옥白玉으로 만든 예기禮器(=백규白圭)의 결점은 여전히 갈고 문지를 수 있다

(동사) 돌그릇을 갈고 문지르다 (磨治石器)

(동사) 마찰하다 (摩擦)

(명사) 마찰 (摩擦)

● <u>斯</u>言之玷，不可爲也

이 말의 결점은 어찌할 수가 없다

斯

(대명사) 가까운 것을 가리키며 보통 앞 문장에서 이미 출현한 사람, 사건, 사물, 장소, 시간, 상태 등을 가리킨다. 문장에서 주어, 목적어, 한정어가 되며 문장에서 대신하는 대상에 근거해서 알맞게 번역하면 된다. '이', '이것', '이것들', '여기', '지금' 등으로 번역된다.

→ 當<u>斯</u>時也, 披圖一觀, 如獲重寶矣! 『天工開物・卷序』

이때(當斯時也) 그림을 펴서 한번 보(披圖一觀)는 건 귀중한 보배를 얻(獲重寶)는 것과 같았다(如...矣)

● 斯<u>言</u>之玷，不可爲也

이 말의 결점은 어찌할 수가 없다

(명사) 말, 언사, 한 마디 (一句話爲一言)

→ 法語之<u>言</u>，能無從乎？ 『論語・子罕』

예법에 맞는 말(法語之言)을 따르지 않(無從)을 수 있(能)는가(乎)?

079

權, 然後知輕重；度, 然後知長短

『孟子맹자 · 梁惠王上양혜왕상』

權,	**然後**	**知**	**輕重；**
권, quán	연후, ránhòu	지, zhī	경중, qīngzhòng
(동)무게를 재다, 무게를 달다	(접)A, 然後B. A한 다음 B하다/이다'	(동) 이해하다, 알다 (↗064)	(명) 경중; 가볍고 무거움
무게를 달아 본 다음에 가볍고 무거운 것을 알고,			
；度,	**然後**	**知**	**長短**
탁, duó	연후, ránhòu	지, zhī	장단, chángduǎn
(동)측량하다, 계산하다	(접)A, 然後B. A한 다음 B하다/이다'	(동) 이해하다, 알다 (↗064)	(명) 장단; 길고 짧음
측량한 다음에 길고 짧음을 안다.			

[번역] 무게를 달아 본 다음에 가볍고 무거운 것을 알고; 측량한 다음에 길고 짧음을 안다

語法과 語彙

● **權**, 然後知輕重；度, 然後知長短

무게를 달아 본 다음에 가볍고 무거운 것을 알고; 측량한 다음에 길고 짧음을 안다

(동사) 무게를 재다, 무게를 달다 (稱量)

→ 量多少者不失圭撮, **權**輕重者不失黍累 『漢書・律曆志上』

많고 적은지 무게를 재면(量多少者) 작은 양을 잃지 않(不失圭撮)고, 가벼운지 무거운지를 재면(權輕重者) 가벼운 중량을 잃지 않는다(不失黍累). (圭撮 : 고대 두 가지 매우 작은 용량 단위로 작은 양이나 작다는 것을 비유한다; 古代兩種很小的容量單位, 比喻微量或微小) (黍累 : 또한 累黍라고 하며 가벼운 중량을 뜻한다; 亦作"累黍". 輕微的重量)

● 權, **然後**知輕重；度, 然後知長短

무게를 달아 본 다음에 가볍고 무거운 것을 알고; 측량한 다음에 길고 짧음을 안다

然後

(접속사) 연(然)은 본래 대명사이고 의미는 '이와 같다(如此)', '이렇게(這樣)'이다. 연후(然後)는 실제적으로 '이와 같은 다음에(如此以後)'라는 의미이고 나중에 점차 하나의 단어로 고정되었다. 단문을 연결시키고 앞뒤 두 가지 사건의 계승 관계를 보여준다. 시간의 계승은 뒤의 사건이나 행위, 동작이 앞의 것 다음에 발생하는 것을 보여주고, 조건의 계승은 뒤의 사건이나 동작, 행위의 발생, 출현에서 앞의 것이 조건이 됨을 보여준다. 어떤 동작이나 상황과 이어진 다음을 보여준다. (表示接着某種動作或情況之後) 이 통사를 'A, 然後B'로 볼 경우 'A(동작, 상황)한 다음 B(동작, 상태)하다/이다'로 볼 수 있다.

→ 子貢反, 築室於場, 獨居三年, **然後**歸 『孟子・藤文公上』

자공이 돌아(子貢反)와 무덤이 있는 곳에 집을 짓(築室於場)고 혼자(獨) 3년을 산 다음에(居三年, 然後) 돌아갔다(歸) (시간 계승)

→ 文質彬彬, **然後**君子 『論語・雍也』

외재적인 형식과 실질적인 내용(文質)이 겸비된(彬彬) 뒤에야(然後) 군자답다(君子) (조건 계승)

● 權, 然後知輕重 ; **度**, 然後知長短

무게를 달아 본 다음에 가볍고 무거운 것을 알고; 측량한 다음에 길고 짧음을 안다

(동사) 측량하다, 계산하다 (測量, 計算)

→ 其始**度**土者, 環山爲城 『永州韋使君新堂記』(唐・柳宗元)

그(其) 처음으로(始) 땅을 측량한 사람들(度土者)은 산을 에워싸(環山)고 성을 만들었다(爲城)

080

書不盡言，言不盡意.
然則聖人之意，其不可見乎?

『周易주역 · '係 · 繫'繫辭上계사상』

書	不	盡	言,
서, shū	부, bú	진, jìn	언, yán
(명)서적, 책, 제본한 책	(부)행위 불가능 · 불필요(↗054)	(동)모두 발휘하다 ⇢ 모두 나타내다	(명)말, 언사, 한마디 (↗078)
책은 말을 모두 나타낼 수 없(고)			
言	不	盡	意.
언, yán	부, bú	진, jìn	의, yì
(명)말, 언사, 한마디 (↗078)	(부)행위 불가능 · 불필요(↗054)	(동)모두 발휘하다 ⇢ 모두 나타내다	(명)의견, 견해
말은 견해를 모두 나타낼 수 없다.			
然則	聖人	之	意,
연즉, ránzé	성인, shèngrén	지, zhī	의, yì
(접)그렇다면(↗044)	(명)성인(聖人)(↗043)	(조사)수식, 종속 관계 (↗007)	(명)의견, 견해
그렇다면 성인(聖人)의 견해			
其	不可	見	乎?
기, qí	불가, bùkě	견, jiàn	호, hū
(대칭재지시) 그(들), 이(들), 그것	(조동사)~할 수 없다 (↗050)	(동)보다 (↗063)	(어기)의문
그것은 볼 수 없는 것인가?			

[번역] 책은 말을 모두 나타낼 수 없고, 말은 견해를 모두 나타낼 수 없다. 그렇다면 성인(聖人)의 견해, 그것은 볼 수 없는 것인가?

語法과 語彙

● 書不盡言

책은 말을 모두 나타낼 수 없다

(명사) 서적, 제본하여 책으로 만든 저작 (書籍 ; 裝訂成册的著作)

(동사) (글을)적다, 쓰다, 기재하다 (書寫 ; 記載)

(명사) 문자 (文字)

(명사) 글자의 모양 (字體 ; 字形)

● 書不盡言

책은 말을 모두 나타낼 수 없다

(동사) (힘, 지력 등을) 모두 사용하다, 모두 발휘하다(··· 모두 나타내다) (全部使出或用出)

(동사) 끝나다 (終止 ; 終了)

(동사) 다하다, 다 써버리다(use up) (竭 ; 完)

● 言不盡意

말은 견해를 모두 나타낼 수 없다

(명사) 의견, 견해 (意見 ; 見解)

(명사) 감정 (感情 ; 情意)

(명사) 의향, 바람, 희망 (意向 ; 愿望)

(명사) 지향 (志向)

● 然則聖人之意, 其不可見乎?
(그렇다면 성인(聖人)의 견해, 그것은 볼 수 없는 것인가?)

其

(대칭재지시) 대칭재지시는 내용이 나타내는 것에서 문장 안의 주어, 한정어, 목적어 등 어떤 부분을 강조하거나 돌출시키기 위해서 그것을 문장의 앞부분에서 제시하여 그것의 본래의 위치에서 하나의 대명사를 이용하여 재지시한다. 통사 구조를 간결하고 명쾌하게 해주는 효과를 얻을 수 있다.

→ 臧文仲其竊位者與! 『論語・衛靈公』
장문중(臧文仲), 그는(其) 명성과 지위를 훔친 사람(竊位者)이다(與)!

→ 男女同姓, 其生不蕃 『左傳・僖公二十三』
남녀가 같은 성(男女同姓)이면 그 자손(其生)은(남녀가 같은 姓인 자손은) 번성하지 못한다(不蕃)

● 然則聖人之意, 其不可見乎?
그렇다면 성인(聖人)의 견해, 그것은 볼 수 없는 것인가?

(어기사) '의문'을 나타낸다

→ 子見夫子乎? 『論語・微子』
당신(子)은 선생님을 보(見夫子)았는가(乎)?

081

孔子之所嚴事：於周則老子；於衛，蘧伯玉；於齊，晏平仲；於楚，老萊子；於鄭，子產；於魯，孟公綽

『史記사기 · 仲尼弟子列傳중니제자열전』

<table>
<tr><th>孔子</th><th>之</th><th>所</th><th>嚴事：</th><th>於</th></tr>
<tr><td>공자, kǒngzǐ</td><td>지, zhī</td><td>소, suǒ</td><td>엄사, yánshì</td><td>어, yú</td></tr>
<tr><td>(인명)공자
(↗067)</td><td>(접)주어 + 之 +
서술어
(↗001)</td><td>(조)所 + 동사.
'~사람, 것, 곳'
(↗001)</td><td>(동)사사師事하다</td><td rowspan="2">(전)장소 범위.
~에, ~에는</td></tr>
<tr><td colspan="4">공자가 사사師事한(=스승으로 섬김 또는 스승으로 삼고 가르침을 받음) 사람(은...)</td></tr>
<tr><th>周</th><th>則</th><th>老子；</th><th>於衛，</th><th>蘧伯玉；</th></tr>
<tr><td>주, zhōu</td><td>즉, zé</td><td>노자, lǎozi</td><td>어위, yúwèi</td><td>거백옥, qúbóyù</td></tr>
<tr><td>(지명)주나라</td><td>(반난부사)(수어) +
則 + 서술어(↗015)</td><td>(인명)노자</td><td>위衛나라에는</td><td>(인명)거백옥</td></tr>
<tr><td colspan="3">주周나라는 노자老子이(고),</td><td colspan="2">위衛나라에는 거백옥蘧伯玉이(고),</td></tr>
</table>

於齊，晏平仲；	於楚，老萊子；
어제, 안평중, yúqí, yànpíngzhòng	어초, 노래자, yúchǔ, lǎoláizǐ
제齊나라에는 안평중晏平仲	초楚나라에는 노래자老萊子
제齊나라에는 안평중晏平仲이(고),	초楚나라에는 노래자老萊子이(고),
於鄭，子產；	**於魯，孟公綽.**
어정, 자산, yúzhèng, zǐchǎn	어노, 맹공작, yúlǔ, mènggōngchuò
정鄭나라에는 자산子產	노魯나라에는 맹공작孟公綽
정鄭나라에는 자산子產이(고),	노魯나라에는 맹공작孟公綽이다.

[번역] 공자가 사사師事한(=스승으로 섬긴 또는 스승으로 삼고 가르침을 받은) 사람은 주나라에는 노자이고, 위나라에는 거백옥이고, 제나라에는 안평중이고, 초나라에는 노래자이고, 정나라에는 자산이고, 노나라에는 맹공작이었다.

語法과 語彙

● 孔子之所**嚴事**

공자가 사사師事한 사람

(동사) 사사師事하다(=스승으로 섬기다 또는 스승으로 삼고 가르침을 받다) (師事)

● 於周則老子

주나라에는 노자이다

於

견해

전치사 '어於'는 보통 '전치사구'를 이루어 동작, 상태 서술어 뒤에 놓여 '동작 서술어/상태 서술어 + 於 + 전치사목적어'의 통사를 이룬다.

→ 吾十有五而志於學 『論語・爲政』

나(吾)는 15살에(十有五而) 학문에 뜻을 두었다(志於學)

→ 吾黨之直者異於是 『論語・子路』

우리 마을의 올바른 사람(吾黨之直者)은 이것(=올바름)에 있어 다르다(異於是)

→ 今夫顓臾固而近於費 『論語・季氏』

지금(今) 저(夫, that) 전유(顓臾)는 견고하(固)고(而) 비읍(費邑)'에서/과/으로부터' 가깝다(近於費)

→ 知其說者之於天下也 『論語・八佾』

그 견해(其說)를 아는 것(知…者)은 하늘 아래로(於天下) 가(之)는 것이다(也)

하지만 때로는 '전치사구(於 + 목적어)'가 동작, 상태 서술어 앞에 놓여 '於 + 전치사목적어 + 동작 서술어(or 상태 서술어)'의 통사를 이룰 수도 있다.

→ 子於是日哭 『論語・述而』

공자(子)가 이날(於是日) 조문하다(哭)

→ 於予與改是 『論語・公冶長』

재여 때문에(於予與) 이것을 바꾸다(改是)

'於周則老子(주나라는 노자이다)' 이 표현은 '於周'有'老子(주나라에는 노자가 있다)'와 같은 의미로 볼 수 있기 때문에 '於전치사구'가 동사 서술어 앞에 놓인 것과 같다. 특히 '於周則老子(주나라에는 노자이다=주나라에는 노자가 있다)' 이 표현은 '한국어 표현'과 매우 유사하다(영어에는 김형주 선생이다=영어에는 김형주 선생이 있다). 다음 나오는 병렬 표현 역시 한국어 표현 방식과 동일하다(위나라에 거백옥이고=위나라에 거백옥이 있고; 제나라에 안평중이고=제나라에 안평중이 있고...). 그리고 이 병렬 표현에는 모두 則이 생략되었다.

● 於衛, **蘧伯玉**

위나라에는 거백옥이다

(인명) 거백옥蘧伯玉은 위衛나라 대부로 실명은 거원蘧瑗이었고, 현자賢者로서 존경받는 당대의 인물이었다. 공자가 존경하는 인물의 한 사람으로 사마천이 거백옥을 꼽았다. 공자가 위나라에 있을 때, 거백옥의 집에 머무르며 신세를 졌다 (김용옥, 2008)

● 於齊, **晏平仲**

제나라에는 안평중이다

(인명) 안평중晏平仲은 공자와 동시대의 인물로 공자보다 약간 선배이며, 자산보다는 약간 후배인 당시 대국 제齊나라의 재상 안영晏嬰을 말한다. 안晏은 성이고, 영嬰은 이름이고, 평平은 시호이며 중仲은 자字이다. 자字가 평중平仲이란 설도 있다. BC567년에 제나라에 멸망한 래・내萊나라의 이유夷維사람으로 제나라의 영공靈公, 장공莊公, 경공景公을 섬겼다. 사마천의 『史記사기』는 그 열전列傳에 백이伯夷를 첫 번째 인물로 다루고 바로 뒤이어 관중管仲과 안영晏嬰을 다룬 「管晏列傳관안열전」을 배열하고 있으니 안영이 차지하는 역사적 무게가 어떠한지를 알 수 있다. 그것은 「老子韓非列傳노자한비열전」보다도 앞선 것이다 (김용옥, 2008)

● 於楚, <u>老萊子</u>

초나라에는 노래자이다

(인명) 노래자. 춘추 시대 말기 초나라 은사이다 (春秋末年楚國隱士)

● 於鄭, <u>子産</u>

정나라에는 자산이다

(인명) 자산子産은 정鄭나라 왕족 출신의 재상인 공손교公孫僑의 자字이다, 자字를 자미子美라고도 한다. 교僑는 그의 이름이다. 공자보다 1세대가 빠른 명망 높은 정치가였다. 자산이 죽은 것은 노나라 소공昭公 20년, BC522년의 일이며 공자의 나이 30세였다. 자산이 정치를 행한 정나라는 노나라와 같은 소국이었다. 그가 집정執政을 하고 있었던 22년간의 시기는 진晉나라와 초楚나라 양대국이 경쟁하던 시기였다. 그사이에 끼어 자산은 두 나라를 주선하면서 비굴하지 않았고 자만하지도 않았으며 정나라가 존경과 안전을 얻을 수 있게 했다.

자산은 농지의 구획정리를 행하여 세稅를 증수하였고 군사세軍事稅로 구부丘賦를 실시하여 국가 경제를 재건하였다. 그리고 이러한 개혁의 불만 세력을 억누르기 위하여 새로운 법률을 제정하고, 형서刑書를 주조하여 국내에 공포하였다. 중국 역사에서 자산은 법치주의의 선구자로서 항상 거론된다. 그러나 그의 법치는 단순한 권력의 술수가 아닌 인간세의 합리적 정신에 기초한 것이다. 특히 전통적인 종교의식에 새로운 인본주의적인 해석을 가하였으며 질병이나 제사에 관하여 이성적인 새로운 해석을 내렸다. 그는 중국 철학사에서 합리주의적 혁명의 전범을 세운 자로서 손꼽힌다. 그러한 그의 혁명적 조치는 현실적 치세로서 성공을 거두었을 뿐 아니라 후세에 엄청난 영향을 주었다. 우리가 공자에게서 느낄 수 있는 냉혹한 이성주의는 바로 이러한 정자산의 패러다임 속에서 구현된 것이다 (김용옥, 2008)

● 於魯, <u>孟公綽</u>

노나라에는 맹공작이다

(인명) 맹공작孟公綽은 『左傳・襄公二十五年』에 잠깐 그 이름이 나오기는 하지만 자세

한 것은 알 수 없다. 맹공작孟公綽은 공자가 존경한 모국母國 노나라 선배였다. 고주의 '공안국(孔安國 : BC156~BC74)'은 맹공작의 성품이 과욕過慾하다는 것을 들고 있다 (김용옥, 2008)

082

好問則裕，自用則小

『尚書상서 · 湯誥탕고』

好	問	則	裕,
호, hào	문, wèn	즉, zé	유, yù
(동)좋아하다(↗022)	(동)묻다	(접)조건 + 則 + 결과 (↗006)	(형)풍요롭다, 충분하다 →(동사)[품사 활용]

묻기를 좋아하면 풍요로워지(고)

自用	則	小
자용, zìyòng	즉, zé	소, xiǎo
(동)자신이 옳다고 생각하는 것을 하다, 마음대로 하다, 다른 사람의 의견을 받아들이지 않다	(접)조건 + 則 + 결과 (↗006)	(형)좁다, 편협하다 →(동사)[품사 활용]

다른 사람의 의견을 받아들이지 않으면 편협해진다.

[번역] 묻기를 좋아하면 풍요로워지고, 다른 사람의 의견을 받아들이지 않으면(or 마음대로 하면) 편협해진다(=작아진다).

語法과 語彙

● 好<u>問</u>則裕

묻기를 좋아하면 풍요로워진다

견해

고대중국에서 '묻다'의 '問' 용례를 보면 다음과 같은 규칙을 찾을 수 있다. 먼저 '問A'는 'A에 대해 묻다'로 쓰이고, '問A於B'는 'A에 대해 묻다 B에게'의 의미를 담고 있다. '問於A'는 'A에게 묻다'가 된다. 더 많은 예문은 『언어 논어』(12-10) 참조 (김형주, 2020)

→ 子張<u>問</u>明 『論語・顔淵』

자장(子張)이 안다는 것에 대해 묻다(問明).

● 好問則<u>裕</u>

묻기를 좋아하면 풍요로워진다

(형용사) 풍요롭다, 충분하다 (富饒 ; 充足)

(동사) 부유하게 하다 (使富裕)

(동사, 형용사) 관용하다, 너그럽게 받아들이다, 관용하는, 도량이 크다 (寬容 ; 寬宏)

● <u>自用</u>則小

다른 사람의 의견을 받아들이지 않으면 편협해진다

(동사) 자신이 옳다고 생각하는 것을 하다, 마음대로 하다, 다른 사람의 의견을 받아들이지 않다 (自行其是, 不接受別人的意見)

● 自用則<u>小</u>

다른 사람의 의견을 받아들이지 않으면 편협해진다

(형용사) 지세(地勢)의 폭(幅)이 좁다, (마음・견식・기량 등이) 좁고 한정되다, 편협하

다 (狹隘 ; 不足)

(형용사) 가늘다, 미세하다, 작다 (細 ; 微)

(동사) 무시하다, 경시하다 (輕視)

083

命在養民. 死之短長, 時也. 民苟利矣, 遷也. 吉莫如之.

『左傳좌전 · 文公十三年문공13년』

(國君之)命	在	養民.	(吾)死	之
명, mìng	재, zài	양민, yǎngmín	사, sǐ	지, zhī
(왕의) 생존	(동)~에 속해 있다 (↗062)	(동)백성을 돌보고 먹여 살리다	(동)죽다(↗079) →(명)죽음	(접)주어＋之＋서술어 (↗001)
(왕의) 생존은 양민養民(=백성을 돌보고 먹여 살리는 데)에 있다.			**(나의) 죽음이**	

短長,	時	也.
단장, duǎncháng	시, shí	야, yě
(형)짧고 길다	(동 · 형)규정에 따르는, 일정한 시간에 따르다	(어기)진술 강조(↗017)
짧거나 긴 것은 시간에 따른다.		

[보충] '死之短長, 時也'의 문장을 '나 개인의 수명의 길고 짧음은 하늘에 맡긴다(我個人壽命的長短, 就聽天由命)'라고 번역하고 있다(古詩文網).

民	苟	利
민, mín	구, gǒu	리(이), lì
(명)서민 · 평민 · 백성 · 민중 [民은 앞에 대상전치사 於가 생략되었다고 볼 수 있다.]	(접)만약. '가정, 조건'	(동)이익이 있다, 이익을 얻다
백성에게 만약 이익이 있다면…		

矣,	遷	也.	吉
의, yǐ	천, qiān	야, yě	길, jí
(어기)멈춤, 고름	(동)옮기다, 이동하다	(어기)문미. '권유, 청유, 요청'	(형) 좋다, 상서롭다 →(명)상서로움
	옮기자		**상서로움(은)**

莫如	之.
막여, mòrú	지, zhī
(고정구)莫如A. 'A만 한 것이 없다, A가 가장 낫다'	(대)재지시(↗007). 옮기다
옮기는 것이 가장 낫다.	

[번역] (왕의) 생존은 백성을 돌보고 먹여 살리는 것에 있다. (나의) 죽음이 짧거나 긴 것은 시간에 따른다. 백성에게 만약 이익이 있다면 옮기자! 상서로움은 옮기는 것이 가장 낫다.

語法과 語彙

● 命在養民

생존은 백성을 돌보고 먹여 살리는 것에 있다

(명사) 생존, 생계 (生存; 生計)

(명사) 수명 (壽命)

(명사) 운명 (命運)

● 命在養民

생존은 백성을 돌보고 먹여 살리는 것에 있다

(동사) 인민을 양육하다, 백성을 돌보고 먹여 살리다 (養育人民)

● 死之短長, 時也

죽음이 짧거나 긴 것은 시간에 따른다

(동사) 생명을 잃다, 죽다; '살다'와 대립된다(喪失生命, 與"生"相對)

→ 吾祖死於是, 吾父死於是 『捕蛇者說』(唐・柳宗元)

'나의 할아버지(吾祖)'는 '이것(是)' '때문에(於)' 돌아가셨(死)고 나의 아버지(吾父)는 '이것(是)' '때문에(於)' 돌아가셨다(死)

→ 然後知生於憂患, 而死於安樂也 『孟子・告子下』

그런 다음(然後) 걱정과 어려움 속에서(於憂患) 살(生)고 '편안함과 즐거움 속에서(於安樂)' 죽는다(死)는 걸 안다(知)

● 死之短長, 時也

죽음이 짧거나 긴 것은 시간에 따른다

(형용사) 짧고 길다, 키가 작고 크다 (短與長 ; 矮與高)

(형용사) 오래되고(=장기적이고) 잠깐이다 (長久與短暫)

(형용사) 우수하고 열등하다, 옳고 그르다, 단점과 장점 (優劣 ; 是非 ; 短處和長處)

● 死之短長, **時**也
죽음이 짧거나 긴 것은 시간에 따른다

(동사, 형용사) 규정에 따르는 혹은 일정한 시간에 따르다 (按照規定的或一定的時間)

→ 秋水**時**至, 百川灌河 『莊子・秋水』
가을의 강호수(秋水)는 시간에 맞추어 도달하(時至)고 백천(=하천과 강, 호수와 늪의 총칭. 百川 : 江河湖澤的總稱)은 황하(河 : 黃河)로 흘러들어 간다(灌 : 流進)

● **民**苟利矣, 遷也
백성에게 만약 이익이 있다면 옮기자

(명사) 고대 보통 통치를 받는 서민・평민・백성・민중・피지배자 (古代泛指被統治的庶人)

● 民**苟**利矣, 遷也
백성에게 만약 이익이 있다면 옮기자

苟

(접속사) 복문의 앞 문장에서 쓰이고 가정이나 조건을 나타낸다. '만약'으로 번역된다.

→ **苟**不出兵, 願請死 『新五代史・劉處讓轉』
만약(苟) 출병하지 않(不出兵)으면 (저를) 죽여주십시오(願請死)

→ **苟**富貴, 無相忘 『史記・陳涉世家』
만약(苟) 부귀해지(富貴)면 서로(相) 잊지 마라(無...忘)

● 民苟**利**矣, 遷也
백성에게 만약 이익이 있다면 옮기자

(동사) 이익을 얻다, 이익이 있다 (得益, 有利)

→ 因民之所**利**而利之 『論語・堯曰』

백성이 이익이 있는 것(民之所利)을 좇아서(因…而) 백성을 이롭게 하다(利之)

● 民苟利矣, 遷也

백성에게 만약 이익이 있다면 옮기자

矣

(어기사) 문장이나 복문의 앞 문장의 문미에서 어기를 멈추고 고르는 역할을 한다.

→ 苟志於仁矣, 無惡也 『論語·里仁』

만약(苟)에 인(仁)에 뜻을 세우면(志於仁矣) 미움이 없게 된다(無惡也).

● 民苟利矣, 遷也

백성에게 만약 이익이 있다면 옮기자

(동사) 옮기다, 이동하다 (移, 搬動)

(동사) 떠나다, 피하다 (離開 ; 避開)

● 民苟利矣, 遷也

백성에게 만약 이익이 있다면 옮기자

也

(어기사) 글의 뜻에 호응하여 '명령', '권고; 설득; 충고', '금지' 등의 어기를 갖는데 여기서는 '권고, 설득, 충고'의 어기로 쓰였다. (配合文義表命令、勸誡、祈使、禁止等語氣)

→ 姜曰 : "行也! 懷與安, 實敗名" 『左傳·僖公二十三年』

강씨가 말했다(姜曰) "(당신) 가시오(行也)! 떠나는 것을 어려워하고(懷與) 편안하고 한가롭기를 바라(安)는 것은 확실히(實) 공명功名을(공을 세워 이름을 드러내는 것을) 손상시킬(敗名) 뿐입니다"

● <u>吉</u>莫如之

상서로움은 옮기는 것이 가장 낫다

(형용사) 좋다, 상서롭다(=복되고 좋은 일이 일어날 조짐이 있다) (善 ; 吉祥)

● 吉<u>**莫如**</u>之

상서로움은 옮기는 것이 가장 낫다

莫如

(고정구) 문장 안에서 '莫如, 莫若' 등으로 고정구로 쓰여 '~보다 ~한 것은 없다'의 의미를 나타낸다. 즉, '莫如A, 莫若A'의 통사로 볼 경우 'A보다 ~좋은 것은 없다, A만 한 것이 없다, A가 가장 낫다' 등으로 번역할 수 있다. (沒有甚麼比)

→ 一年之計, <u>**莫如**</u>樹穀 ; 十年之計, <u>**莫如**</u>樹木 ; 終身之計, <u>**莫如**</u>樹人

『管子・權修』

일 년의 계획(一年之計)은 오곡을 심는(樹穀) 것만 한 것이 없고, 십 년의 계획(十年之計)은 나무를 심는(樹木) 것만 한 것이 없(莫如)고, 평생의 계획(終身之計)은 인재를 키우(樹人)는 것만 한 것이 없다(莫如)

084

辭多類非而是，多類是而非．是非之經，不可不分，此聖人之所愼也．

『呂氏春秋여씨춘추・愼行論진행론・察傳찰전』

<table>
<tr><td>辭</td><td>多</td><td>類</td><td>非</td><td>而</td></tr>
<tr><td>사, cí</td><td>다, duō</td><td>유(류), lèi</td><td>비, fēi</td><td>이, ér</td></tr>
<tr><td>(명)입말・글말에 사용된 어구</td><td>(부)대체로, 대부분</td><td>(동)~처럼 보이다, 닮다</td><td>(형)틀리다, 사악하다(↗033)</td><td>(접)전환. ‘그러나, 오히려’(↗010)</td></tr>
<tr><td colspan="5">입말과 글말에 사용된 어구는 대체로 틀리는 것처럼 보이지만</td></tr>
<tr><td>是,</td><td colspan="2">多類是而非.</td><td>是非</td><td>之</td></tr>
<tr><td>시, shì</td><td colspan="2">다유시이비, duōlèishìérfēi</td><td>시비, shìfēi</td><td>지, zhī</td></tr>
<tr><td>(형)맞다(↗033)</td><td colspan="2">대체로 맞는 것처럼 보이지만 틀리다</td><td>(명)맞고 틀림(↗044)</td><td>(조사)수식, 종속 관계(↗007)</td></tr>
<tr><td>맞(고)</td><td colspan="2">대체로 맞는 것처럼 보이지만 틀리다.</td><td colspan="2">맞고 틀림・옳고 그름의</td></tr>
<tr><td>經,</td><td>不可不</td><td>分,</td><td>此</td><td>聖人</td></tr>
<tr><td>경, jīng</td><td>불가불, bùkěbù</td><td>분, fēn</td><td>차, cǐ</td><td>성인, shèngrén</td></tr>
<tr><td>(명・동)도랑, 경계(를 긋다)</td><td>(조동사) 반드시~해야 한다</td><td>(동)구별하다</td><td>(대)재지시(↗031)</td><td>(명)성인(聖人)(↗043)</td></tr>
<tr><td>경계(는)</td><td colspan="2">반드시 구별해야 한다.</td><td colspan="2">이것이 성인聖人…</td></tr>
</table>

之	所	愼	也.
지, zhī	소, suǒ	신, shèn	야, yě
(접)주어＋之＋서술어(↗001)	(조)~사람, ~것, ~사건, 곳'(↗081)	(동)신중하다, 조심하다(↗024)	(어기)진술 강조(↗017)
...이 조심하는 것이다.			

[번역] 입말과 글말에 사용되는 어구는 대체로 틀리는 것처럼 보이지만 맞고, 대체로 맞는 것처럼 보이지만 틀리다. 맞고 틀림의 경계는 반드시 구별해야 한다. 이것이 성인聖人이 조심하는 것이다.

語法과 語彙

● 辭多類非而是

입말과 글말에 사용되는 어구는 대체로 틀리는 것처럼 보이지만 맞다

(명사) 문장의 글귀. 입말을 하거나 글을 쓰는 데 사용된 '어구·문구(words and phrases)' (文辭, 言辭)

→ 晉國之使者, 其辭卑而幣重 『穀梁傳·僖公二年』

진나라의 사자(晉國之使者), '그의 말(其辭)'은 '겸허하고 예절 바르(卑)'며 '화폐처럼 무겁다(or 선물처럼 귀중하다)(幣重)

● 辭多類非而是

입말과 글말에 사용되는 어구는 대체로 틀리는 것처럼 보이지만 맞다

(부사) 대체로, 대부분 (大都, 大部分)

→ 放於利而行, 多怨 『論語·里仁』

이익을 기준으로 하여(放於利而) 행동하(行)면 대부분·대체로 원망한다(多怨)

● 辭多類非而是

입말과 글말에 사용되는 어구는 대체로 틀리는 것처럼 보이지만 맞다

(동사) ~처럼 보이다, 닮다, ~듯하다, ~하는 것 같다 (像 ; 似)

● 是非之經, 不可不分

맞고 틀림의 경계는 반드시 구별해야 한다

(명사, 동사) 도량, 경계를 긋다, 경계 (度量 ; 畫界)

● 是非之經, 不可不分

맞고 틀림의 경계는 반드시 구별해야 한다

(조동사) 반드시 ~해야 한다 (一定、必須)

不可不

견해

대만의 '중편국어사전수정본重編國語辭典修訂本'에서 '不可不'를 '부사'인 '반드시', '꼭(一定, 必須)'의 의미로 구분했는데, 이는 동사 '불가不可(~하면 안 된다)'와 '부정부사 불不'이 합쳐져 쓰인 것으로 이 통사를 '不可不A'로 본다면 '반드시 · 꼭 A해야 한다'의 의미가 될 수 있기 때문에 의무의 '조동사(must)'로 파악해도 된다고 본다.

● 是非之經, 不可不<u>分</u>

맞고 틀림의 경계는 반드시 구별해야 한다

(동사) 구별하다 (區別)

→ 五穀不<u>分</u> 『論語 · 微子』

오곡(五穀)을 구별하지 못하다(不分) [목적어 전치 '어법' 참조]

085

禮法以時而定，制令各順其宜

『商君書상군서 · 更法경법』

禮法	**以**	**時**	**而**
예법, lǐfǎ	이, yǐ	시, shí	이, ér
(명)예의와 법도	(동)의지하다, ~을 기반으로 하다	(명)시대	(접)'동 · 형 + 而'(부사어) + 서술어(↗060)
예의와 법도는 시대를 기반으로 하여			
定,	**制令**	**各**	**順**
정, dìng	제령, zhìlìng	각, gè	순, shùn
(동)결정하다, 확정하다	(명)제도와 법령	(부)하나하나 모두	(동)순응하다
결정하(고)	**제도와 법령은 하나하나 모두 {순응한다}**		
其	**宜**		
기, qí	의, yí		
(대)그것의. '복수可' (↗018)	(동)마땅히 ~해야 한다→(명)마땅함 [품사 활용, '어법' 참조]		
그것의(=시대의) 마땅함{에 순응한다}			

[번역] 예의와 법도는 시대를 기반으로 하여 결정하고, 제도와 법령은 하나하나 모두 시대의 마땅함에 순응한다.

語法과 語彙

● **<u>禮法</u>**以時而定
예의와 법도는 시대를 기반으로 하여 결정한다

(명사) 예의와 법도 (禮儀法度)

→ 及周室衰, **<u>禮法</u>**墮 『漢書・貨殖傳』
주나라에 이르러(及周) 조정(室)이 쇠퇴하(衰)고 예의와 법도(禮法)가 타락했다(墮)

● 禮法**<u>以</u>**時而定
예의와 법도는 시대를 기반으로 하여 결정한다

(동사) 의지하다, 의존하다, ~을 기반으로 하다, 핑계 대다, 빙자하다, 구실로 삼다 (凭借 ; 仗恃)

→ 富國**<u>以</u>**農 『韓非子・五蠹』
부유한 나라(富國)는 농사에 의지한다(以農)

● 禮法以**<u>時</u>**而定
예의와 법도는 시대를 기반으로 하여 결정한다

(명사) 시대 (時代 ; 世時)

● 禮法以時而**<u>定</u>**
예의와 법도는 시대를 기반으로 하여 결정한다

(동사) 결정하다, 확정하다 (決定; 確定)

● **<u>制令</u>**各順其宜
제도와 법령은 하나하나 모두 시대의 마땅함에 순응한다

(명사) 제도와 법령 (制度法令)

→ 五帝有**<u>制令</u>**而無刑罰 『文子・上義』

오제(五帝)는 제도와 법령이 있었지만(有制令而) 형벌이 없었다(無刑罰)

● 制令<u>各</u>順其宜

제도와 법령은 하나하나 모두 시대의 마땅함에 순응한다

各

(명사, 부사) 서술어 앞에 쓰여서 동작이 두 개 혹은 두 개 이상의 동작주(動作主, agent : 동작의 주체)에 의해서 함께 일어나는 것을 보여주거나, 두 개 혹은 두 개 이상의 동작주가 함께 어떤 속성을 갖고 있음을 보여준다. '하나하나의 사람 모두, 하나하나의 일 모두, 하나하나의 물건 모두' 등으로 번역된다. [每人(事、物)...都]

→ 人之過也, <u>各</u>於其黨 『論語・里仁』

사람의 잘못(人之過)은(也) 하나하나 모두(各) 그 같은 부류에 있다(於其黨)

● 制令各<u>順</u>其宜

제도와 법령은 하나하나 모두 시대의 마땅함에 순응한다

(동사) 순응하다 (順應 ; 依順)

(형용사) 온순하다, 양순하다, 얌전하다 (和順)

(형용사) (문장 따위가) 조리가 서 있다, 매끄럽다, 순탄하다, 논리적이고 문법적이다 (通順)

● 制令各順其<u>宜</u>

제도와 법령은 하나하나 모두 시대의 마땅함에 순응한다

(동사) 마땅히 ~해야 한다, (~하는 것이) 마땅하다・당연하다, 당연히 ~할 것이다 (應當; 應該)

(명사) 적합한 일, 적절한 일 (適宜的事)

(명사) 제사명(토지의 신에게 제사 지낸다) (祭名 ; 祭祀土地之神)

086

頌其詩, 讀其書, 不知其人, 可乎? 是以論其世也. 是尙友也.

『孟子맹자 · 萬章下만장하』

頌	其	詩,	讀	其
송, sòng	기, qí	시, shī	독, dú	기, qí
(동)소리 내어 읽다, 암송하다	(대)그(녀)의. '복수可'(↗018)	(명)시詩	(동)읽다, 보다	(대)그(녀)의. '복수可'(↗018)
그의 시詩를 소리 내어 읽(고)			그의 서적을 '봄(에도 불구하고)' [강한 양보절](아래 설명)	
書,	**不知**	**其**	**人,**	**可**
서, shū	부지, bùzhī	기, qí	인, rén	가, kě
(명)서적. 책. 제본한 책(↗080)	(동)모르다	(대)그(녀)의. '복수可'(↗018)	(명)사람 됨됨이, 인품	(형)괜찮다, 적절하다(↗044)
	그의 사람됨을 모르(는 것이) [주어구]			괜찮은가?
乎?	**是以**	**論**	**其**	**世**
호, hū	시이, shìyǐ	논(론), lùn	기, qí	세, shì
(어기)반문(↗005)	(접)그래서, 이 때문에	(동)따져보다, 평가하다, 고려하다	(대)그(녀)의. '복수可'(↗018)	(명)시대
	이 때문에 그의 시대를 평가하였다.			
也.	**是**	**尙友**	**也.**	
야, yě	시, shì	상우, shàngyǒu	야, yě	
(어기)진술 강조 (↗017)	(대)재지시. '이것, 이(들), 그 사람'	(동)옛사람과 친구가 되다	(어기)진술 강조 (↗017)	
	이것이 상우尙友(=옛사람과 친구되기)이다.			

[번역] 그의 시詩를 소리 내어 읽고, 그의 서적을 봄에도 불구하고, 그의 사람됨을 모르는 것이 괜찮은가? 이 때문에 그의 시대를 평가하였다. 이것이 상우尙友(=옛사람과 친구되기)이다.

語法과 語彙

● <u>頌</u>其詩，讀其書
그의 시詩를 소리 내어 읽고, 그의 서적을 본다

(동사) 송誦과 같다, 소리 내어 읽다, 외다, 암송하다 (朗讀)

● 頌其詩，<u>讀</u>其書
그의 시詩를 소리 내어 읽고, 그의 서적을 본다

(동사) 읽다, 보다 (閱, 看)

(동사) 소리 내어 읽다, 책의 의미를 이해하다 (誦讀、理解書的意義)

→ 荊卿好<u>讀書</u>擊劍 『史記・卷八六・刺客傳・荊軻傳』
형가(荆軻 〈jīngkē〉 =형경 〈荊卿, jīngqīng〉) : ~BC227)는 서적 읽기와 검술(擊劍 〈격검, jījiàn〉)을 좋아한다

● 不知其<u>人</u>，可乎?
그의 사람됨을 모르는 것이 괜찮은가?

(명사) 사람 됨됨이, 인품 (爲人的)

→ <u>人</u>焉廋哉? 『論語・爲政』
사람 됨됨이(人)를 어떻게(焉) 숨기겠는가(廋哉)?

● 頌其詩，讀其書，不知其人，可乎?
(그의 시詩를 소리 내어 읽고, 그의 서적을 봄에도 불구하고, 그의 사람됨을 모르는 것이 괜찮은가?)

견해

이 글에서 종속절에 해당하는 '頌其詩, 讀其書(그의 시를 소리 내어 읽고, 그의 서적을 보다)' 이 문구는 뒤의 주절인 '不知其人, 可乎?(그의 사람됨을 모르는 것이 괜찮은가?)' 이 문장과 연결될 때 '시간절 또는 양보절'에 가깝다고 볼 수 있지만 부족한 면이

있다.

이 종속절은 종속절의 내용에서 기대할 수 있는 것과 다르고 나아가 반대되는 사실이 뒤 주절에 온다는 것을 나타내는 표현으로 '~에도 불구하고(in spite of the fact that)'에 해당한다고 볼 수 있다. 이 복문을 '강한 양보복문'으로 본다.

● **<u>是以</u>**論其世也
이 때문에 그의 시대를 평가한다

是以

(접속사) 인과因果를 나타내는 접속사로 인과因果 복문의 뒤 단문에 쓰이고 결과를 나타내고 또한 앞 단문과 뒤 단문 사이가 인과因果, 부드러운 이어짐(順乘)의 관계를 보여준다. '그래서, 이 때문에(所以, 因此)' 등으로 번역된다.

→ 不恥下問, **<u>是以</u>**謂之文也 『論語・公冶長』
자신보다 지위가 낮은 사람에게 묻(下問)는 것을 부끄러워하지 않아(不恥)서 이 때문에(是以) 그(之)를 문(文)이라고 부른다(謂...也)

● 是以<u>論</u>其世也
이 때문에 그의 시대를 평가한다

(동사) 따져 보다, 판단하다, 평정하다, 평가하다, 고려하다 (衡量 ; 評定)

(동사) 분석하다, 사리를 설명하다 (分析, 說明事理)

(동사) 진술하다, (구두로) 서술하다 (陳述 ; 敍說)

(동사) 보살핌이 구석구석까지 미치다, 고려하다 (顧及 ; 考慮)

● 是以論其<u>世</u>也
이 때문에 그의 시대를 평가한다

(명사) 시대 (時代)

→ 殃民者, 不容於堯舜之世 『孟子 · 告子下』

백성이 재난을 받게 하는(殃民 : 使百姓受禍害) 것(者)은 요순(堯舜)의 시대에(於堯舜之世)도 용인 되지 않았다(不容)

● 是尚友也

이것이 상우尚友(=옛사람과 친구되기)이다

是

(대명사) 가까운 것을 가리키고 보통 앞 문장에 출현했던 '사람, 일, 사물, 장소, 논술' 등을 가리킨다. 문중에서 주어, 목적어, 서술어, 한정어가 될 수 있다. 이것이 문중에서 나타내는 대상에 따라 융통성 있게 '이, 이것, 이것들, 그, 저, 그 사람(그녀), 여기' 등으로 번역하면 된다. (這, 這個, 這些, 它, 那, 他(她), 這里)

→ 今子食我, 是逆天地命也 『戰國策 · 楚策一』

지금(今) 네가 나를 먹(子食我)으려 한다면 이건(是) 하느님의 명령을 거역하(逆天地命)는 거다 (也)

● 是尚友也

이것이 상우尚友(=옛사람과 친구되기)이다

(동사) 과거에 옛사람과 친구가 되다 (上與古人為友)

087

指不若人，則知惡之；心不若人，則不知惡．此之謂不知類也．

『孟子맹자·告子上고자하』

指	不	若	人,
지, zhǐ	불, bú	약, ruò	인, rén
(명)손가락	(부)동사술어 앞. '~하지 않다'(↗101)	(동)~와 같다(↗075)	(명)타인, 다른 사람 (↗010)
손가락이 다른 사람과 같지 않...			
則	**知**	**(人)惡**	**之;**
즉, zé	지, zhī	오, wù	지, zhī
(접)조건+則+결과 (↗006)	(동)이해하다, 알다(↗064)	(동)싫어하다, 증오하다(↗076)	(대)재지시(↗007). 그것
...으면 (타인이) 그것을(=손가락이 남들과 다르다는 것) 싫어하는 걸 알(지만/아는데/...)			
心	**不**	**若**	**人,**
심, xīn	불, bú	약, ruò	인, rén
(명)마음	(부)동사술어 앞. '~하지 않다'(↗010)	(동)~와 같다(↗075)	(명)타인, 다른 사람 (↗010)
마음이 다른 사람과 같지 않...			
則	**不**	**知**	**(人)惡(之).**
즉, zé	부, bù	지, zhī	오, wù
(접)조건+則+결과 (↗006)	(부)동사술어 앞. '~하지 않다'(↗010)	(동)이해하다, 알다 (↗064)	(동)싫어하다, 증오하다 (↗076)
...으면 (타인이 '그것을=마음이 다른 사람과 같지 않은 것') 싫어하는 것을 모릅니다.			

此	之	謂	不
차, cǐ	지, zhī	위, wèi	부, bù
(대)재지시(↗031). 이, 이것	(접)주어 + 之 + 서술어 (↗001)	(동)말하다(↗007)	(부)동사술어 앞. '~하지 않다'(↗010)
이것이 {사물 사이의 관계를 모른다는 것을} {말합니다}.			

<u>知類</u>	也.
지류, zhīlèi	야, yě
(동)사물 사이의 관계를 알다	(어기)진술 강조(↗017)
{사물 사이의 관계를 모른다는 것을 말합니다}	

[번역] 손가락이 다른 사람과 같지 않으면 (타인이) 그것을 싫어하는 걸 알지만, 마음이 다른 사람과 같지 않으면 (타인이 그것을) 싫어하는 것을 모릅니다. 이것이 사물 사이의 관계를 모른다는 것을 말합니다.

보충

"인간 마음의 도덕적 보편성에 대한 갈망의 부재를 매우 신랄하게 고발한 문장이다. 전인적全人的(=인간의 세 가지 심적心的 요소인 지성, 감정, 의시를 균형 있게 갖춤) 인격을 갖춘다는 것은 끊임없는 개방적 교섭 속에서 이루어지는 조심操心(=잘못이나 실수가 없도록 말이나 행동에 마음을 씀)의 과정이다."(김용옥, 2008)
이 문장만 놓고 본다면 개성, 차이, 인권, 자유를 존중하고 장려하는 현대 사고의 추세와는 반대되는 내용이다.

語法과 語彙

● **指**不若人

손가락이 다른 사람과 같지 않다

(명사) 손가락 (手指)

(명사) 발가락 (足趾)

(동사) 가리키다, 지향하다 (指向 ; 指着)

● 此之謂不**知類**也

이것이 사물 사이의 관계를 모른다는 것을 말한다

(동사) 사물 사이의 유추類推(=같은 종류의 것 또는 비슷한 것에 기초하여 다른 사물을 미루어 추측하다) 관계를 이해하다, 같은 부류의 것에 의거해서 추리推理(=알고 있는 것을 바탕으로 알지 못하는 것을 미루어서 생각)하다 (謂懂得事物間類比的關係, 依類推理)

→ 九年, **知類**通達, 强立而不反, 謂之大成 『禮記 · 學記』

9년(九年) 동안 사물 사이의 관계를 아는 것에 통달하(知類通達)고 확고하게 서고 돌아가지 않(强立而不反)으면 그것을 대성大成이라고 말한다(謂之大成)

盜跖之徒問於跖曰：“盜亦有道乎?” 跖曰：“何適而無有道邪? 夫妄意室中之藏，聖也；入先，勇也；出後．義也；知可否，知也；分均，仁也

『莊子장자 · 外篇외편 · 胠篋거협』

盜跖	之	徒	問	於
도척, dàozhí	지, zhī	도, tú	문, wèn	어, yú
(명)민중 봉기의 우두머리	(조사)수식, 종속 관계(↗007)	(명)패거리, 제자(들), 부하(들)	(동)묻다(↗082)	(전)동작의 직접대상(↗002)
민중봉기 우두머리(=도척)의 부하가 도척에게 물으며				
跖	曰：	“盜	亦	有道
척, zhí	왈, yuē	도, dào	역, yì	유도, yǒudào
(명)민중 봉기의 우두머리	(동)말하다	(동)도둑질하다 →(명)도둑질	(부사)역시, 또한 (↗022)	道가 있다
말했다.		“도둑질에도 역시 道가 있습니까?”		
乎?”	跖曰：	“何	適	而
호, hū	척왈, zhíyuē	하, hé	적, shì	이, ér
(어기)의문(↗080)	도척이 말하다	(의 · 대)사물, 장소, 도구, 방법, 원인	(동)가다	(접)행위, 상태＋而＋특징 설명
도척이 말했다		“어디를 가(야/가던/...)		
無有	道	邪?	夫	妄意
무유, wúyǒu	도, dào	야, yé	부, fú	망의, wàngyì
(동)없다	(명)도道	(어기)의문, 반문	(조)문두, 판단 · 의견 토로(↗066)	(동)억측하다
道가 없겠는가?				

<table>
<tr><td>室</td><td>中</td><td>之</td><td>藏,</td><td>聖</td></tr>
<tr><td>실, shì</td><td>중, zhōng</td><td>지, zhī</td><td>장, cáng</td><td>성, shèng</td></tr>
<tr><td>(명)집/(명)방,
내실</td><td>(명)안, 내부
(↗023)</td><td>(조사)수식, 종속
관계(↗007)</td><td>(명)물건을
저장한 장소</td><td>(형)신통하다
→(명)신통함</td></tr>
<tr><td colspan="4">집 안의 물건 저장 장소를 억측하(는 것이)</td><td>신통함…</td></tr>
<tr><td>也;</td><td>入</td><td>先,</td><td>勇也;</td><td>出</td></tr>
<tr><td>야, yě</td><td>입, rù</td><td>선, xiān</td><td>용야, yǒngyě</td><td>출, chū</td></tr>
<tr><td>(어기)진술
강조(↗017)</td><td>(동)들어가다
→(명)들어가기</td><td>(부)먼저→
(동)먼저 하다</td><td>용기이다</td><td>(동)나오다
→(명)나오기</td></tr>
<tr><td>…이(고)</td><td colspan="2">들어가기를 먼저 하(는 것이)</td><td>용기이(고)</td><td>나오기(를)</td></tr>
<tr><td>後.</td><td>義也;</td><td>知</td><td>可</td><td>否,</td></tr>
<tr><td>후, hòu</td><td>의야, yìyě</td><td>지, zhī</td><td>가, kě</td><td>부, fǒu</td></tr>
<tr><td>(부)나중
→(동)나중으로
하다</td><td>의로움이다</td><td>(동)이해하다,
알다(↗064)</td><td>(동)할 수 있다,
가능하다</td><td>(부)할 수 없다,
불가능하다</td></tr>
<tr><td>나중으로 하(는
것이)</td><td>의로움이(고)</td><td colspan="3">가능한지 불가능한지 아는(것이)</td></tr>
<tr><td colspan="2">知也;</td><td>分</td><td>均,</td><td>仁也."</td></tr>
<tr><td colspan="2">지야, zhìyě</td><td>분, fēn</td><td>균, jūn</td><td>인야, rényě</td></tr>
<tr><td colspan="2">지혜로움이다 [知 : (형) →(명)]</td><td>(명)분배</td><td>(형)공평하다,
균등하다→(동)</td><td>어짊이다</td></tr>
<tr><td colspan="2">지혜로움이(고)</td><td colspan="3">분배를 균등하게 하는 것이 어짊이다."</td></tr>
</table>

[번역] 민중 봉기 우두머리(=도척)의 부하가 도척에게 물으며 말했다. "도둑질에도 역시 道가 있습니까?" 도척이 말했다. "어디를 가더라도 道가 없겠는가? 집 안의 물건 저장 장소를 억측하는 것이 신통함이고, 들어가기를 먼저 하는 것이 용기이고, 나오기를 나중으로 하는 것이 의로움이고, 가능한지 불가능한지 아는 것이 지혜로움이고, 분배를 균등하게 하는 것이 어짊이다."

語法과 語彙

● <u>盜跖</u>之徒問於跖曰

민중 봉기 우두머리(=도척)의 부하가 도척에게 물으며 말하다

(명사) 고대 민중이 의거義擧(: 정의를 위하여 개인이나 집단이 의로운 일을 도모함)한 영수領袖(우두머리)라고 전해 내려온다 (相傳為古時民衆起義的領袖)

● 盜跖之<u>徒</u>問於跖曰

민중 봉기 우두머리(=도척)의 부하가 도척에게 물으며 말하다

(명사) 패거리, 제자(들), 문하생(들), 부하(들), 동일한 부류 또는 '동일한 파별派別의(동일하게 갈래를 나누어 가른)' 사람들 (徒党, 門徒, 党羽; 同一類或同一派別的人)

→ 吾非斯人之<u>徒</u>與而誰與? 『論語・微子』

내(吾)가 이 동일한 부류의 사람들(斯人之徒)에 참여하지 않으면(非…與而) 누구에게 참여하겠는가(誰與)?

● <u>盜</u>亦有道乎?

도둑질에도 역시 道가 있는가?

(동사) 훔치다, 절도하다, 도둑질하다 (偷竊)

(동사) 편취하다, 남을 속이어 재물이나 이익 따위를 빼앗다 (詐騙 ; 騙取)

(동사) 약탈하다, 강탈하다. 폭력을 써서 남의 것을 억지로 빼앗다 (搶掠 ; 劫持)

(동사) (반역 따위의) 부정한 수단으로 (토지 또는 직위를) 차지하다, 찬탈하다(=왕위, 국가 주권 따위를 억지로 빼앗다) (竊据 ; 篡奪)

● **何**適而無有道邪?
(어디를 가더라도 道가 없겠는가?)

何

(의문대명사) 문장 안에서 동사, 전치사의 목적어가 되어 일, 사물, 장소, 도구, 방법, 원인 등에 대한 의문을 나타낸다. '무엇, 어디, 누가, 어떻게, 왜' 등으로 번역될 수 있다. 동사의 목적어가 될 때는 대부분 동사 앞에 놓인다.

→ 孟嘗君曰 : "客**何**好?" 『戰國策・齊策四』
맹상군이 말했다(孟嘗君曰). 그대(客)는 무엇을 좋아하는가요(何好)?"

→ 軫不之楚, **何**歸乎? 『史記・張儀列傳』
진(軫 : 인명)이 초나라에 가지 않(不之楚)으면 어디로 돌아가겠는가(何歸乎)?

● 何**適**而無有道邪?
어디를 가더라도 道가 없겠는가?

(동사) 가다 (往, 到)

→ 赤之**適**齊也 『論語・雍也』
자화(赤 : 子華)가 제나라에 간다(適齊也)

● 何適**而**無有道邪?
(어디를 가더라도 道가 없겠는가?)

而

(접속사) 而 앞부분은 동사, 형용사가 되어 어떤 동작 행위, 상태를 나타내고, 뒷부분은 앞부분에 대한 구체적 특징(or 구체적 동작)의 설명을 보여준다. (就, 而又)

→ 焉往**而**不三黜? 『論語・微子』
어디를 가서(焉往而) 세 번 파면되지 않겠는가(焉...不三黜)?

견해

상기 용법은 060에 출현하는 '동사·형용사 + 而 + 서술어'의 형식으로 쓰이는 접속사로서 而의 앞부분은 동작, 행위의 방식, 상태, 시간 등을 보여주고, 而 뒤는 동작, 행위를 나타내는 것과 차이가 없어 보인다.

→ 爲人謀而不忠乎? 『論語·學而』

타인을 위하여(爲人) 계획하면서(謀而) 충실하지 않았는지(不忠乎)?

→ 老而無妻曰鰥, 老而無夫曰寡, 老而無子曰獨, 幼而無父曰孤 『孟子·梁惠王上』

늙어[상태] 아내가 없는[구체적 특징 설명] 것을 '환(鰥〈guān〉)'라 하고, 늙어 남편이 없는 것을 '과(寡)'라 하고, 늙어 자식이 없는 것을 '독(獨)'이라 하고, 어려서 아비가 없는 것을 '고(孤)'라 한다

→ 鍥而舍之, 朽木不折; 鍥而不舍, 金石可鏤 『荀子·勸學』

새기[동작 행위]다가(鍥〈계, qiè〉) 멈추면(舍之)[구체적 특징; 구체적 동작] 썩은 나무(朽木)라도 자르지 못하고, 새기다가(鍥而) 멈추지 않(不舍)으면 금속, 돌(金石)이라도 새길 수(可鏤〈루, lòu〉) 있다

● 何適而無有道邪?

어디를 가더라도 道가 없겠는가?

(동사) 없다 (沒有)

● 何適而無有道邪?

(어디를 가더라도 道가 없겠는가?)

邪

(어기사) 의문이나 반문을 나타낸다. '마嗎'나 '니呢'와 같다. (表示疑問或反詰, 相當于"嗎"、"呢")

→ 若伯夷, 叔齊, 可謂善人者非邪? 『史記·伯夷列傳』

만약(若) 백이와 숙제(伯夷, 叔齊)를 좋은 사람이라고 평론할 수 있다(可謂善人者)면 틀린 것인

가(非邪)?

● 夫<u>妄意</u>室中之藏, 聖也

집 안의 물건 저장 장소를 억측하는 것이 신통함이다

(동사) 억측하다(이유와 근거가 없이 짐작함) (臆測)

● 夫妄意<u>室</u>中之藏, 聖也

집 안의 물건 저장 장소를 억측하는 것이 신통함이다

(명사) 집 (房屋 ; 住宅)

(명사) 방, 내실 (房間 ; 内室)

● 夫妄意室中之<u>藏</u>, 聖也

집 안의 물건 저장 장소를 억측하는 것이 신통함이다

(명사) 물건을 저장한 장소 (儲存東西的地方)

● 夫妄意室中之藏, <u>聖</u>也

집 안의 물건 저장 장소를 억측하는 것이 신통함이다

(형용사) 신통하다(: 신기하고 묘하게 아는 것이 깊고 통달하다) (神通)

(명사) 신통 (神通)

● 知<u>可</u>否, 知也

가능한지 불가능한지 아는 것이 지혜로움이다

(동사) 할 수 있다, 가능하다(可以, 能, 能够)

→ 天子實云, 雖有後事, 晉勿與知<u>可</u>也 『左傳・昭公三十二年』

천자(天子)가 확실히(實) 말하길(云) 비록(雖) 나중의 일이 있더라도(有後事) 진나라(晉)가 참여하여 내정을 아는(與知) 게 가능하지 않도록(勿...可) 해라(也)

→ 雖欲言, 無可進者 『戰國策・齊策』
비록 말하고 싶지만(雖欲言) 할 수가 없다(無可進者)

● 知可否, 知也
가능한지 불가능한지 아는 것이 지혜로움이다

否
(부사) 부정을 나타내며 긍정의 단어와 대구하여 사용될 때 그 서술어는 자주 생략된다. (表示否定, 和肯定詞對擧時, 其謂語常省略)

→ 未知母之存否 『左傳・宣公二年』
모친이 있는지 없는지(母之存否) 아직 모른다(未知)

→ 晉人侵鄭, 以觀其可攻與否 『左傳・僖公三十年』
진나라 사람들(晉人)이 정나라를 침입 습격했(侵鄭)는데 이것으로(以) 정나라는(=정나라를; 其) 공격할 수 있는지 없는지(可攻與否) 관측한다(觀)

● 知可否, 知也
가능한지 불가능한지 아는 것이 지혜로움이다

(형용사) 지혜롭다 (智慧, 聰明) [zhì : 지혜롭다][zhī : 알다]

→ 知者見于未萌 『商君書・更法』
지혜로운 사람(知者)은 아직 틔우지 않은 싹을 본다(見于未萌)

● 分均, 仁也
분배를 균등하게 하는 것이 어짊이다

(동사) 분배하다, 주다 分配 ; 給予)

(명사) 분배, 주기(giving) (分配 ; 給予)

● 分均, 仁也

분배를 균등하게 하는 것이 어짊이다

(형용사) 공평하다, 균등하다, 고르다 (公平 ; 均勻)

089

持盈者與天, 定傾者與人, 節事者與地

『國語국어 · 越語下월어하』

持盈	**者**	**與天,**
지영, chíyíng	자, zhě	여천, yǔtiān
(동)사업의 기반을 지키다	(구조조사)단어 · 구 + 者. '~사람, ~한 것'(↗007)	(동)천도天道에 부합한 것은 하늘의 도움을 받는다
사업의 기반을 지키는 사람은 하늘의 도움을 받(고)		
定傾	**者**	**與人,**
정경, dìngqīng	자, zhě	여인, yǔrén
(동)위험한 형세 혹은 곧 쓰러지는 국가를 안정적으로 만들다	(구조조사)단어 · 구 + 者. '~사람, ~한 것'(↗007)	(동)민의에 부합하여 인심을 얻다
위험한 지경에 있거나 쓰러져 가는 국가를 안정적으로 만드는 사람은 민심을 얻(고)		
節事	**者**	**與地**
절사, jiéshì	자, zhě	여지, yǔdì
(동)일을 하는 데 있어 절제가 있고 규범에 맞게 하다	(구조조사)단어 · 구 + 者. '~사람, ~한 것'(↗007)	(동)땅의 道에 부합한 것은 땅의 이로움을 얻는다
일을 하는 데 절제가 있고 규범에 맞게 하는 사람은 땅의 이로움을 얻는다.		

[번역] 사업의 기반을 지키는 사람은 하늘의 도움을 받고, 위험한 지경에 있거나 쓰러져 가는 국가를 안정적으로 만드는 사람은 민심을 얻고, 일을 하는 데 절제가 있고 규범에 맞게 하는 사람은 땅의 이로움을 얻는다.

語法과 語彙

● 持盈者與天

사업의 기반을 지키는 사람이 하늘의 도움을 받다

(동사) 사업의 기반을 지키다 (保守'成業=基業')

持盈

보충과 견해

'지영持盈' 이 단어를 처음 기록한 문헌은 '노자老子 9장'에 나오는 문장 '持而盈之. 不如其已'라고 하는데 이 문장에 대한 학자들과 기타 주석을 먼저 보면 다음과 같다.

- 가지고 있으면서 그것을 채우려 하면 그만두는 것만 못하다. (김원중, 2018)
- 자기가 가지고 있는 것이 가득 차는 것은 그렇게 되지 않게 하는 것만 못하다. (김학주, 2011).
- 틀어쥐고 그것을 가득 채우는 것보다 일찌감치 그만두는 것이 더 낫다. (把持而使它满盈, 不如趁早停止). (饒尚寬, 2016)
- 용기가 찼을 때 그것을 가지고 다니려 하는 것보다 용기를 채우지 않고 내버려 두는 것이 더 낫다. (It is better to leave a vessel unfilled, than to attempt to carry it when it is full). (中國哲學書電子化計劃)
- 지持는 '지키는 · 유지하는 것이고', 잉盈은 '가득차다'이다. (持, 守也. 盈, 滿也). (韋昭 : 204~273)

주석을 면밀하게 분석하면 차이가 적지 않지만 포괄해서 보면 대략 '가지고 채우다(to fill sth while holding it)'로 귀결된다고 볼 수 있다. 원문의 이 주석은 본문에 나오는 의미 '사업의 기반을 지키다(保守成業)'와 차이가 있다. 이 책에서는 '한어대사전'의 의미 항목을 따랐다.

● 持盈者**與天**

사업의 기반을 지키는 사람이 하늘의 도움을 받다

(동사) 천도天道에 부합한 것은 하늘의 도움을 받는다 (謂凡合乎天道者, 則得天助)

● **定傾**者與人

위험한 지경에 있거나 쓰러져 가는 국가를 안정적으로 만드는 사람이 민심을 얻다

(동사) 위험한 형세 혹은 곧 쓰러지는 국가를 안정적으로 만들다 (使危險的局勢或即將傾覆的國家轉為穩定)

● 定傾者**與人**

위험한 지경에 있거나 쓰러져 가는 국가를 안정적으로 만드는 사람이 민심을 얻다

(동사) 민의에 부합하여 인심을 얻다 (合乎民意取得人心)

● **節事**者與地

일을 하는 데 절제가 있고 규범에 맞게 하는 사람이 땅의 이로움을 얻다

(동사) 일을 하는 데 있어 절제가 있고 규범에 맞게 하다 (謂行事有節制, 使合乎准則)

● 節事者**與地**

일을 하는 데 절제가 있고 규범에 맞게 하는 사람이 땅의 이로움을 얻다

(동사) 땅의 道에 부합한 것은 땅의 이로움을 얻는다 (謂凡合乎地道者, 則得地利)

090

一年之計，莫如樹穀；十年之計，莫如樹木；終身之計，莫如樹人

『管子관자・權修권수』

<table>
<tr><td>一年</td><td>之</td><td>計,</td><td colspan="2">莫如</td></tr>
<tr><td>일 년, yìnián</td><td>지, zhī</td><td>계, jì</td><td colspan="2">막여, mòrú</td></tr>
<tr><td>1년</td><td>(조사)
수식, 종속 관계
(↗007)</td><td>(명)
계획, 계책, 책략</td><td colspan="2">(고정구)莫如A.
'A만한 것이 없다. A가 가장 낫다'</td></tr>
<tr><td colspan="5">1년의 계획(은) {농작물을 경작하는 것}이 가장 낫고,</td></tr>
<tr><td>樹</td><td>穀;</td><td>十年之計,</td><td>莫如樹木;</td><td>終身</td></tr>
<tr><td>수, shù</td><td>곡, gǔ</td><td>십년지계,
shíniánzhījì</td><td>막여수목,
mòrúshùmù</td><td>종신, zhōngshēn</td></tr>
<tr><td>(동)심다, 뿌리다,
기르다, 경작하다</td><td>(명)농작물과
양식의 총칭</td><td>10년의 계획</td><td>나무를 심는 것이
가장 낫다</td><td>(명)일생, 평생</td></tr>
<tr><td colspan="2">{농작물을 경작하다}</td><td colspan="2">10년의 계획(은) 나무를
심는 것이 가장 낫(고),</td><td>일생...</td></tr>
<tr><td>之</td><td>計,</td><td colspan="2">莫如樹人</td><td rowspan="4"></td></tr>
<tr><td>지, zhī</td><td>계, jì</td><td colspan="2">막여수인, mòrúshùrén</td></tr>
<tr><td>(조사)수식, 종속
관계(↗007)</td><td>(명)계획, 계책,
책략</td><td colspan="2">사람을 기르는 것이 가장 낫다</td></tr>
<tr><td colspan="2">...의 계획(은)</td><td colspan="2">사람을 기르는 것이 가장 낫다.</td></tr>
</table>

[번역] 일 년의 계획은 농작물을 경작하는 것이 가장 낫고, 십 년의 계획은 나무를 심는 것이 가장 낫고, 일생의 계획은 사람을 기르는 것이 가장 낫다.

語法과 語彙

● 一年之**計**, 莫如樹穀

일 년의 계획은 농작물을 경작하는 것이 가장 낫다

(명사) 계획, 계책, 책략 (計劃; 計謀)

● 一年之計, 莫如**樹**穀

일 년의 계획은 농작물을 경작하는 것이 가장 낫다

(동사) 심다, 뿌리다, 기르다, 경작耕作하다(=땅을 갈아서 농사를 짓다) (種; 植)

● 一年之計, 莫如樹**穀**

일 년의 계획은 농작물을 경작하는 것이 가장 낫다

(명사) 농작물과 양식의 총칭 (莊稼和粮食的總稱)

● **終身**之計, 莫如樹人

일생의 계획은 사람을 기르는 것이 가장 낫다

(명사) 일생(=세상에 태어나서 죽을 때까지의 동안) (一生)

→ **終身**誦之 『論語・子罕』

일생 동안(終身) 그것을 암송하다(誦之)

091

故天將降大任於是人也，必先苦其心志，勞其筋骨，餓其體膚

『孟子맹자 · 告子下고자하』

故	天	將	降	大任
고, gù	천, tiān	장, jiāng	강, jiàng	대임, dàrèn
(접)원인＋故＋결과 (↗010) 그러므로, 그래서	(명)하느님, 자연계의 주재자 (↗069)	(조동사) ~하려 하다, 할 예정이다 (↗034)	(동)주다	(명)중요한 임무, 중요 직무

그러므로 하느님이 {이 사람에게} 중요한 임무를 주려고 할 (때)

於	是	人	也,
어, yú	시, shì	인, rén	야, yě
(전)동작 행위 대상 · 방면(↗003)	(대)재지시, 한정어(↗086), 이(this)	(명)인간, 사람 (↗036)	(어기)멈춤, 완만, 제시, 강조, '조건 · 가정 · 시간 포함'(↗046)

{이 사람에게}

必	先	苦	其	心志,
필, bì	선, xiān	고, kǔ	기, qí	심지, xīnzhì
(부)꼭, 반드시, 분명히(↗009)	(부)먼저, 우선 (↗034)	(형)고통스럽다, 괴롭다→(사동사)	(대)그(녀)의 '복수可'(↗018)	(명)마음, 생각

반드시 먼저 그의 마음을 고통스럽게 하(고),

勞	其	筋骨,	餓	其
노(로), láo	기, qí	근골, jīngǔ	아, è	기, qí
(동)피곤해지다 →(사동)	(대)그(녀)의 '복수可'(↗018)	(명)인대와 골격, 신체	(동)심각하게 굶주리다 →(사동사)	(대)그(녀)의 '복수可'(↗018)

그의 신체를 피곤하게 하(고), 그의 몸을 굶주리게 한다

體膚	
체부, tǐfū	
(명)신체와 피부, 신체, 몸	

[번역] 그러므로 하느님이 중요한 임무를 이 사람에게 주려고 할 때 반드시 먼저 그의 마음을 고통스럽게 하고, 그의 신체를 피곤하게 하고, 그의 몸을 굶주리게 한다.

語法과 語彙

● 故天將降大任於是人也
그러므로 하느님이 중요한 임무를 이 사람에게 주려고 한다

(동사) 주다 (賜給 ; 給予)

● 故天將降大任於是人也
그러므로 하느님이 중요한 임무를 이 사람에게 주려고 한다

(명사) 중요한 임무, 중요 직무 (重任, 重要職務)

● 必先苦其心志
반드시 먼저 그의 마음을 고통스럽게 한다

(형용사) 고통스럽다, 괴롭다, 곤궁하여 고통스럽다 (痛苦 ; 困苦)

(형용사) 곤궁하다, 빈곤하다 (窮困)

(명사) 병, 병으로 인한 고통, 결점 (病痛)

(동사) 고생하다, 수고하다, 부지런히 일하다 (勤勞 ; 勞苦)

● 必先苦其心志
반드시 먼저 그의 마음을 고통스럽게 한다

(명사) 마음, 생각 (心意)

(명사) 의지, 기개 (意志 ; 志氣)

(명사) 심성, 마음씨, (밖으로 드러나는) 성질・성격 (心性, 性情)

● 勞其筋骨
그의 신체를 피곤하게 한다

(동사) 일을 시키다, 지치다, 피곤해지다 (役使, 勞累)

→ 弊兵勞衆, 不足以成名 『戰國策・秦策一』

병사를 피곤하(弊兵)게 하고 '군중에게 일을 시키(勞衆)'면 명성을 이룰 수가 없다(不足以成名)

● 勞其**筋骨**

그의 신체를 피곤하게 한다

(명사) 인대와 골격. 파생되어 '신체'를 가리킨다 (韌帶及骨骼. 亦引申指身體)

● **餓**其體膚

그의 몸을 굶주리게 한다

(동사) 심각하게 굶주리다 (嚴重的飢餓)

→ 采薇而食之, 及**餓**且死, 作歌 『史記・伯夷列傳』

고사리를 캐어서(采薇而) 그걸 먹고(食之) 심각하게 굶주려 죽(餓且死)을 때(及) '노래를 짓다(作歌)'

● 餓其**體膚**

그의 몸을 굶주리게 한다

(명사) 신체와 피부, 신체, 몸 (身體和皮膚; 亦指軀體)

092

心不在焉, 視而不見, 聽而不聞, 食而不知其味

『禮記예기 · 大學대학』

心	不	在	焉,
심, xīn	부, bú	재, zài	언, yān
(명)(외형 · 표면에 대하여) 마음, 내심	(부)동사술어 앞. '~하지 않다'(↗010)	(동)~에 속해 있다, ~에 있다(↗062)	(어기)문중. 멈춤, 문장제기(↗038)

마음이 있지 않(으면) [조건 · 가정 · 시간절]('어법' 참조)

[견해] 사실 언焉이 겸사로 '거기에(於之)' 혹은 '여기에(於是)'로 풀이되면 의미가 한결 더 멋지기는 하다(마음이 거기에 있지 않으면 보아도 보이지 않고.../마음이 여기에 있지 않으면 보아도 보이지 않고...). 하지만 어기사로 본다. [통사 견해는 '어법과 어휘'란 참조]

視	而	不	見,
시, shì	이, ér	불, bú	견, jiàn
(동)보다	(접)의미 전환. '그러나, 오히려'	(부)동사술어 앞. '~하지 않다'(↗010)	(동)보다 →(피동)보이다

보아만/보지만 보이지 않(고)

[견해] 이 문장에서 시視(보다)와 견見(보다)의 차이는 동작의 주체 의지의 차이로 보인다. 즉 視는 보려고 하는 주체의 의지가 반영된 것이고, 見은 '보여지다'로 주체의 의지가 반영되지 않은 것으로 파악했다. 주체의 동작 의지 유무는 결국 동사를 능동과 피동으로 갈리게 하였다. 아래 청聽(듣다)과 문聞(듣다) 역시 같은 쓰임으로 보았다('듣다'와 '들리다'). 더 많은 용례를 제시하여 정리할 필요가 있다.

聽	而	不	聞,
청, tīng	이, ér	불, bù	문, wén
(동)듣다	(접)의미 전환. '그러나, 오히려'	(부)동사술어 앞. '~하지 않다'(↗010)	(동)듣다→ (피동)들리다

들어도/듣지만 들리지 않(고)

<table>
<tr><td><u>食</u></td><td>而</td><td>不</td><td>知</td></tr>
<tr><td>식, shí</td><td>이, ér</td><td>부, bù</td><td>지, zhī</td></tr>
<tr><td>(동)먹다</td><td>(접)의미 전환.
'그러나, 오히려'</td><td>(부)동사술어 앞.
'~하지 않다'(↗010)</td><td>(동)이해하다, 알다
(↗064)</td></tr>
<tr><td colspan="4">먹어도/먹지만 {알지 못한다}</td></tr>
<tr><td>其</td><td colspan="2">味</td><td rowspan="4"></td></tr>
<tr><td>기, qí</td><td colspan="2">미, wèi</td></tr>
<tr><td>(대)其+명사
(이, 그, 저)(한정어)</td><td colspan="2">(명)혀로 무엇을 맛보면 얻는 감각, 맛(↗052)</td></tr>
<tr><td colspan="3">그 맛을 {알지 못한다}.</td></tr>
</table>

[번역] 마음이 있지 않으면 보아도 보이지 않고, 들어도 들리지 않고, 먹어도 그 맛을 알지 못한다.

語法과 語彙

● 心不在焉, 視而不見

마음이 있지 않으면 보아도 보이지 않는다

(명사) (외형・표면에 대하여) 마음, 내심 (內心)

(명사) 고대에는 마음을 사유기관思惟器官으로 여겼기 때문에 두뇌를 대신하여 계속 사용했다 (古代以心爲思惟器官, 故沿用爲腦的代稱)

(명사) 생각, 의식 (思想; 心思)

(명사) 심성, 마음씨, 성정 (心性 ; 性情)

● 心不在焉, 視而不見

마음이 있지 않으면 보아도 보이지 않는다

보충과 견해

'언焉'이 겸사로 쓰일 때는 '동작, 행위와 관련 있다'고 정의하지만, 거의 앞에 등장하는 단어, 구, 절 등 표현을 다시 쓰는 즉, 재지시의 용도를 가지고 있는 것으로 보인다. 따라서 焉을 문중에 쓰여 문장을 잠시 멈추고, 문장을 제기하는 '어기사'로 보았다.

(겸사) '언(焉)'은 '전치사(於) + 대명사(是/之)'의 역할을 하여 '於 + 是/之'에 상응한다. 자주 동사 다음에 쓰여 보어가 되며 동작, 행위와 관련 있는 또는 앞 문장에서 출현한 장소, 인물, 사건, 사물 등을 나타낸다. '여기/저기에서', '여기/저기로부터' 등으로 번역될 수 있다.

→ 積土成山, 風雨興焉; 積水成淵, 蛟龍生焉 『荀子・勸學』

흙을 쌓아 산을 이루(積土成山)고 바람과 비(風雨)는 여기에서 일어난다(興焉); 물이 모(積水)여 연못을 이루(成淵)고 교룡(蛟龍)은 여기서 만들어진다(生焉)

● 心不在焉, 視而不見
마음이 있지 않으면 보아도 보이지 않는다

(동사) 보다 (看)

→ 視其所以 『論語・爲政』
그(其)가 인식하는 것(所以)을 보다(視)

● 心不在焉, 視而不見
마음이 있지 않으면 보아도 보이지 않는다

而

(접속사) 전환을 나타내는 접속사로 앞뒤의 두 부분이 의미적으로 서로 상대적이거나 상반되는 구를 가지고 있어 서로 협력하고 앞뒤의 전환 의미를 돌출되게 한다. '그러나, 오히려' 등으로 번역된다.

→ 擧世皆混濁而我獨清, 衆人皆醉而我獨醒 『史記・屈原賈生列傳』
온 세상(擧世)은 모두(皆) 혼탁하지만(混濁而) 나만(我獨) 맑(淸)고 많은 사람(衆人)이 모두(皆) 취해 있지만(醉而) 나만 깨어 있다(我獨醒)

● 食而不知其味
먹어도 그 맛을 알지 못한다

(동사) 먹다. 술을 마시는 것 역시 '食'으로 부른다 (吃, 喝酒亦叫食)

→ 子食於有喪者之側 『論語・述而』
공자(子)가 장례가 있는 사람의(有喪者之) 옆에서(於...側) 먹다(食)

● 食而不知其味
먹어도 그 맛을 알지 못한다

(대명사) 명사 앞에 놓여 대신 지칭하는 지시대명사 역할을 한다. '이, 그, 저' 등으로 번역

된다 (用于名詞前起指代作用. 可譯爲"這"、"那"等.)

→ <u>其</u>巫, 老女子也. 『史記 · 滑稽列傳』

그 무당(其巫)은 늙은 여자이다(老女子也)

093

流水不腐，戶樞不蠹，動也

『呂氏春秋여씨춘추 · 季春紀계춘기 · 盡數진수』

流水	不	腐,
유수, liúshuǐ	불, bù	부, fǔ
(명)흘러 움직이는 물, 흐르는 물	(부)동사술어 앞. '~하지 않다'(↗010)	(동)썩다

흐르는 물이 썩지 않(고)

戶樞	不	蠹,
호추, hùshū	부, bú	두, dù
(명)빗장, 문지도리	(부)동사술어 앞. '~하지 않다'(↗010)	(동)좀먹다

문지도리가 좀먹지 않(는 이유는/ 않는 것은/...)

動	也
동, dòng	야, yě
1. (동)움직이다 2. 움직임(동→명)	(어기)진술 강조(↗017)

1. 움직이기 때문이다. (움직이다)

2. 움직임 때문이다. (움직임)

[견해] 본문의 다음 문장을 보면 '形氣亦然, 形不動則精不流, 精不流則氣鬱'이다. 이 문장의 번역은 '형과 기(形氣) 역시 그래서(亦然) 형(形)은 움직이지 않으면(不動則) 가만히 있어 흐르지 않(精不流)고 가만히 있어 흐르지 않으면(精不流則) 마음이(or 氣는) 답답하다(氣鬱)' 정도가 될 수 있다.

이 문장은 '조건과 결과'를 병렬하여 표현한 문장이다. 전체 문장의 통사를 보면 [流水不腐, 戶樞不蠹, 動也. 形氣

亦然, 形不動則精不流, 精不流則氣鬱 (흐르는 물은 썩지 않고, 문지도리가 좀먹지 않는 이유는 움직이기 때문이다. 형과 기 역시 그래서 형은 움직이지 않으면 가만히 있어 흐르지 않고 가만히 있어 흐르지 않으면 마음이 답답하다)] ⋯→ [流水不腐, 戶樞不蠹(이유), 動也(이유 근거 제시)][形氣亦然(동일 경우 제시 언급), 形不動則精不流(조건가정 + 결과), 精不流則氣鬱(조건가정 + 결과)]의 나열로 볼 수 있다.

본문의 문장은 '이유 제기와 이유가 성립하는 타당성을 제시'하는 복문으로 나누어졌다고 볼 수 있다(A한 이유는 B때문이다). 따라서 이 복문을 '이유복문'으로 부르기로 한다.

이 복문은 '원인 + 결과'를 나타내는 '인과복문'과는 다르다.

→ 陽貨欲見孔子, **孔子不見, 歸孔子豚**『論語·陽貨』

양화(陽貨)가 공자를 만나길 원했(欲見孔子)지만 공자는 보기가 쉽지 않(孔子不見)아 '공자에게 새끼 돼지를 선물로 주었다(歸孔子豚)'. ['어법-복문' 참조]

[번역] 흐르는 물은 썩지 않고, 문지도리가 좀먹지 않는 이유는 움직이기 때문이다.

語法과 語彙

● 流水不腐

흐르는 물은 썩지 않는다

(명사) 흘러 움직이는 물, 흐르는 물 (流動的水 ; 活水)

(명사) 흐르는 세월 (形容流逝的歲月)

(동사) 물이 아래로 흐르다 (謂水向低處流逝)

(동사) 흐르는 물처럼 연속되고 단절되지 않다 (像流水一樣接連不斷)

● 流水不腐

흐르는 물은 썩지 않는다

(동사) 썩다 (臭)

(동사) 썩어 문드러지다, 썩다 (朽爛)

(형용사) 역겹다, 더럽다 (臭)

(형용사) (언동이) 시대에 뒤떨어지다, 진부하다, 케케묵다, 낡아빠지다 (迂腐)

(명사) 썩어 문드러진 물건 (腐爛的物體)

● 戶樞不蠹

문지도리는 좀먹지 않는다

(명사) 빗장, 문지도리 (門閂)

(명사) 문의 기둥 (門軸)

(명사) 문, 출입문 (門戶)

(명사) 관건 (關鍵)

보충

- 문지도리 : 돌쩌귀, 문장부 따위를 통틀어 이르는 말
- 돌쩌귀 : 문짝을 문설주에 달아 여닫는 데 쓰는 두 개의 쇠붙이. 암짝은 문설주에, 수

짝은 문짝에 박아 맞추어 꽂는다

• 문설주 : 문짝을 끼워 달기 위하여 문의 양쪽에 세운 기둥
• 문장부 : 널문 한쪽 위아래에 꽂는 둥근 촉으로, 문둔테에 끼워 문을 여닫게 하는 나무 수톨쩌귀
• 문짝 : 문틀이나 창틀에 끼워서 여닫게 되어 있는 문이나 창의 한 짝

● 戶樞不蠹
문지도리는 좀먹지 않는다

(명사) 좀(나무좀, 빈대좀 등 의류와 종이의 해충/사물을 눈에 띄지 않게 조금씩 해치는 사람이나 물건을 비유한 말) (蛀虫)

(동사) 좀먹다 (蛀蝕)

(동사) 손상시키다, 훼손하다, 손상을 주다 (損壞, 損害)

● 流水不腐, 戶樞不蠹, 動也
흐르는 물은 썩지 않고, 문지도리가 좀먹지 않는 이유는 움직이기 때문이다

(동사) 움직이다 (行動, 動作)

→ 四支僵勁不能動 『送東陽馬生序』(明・宋濂)
사지(四支 : 四肢)가 굳어(僵勁 〈강경, jiāngjìng〉 : 堅硬) 움직일 수 없다

094

禍莫大於輕敵，輕敵幾喪吾寶

『老子노자 · 六十九章69장』

禍	莫	大	於
화, huò	막, mò	대, dà	어, yú
(명)재해, 재난, 불운	(대)주어 + 莫 + 동 · 형. '주어 중에는 어떤 것도 ~않다'	(형)크다	(전)비교 대상 이끎. '~보다'(↗035)
재난 중에는 어떠한 것도 {적을 무시하는 것}보다 큰 것이 없(고),			
輕	**敵,**	**輕敵**	**幾**
경, qīng	적, dí	경적, qīngdí	기, jī
(동)경시하다, 무시하다(↗048)	(명)적(enemy)	적을 무시하다	(부)거의
{적을 무시하다}		적을 무시(하면) 거의 [조건가정 긴축복문('어법' 참조)]	
喪	**吾**	**寶**	
상, sàng	오, wú	배, bǎo	
(동)잃다, 상실하다	(대)나, 우리. '주어, 목적어, 한정어'(↗016)	(명)보물, 진귀한 물건(↗024)	
나의 보물을 잃는다.			

[번역] 재난 중에는 어떠한 것도 적을 무시하는 것보다 큰 것이 없고, 적을 무시하면 거의 나의 보물을 잃는다.

語法과 語彙

● <u>禍</u>莫大於輕敵

재난 중에는 어떠한 것도 적을 무시하는 것보다 큰 것이 없다

(명사) 재해, 재난, 불운 ('灾 · 災'害 ; 災難)

(명사) 잘못, 죄악 (罪過)

(동사) 해를 입히다, 불운을 주다 (降禍 ; 加害)

(동사) 피해를 입다, 재난을 만나다 (遭難 ; 受害)

● 禍<u>莫</u>大於輕敵

재난 중에는 어떠한 것도 적을 무시하는 것보다 큰 것이 없다

莫

(대명사) 자주 무지시대명사로 쓰여 사람, 사물이 존재하는 것에 대한 부정을 나타내고 '아무도 ~않다(nobody), 어떤 것도 ~않다(nothing), 어디서도 ~않다(nowhere)' 등으로 번역될 수 있다. 때때로 '莫' 앞에 선행사가 있어 주어가 되어 '주어 + 莫 + 동사/형용사'의 구조를 만들고 이때 莫은 앞의 주어 중에 '아무도 없다, 아무도 ~(하지) 않다, 하나도 없다, 하나도 ~(하지) 않다'는 의미를 나타낸다. (没有誰, 没有一個)

→ 諸公<u>莫</u>敢復明言於上 『史記 · 魏其武安侯列傳』

많은 고관 중에서(諸公 : 衆公卿) 아무도(莫) 다시(復) 분명히(明) 대담하게(敢) 왕에게 말하(言於上)지 못한다(莫)

● 禍莫<u>大</u>於輕敵

재난 중에는 어떠한 것도 적을 무시하는 것보다 큰 것이 없다

(형용사) 면적, 부피, 용량, 수량, 역량, 강도, 나이, 중요성 등에서 일반적인 것을 넘거나 비교되는 대상을 넘는 (在面積、體積、容量、數量、力量、强度、年齡、重要性等方面超過一般或超過所比對象)

→ 而後知此其大夢也 『莊子・齊物論』
그런 다음(而後) 이러한 그 큰 꿈(此其大夢)을 안다(知...也)

● 禍莫大於輕敵
재난 중에는 어떠한 것도 적을 무시하는 것보다 큰 것이 없다

(명사) 적(enemy) (敵人 ; 仇敵)

(형용사) 적대적인 (敵對的)

(동사) 대항하다, 맞서다, 저항하다, 막다 (對抗 ; 抵擋)

● 輕敵幾喪吾寶
적을 무시하면 거의 나의 보물을 잃는다

(부사) 매우 가까이 있음을 말한다. '거의' (表示非常接近, 相當于"幾乎"、"超不多")

(명사) 매우 작은 현상・조짐, 사건의 조짐・낌새・전조 (細微的迹象 ; 事情的苗頭)

● 輕敵幾喪吾寶
적을 무시하면 거의 나의 보물을 잃는다

(동사) 잃다, 상실하다 (喪失)

喪

[보충] 단어 상喪은 동사로 쓰일 때는 [상, sàng]으로 '잃어버리다', '멸망하다', '장례를 치르다', '기를 꺾다' 등이다. 명사와 형용사로 쓰일 때는 [상, sāng]이고 명사 의미는 '장례', '죽은 이의 시체' 등이며 형용사로는 '슬프다' 등이다.

→ 二三子何患於喪乎? 『論語・八佾』
여러분(二三子)은 왜(何) 상실(잃어버림 – 명사화)에 대해서 걱정하(患於喪)는 겁니까(乎)?

095

政不可不愼也，務三而已．一曰擇人，二曰因民，三曰從時

『左傳좌전 · 昭公七年소공7년』

政	不可不	愼	也,
정, zhèng	불가불, bùkěbú	신, shèn	야, yě
(명)정치, 정사(↗011)	(조동사) 반드시 ~해야 한다 (↗084)	(동)신중하다, 조심하다	(어기) 멈춤, 완만, 제시, 강조, '조건 · 가정 · 시간 포함' (↗046)

정치 · 정사는 반드시 신중해야 하(는데)

務	三	而已.
무, wù	삼, sān	이이, éryǐ
(명)긴요緊要(=꼭 필요하고 중요한)한 일	(수사)셋, three	(어기)문미, 제한어기, ~뿐이다

꼭 필요하고 중요한 일(은) 세 가지일 뿐이다.

一	曰	擇人,
일, yì	왈, yuē	택인, zérén
(수사)하나, one	(동)~이다	(동)적당한 사람을 선택하다

하나는 적당한 사람을 선택하(는 것이고),

二	曰	因	民,
이, èr	왈, yuē	인, yīn	민, mín
둘, two	(동)~이다	(동)의지하다, 기반으로 하다	(명)서민 · 평민 · 백성 · 민중(↗083)

둘은 백성을 기반으로 하(는 것이고),

三	曰	<u>從時</u>
삼, sān	왈, yuē	종시, cóngshí
셋, three	(동)~이다	(동)적절한 시기를 따르다
셋은 적절한 시기를 따르는 것이다.		

[번역] 정치(정사)는 반드시 신중해야 하는데, 꼭 필요하고 중요한 일은 세 가지일 뿐이다. 하나는 적당한 사람을 선택하는 것이고, 둘은 백성을 기반으로 하는 것이고, 셋은 적절한 시기를 따르는 것이다.

語法과 語彙

● 政不可不**慎**也

정치(정사)는 반드시 신중해야 한다

(동사) 조심하다, 신중히 하다 (謹慎, 小心)

→ 故**慎**制祀以爲國典 『展禽論祀爰居』(先秦・佚名)

그래서(故) 제사를 '신중히 제정하여(慎制祀以)' '국가의 예례(國典)'로 삼다(爲)

(형용사) 조심하는, 신중하는 (謹慎, 小心)

● 政不可不慎也, **務**三而已

정치는 반드시 신중해야 하는데, 꼭 필요하고 중요한 일은 세 가지일 뿐이다

(명사) 긴요緊要(=꼭 필요하고 중요한)한 일 (緊要的事情)

(명사) 일, 사건 (事 ; 事情)

(명사) 직업, 일 (工作 ; 職業)

● 政不可不慎也, 務三**而已**

정치는 반드시 신중해야 하는데, 꼭 필요하고 중요한 일은 세 가지일 뿐이다

而已

(어기사, 관용구) 보통 진술문의 문미에 쓰여 제한 어기를 나타내어, 그것 앞의 서술어가 묘사한 범위에 한정됨을 말한다.

→ 有婦人焉, 九人**而已** 『論語・泰伯』

그 속에(焉) 부인이 있(有婦人)으니 아홉 사람(九人)뿐이다(而已)

● 一曰擇人

하나는 적당한 사람을 선택하는 것이다

曰

(동) ~이다. (爲, 是)

→ 一曰水, 二曰火, 三曰木, 四曰金, 五曰土 『尚書・洪範』

1은 물이고, 2는 불이고, 3은 나무이고, 4는 금이고, 5는 흙이다

● 一曰擇人

하나는 적당한 사람을 선택하는 것이다

(동사) 적당한 사람을 선택하다 (選擇適當的人)

● 二曰因民

둘은 백성을 기반으로 하는 것이다

(동사) 의지하다, 기반으로 하다 (依靠, 凭借)

→ 因(之而)不失其親, 亦可宗也 『論語・學而』

그것을 기반으로 하고(因(之而)) 그의 가까운 사람(其親)을 잃지 않(不失)으면 존경받을 만하나(亦可宗也)

(동사) 따르다, 좇다 (順隨, 順着)

● 三曰從時

셋은 적절한 시기를 따르는 것이다

(동사) 적절한 시기를 따르다 (順從時宜 ; 順從時令)

096

盛年不重來，一日難再晨.
及時當勉勵，歲月不待人

(魏晉위진 · 陶淵明도연명 · 雜詩잡시)

盛年	不	重來,
성년, shèngnián	부, bù	중래, chónglái
(명)청년과 장년	(부)동사술어 앞. '~하지 않다'(↗010)	(동)다시 오다

청년과 장년은(=청장년 시기) 다시 오지 않(고)

一日	難	再	晨.
일일, yírì	난(란), nán	재, zài	신, chén
(명)하루, 한 번의 낮과 밤(↗072)	(동)~할 수 없다	(동)중복하다, 계속하다	(명)아침

하루는 아침을 '중복할 수 없다/계속할 수 없다.'

及時	當	勉勵,
급시, jíshí	당, dāng	면려, miǎnlì
(동)시간을 만나다, 유리한 시기를 얻다	(조동사)마땅히 ~해야 한다	(동)힘을 다하다, 노력하다

유리한 시기를 만나면 힘을 다해야 한다. [시간조건 긴축복문]('어법' 참조)

歲月	不	待	人
세월, suìyuè	부, bú	대, dài	인, rén
(명)년월. 보통 시간을 가리킨다	(부)동사술어 앞. '~하지 않다'(↗010)	(동)기다리다	(명)인간, 사람(↗036)

시간은 사람을 기다리지 않는다.

[번역] 청장년 시기는 다시 오지 않고, 하루는 아침을 중복할 수 없다. 유리한 시기를 만나면 힘을 다해야 한다. 시간은 사람을 기다리지 않는다.

語法과 語彙

● **盛年**不重來

청장년 시기는 다시 오지 않는다

(명사) 청년과 장년 (指靑壯年)

● 盛年不**重來**

청장년 시기는 다시 오지 않는다

(동사) 다시 오다 (再來 ; 復來)

● 一日**難**再晨

하루는 아침을 중복할 수 없다

(동사) ~할 수 없다 (不可; 不能)

→ 衆怒**難**任, 陵人不祥 『左傳・僖公十五年』

대중이 분노하(衆怒)면 책임질 수 없(難任)고 타인을 괴롭히(陵人)면 길하지 않다(不祥)

(형용사) 좋지 않다 (不好)

● 一日難**再**晨

하루는 아침을 중복할 수 없다

(동사) 중복하다, 계속하다 (重複; 繼續)

(부사) 하나의 동작이 다른 하나의 동작 다음에 발생하는 것을 보여준다. '다음' 등으로 번역될 수 있다 (表示一個動作發生在另一個動作之後, 相當于"然後")

(부사) 따로, 달리, 별도로 (另 ; 另外)

● 一日難再**晨**

하루는 아침을 중복할 수 없다

(명사) 아침 (早晨)

● 及時當勉勵
유리한 시기를 만나면 힘을 다해야 한다

(동사) 시간을 만나다, 유리한 시기를 얻다 (逢時, 謂得到有利時機)

→ 萬物皆及時, 獨余不覺春 『長安羈旅行』(唐・孟郊)
만물(萬物)은 모두(皆) 때를 만났(及時)는데 나만 홀로(獨余) 봄을 느끼지 못한다(不覺春)

(형용사) 시기적절하다 (適時)

(동사) 시기를 잡다, 시간을 잡다 (把握時機, 抓緊時間)

(동사) 시간이 되다 (到時候)

● 及時當勉勵
유리한 시기를 만나면 힘을 다해야 한다

當

(조동사) 마땅히 ~해야 한다. (應該; 應當)

→ 人無於水監, 當於民監 『尙書・酒誥』
사람(人)은 물로부터(於水) 거울로 삼지 말고(無…監) 마땅히(當) 사람으로부터(於民) 거울로 삼아야 한다(監)

→ 丈夫爲志, 窮當益堅, 老當益壯 『後漢書・馬援傳』
대장부(丈夫)가 뜻을 세움(爲志)에 있어 빈궁할(窮) 때는 마땅히(當) 더(益) 확고해야 하고(當…堅), 늙고 쇠약할(老) 때는 마땅히(當) 더(益) 건장하고 힘차야 한다(當…壯)

일부 어법서에서 '당當'을 '조동사'로 보고 있지만 조동사는 동사 앞에서만 쓰인다. 그러나 '당當'은 동사 앞에서 쓰일 뿐만 아니라 상기 예문처럼 형용사 서술어 앞에서도 쓰인다는 점에서 부사로 보는 것이 비교적 타당하다고 본다. (何樂士, 2006)
조동사(능원동사)가 반드시 '동사' 앞에서만 사용되는 것이 아니라 조동사는 '형용사'와도 함께 어울려 사용된다고 언급했는데(張玉金, 2010), 이에 따르면 '조동사'로 분류할 수 있을 것 같다. 張玉金(2010) 이외 楊启國(2016) 역시 그의 고대중국어 어법서에서 '당當'을 조동사로 분류하고 있다. '부사'로 분류할 것인지 '조동사'로 분류할 것인지에 대해서는 좀 더 논의가 필요할 것 같다. 이 책에서는 '당當'을 조동사로 본다.

● 及時當**勉勵**

유리한 시기를 만나면 힘을 다해야 한다

(동사) 힘을 다하다, 노력하다 (盡力 ; 努力)

(동사) 격려하다, 장려하다, 북돋우다 (勸勉鼓勵)

● **歲月**不待人

시간은 사람을 기다리지 않는다

(명사) 년월. 보통 시간을 가리킨다 (年月. 泛指時間)

→ **歲月**如流 『擬魏太子<鄴中集>詩』序(南朝・宋・謝靈運)

시간(歲月)이 흐르는 물 같다(如流 : 如同流水一樣)

(명사) 짧은 시간 (指短時間)

● 歲月不**待**人

시간은 사람을 기다리지 않는다

(동사) 기다리다 (等, 等候)

→ 秦不能久, 請深壘固軍以**待**之 『左傳・文公十二年』

진(秦)은 오래 지속될 수 없(不能久)으니 '높은 벽을 쌓고(深壘 : 築高墻)' 군대를 공고히 하여(固軍以) 그들을 기다리기를 원한다(請待之)

097

道可道非常道，名可名非常名.
無名天地之始，有名萬物之母

『老子노자 · 一章1장』

道	可	道	非	常道,
도, dào	가, kě	도, dào	비, fēi	상도, chángdào
(명)도(道) [화제, topic]	(조동사)가능. '~할 수 있다'(↗038)	(동)말하다. 진술하다	(부)부정 표시. '명사 앞'	(명)일정한 법칙, 규율; 항상 있는 현상

도(道)는 말할 수 있으면 일정한 법칙 · 규율이 아니(or 항상 있는 현상이 아니다)고,

'조건가정긴축복문'으로 이 문장의 의미를 분석하면 '道는 말할 수 없기 때문에 常道이다' 또는 '常道(=항상 있는 현상)는 말할 수 없어야 한다' 등이 될 수 있다.

名	可	名	非	常名.
명, míng	가, kě	명, míng	비, fēi	상명, chángmíng
(명)사물의 '이름/명칭' [화제]	(조동사)가능. '~할 수 있다' (↗038)	(동)이름 붙이다. 명명하다	(부)부정 표시. '명사 앞'	(명)영원한 이름

이름(名)은 부를 수 있으면 영원한 이름이 아니다.

'조건가정긴축복문'으로 의미는 '名은 명명할 수 없기 때문에 常名이다', '영원한 이름은 부를 수 없어야 한다' 등이 될 수 있다.

無名	天地	之	始,	有名
무명, wúmíng	천지, tiāndì	지, zhī	시, shǐ	유명, yǒumíng
(명)실체가 이름이 없는 것	(명)천지; 하늘과 땅	(조사)수식, 종속 관계. '~의'(↗007)	(명)시작. 처음	(명)실체가 이름이 있는 것
실체가 이름이 없는 것(이) 천지의 시작이(고)				**실체가 이름이 있는 것(이)**

萬物	之	母
만물, wànwù	지, zhī	모, mǔ
만물	(조사)수식, 종속 관계. '~의'(↗007)	(명)근본, 근원
만물의 근원이다.		

[번역] 道는 말할 수 있으면 항상 있는 현상이 아니고(=道는 말할 수 없기 때문에 常道)이고 이름은 부를 수 있으면 영원한 이름이 아니다(=名은 명명할 수 없기 때문에 常名이다). 실체가 이름이 없는 것이 천지의 시작이고, 실체가 이름이 있는 것이 만물의 근원이다.

語法과 語彙

● 道可**道**非常道
道는 말할 수 있으면 항상 있는 현상이 아니다

(동사) 말하다, 진술하다 (說, 講述)

→ 此中人語云 : "不足爲外人**道**也" 『桃花源記』(晉・陶淵明)
이 안에 있는 사람(此中人)이 '다음처럼 말했다(語云)'. "외부인에게(爲外人) 말하지 마라(不足...道也)"

● 道可道**非**常道
道는 말할 수 있으면 항상 있는 현상이 아니다

非

(부정부사) 명사 서술어 앞이나 판단문의 기타 서술어 앞에 쓰여 사물 등에 대한 부정을 보여주거나 서술어나 주어 관계의 부정을 보여준다. 또한 형용사가 서술어가 되는 판단문의 문중에 사용되기도 한다.

→ 此庸夫之怒也, **非**士之怒也 『戰國策・魏策四』
이것(此)은 '평범한 사람(庸夫)'의 분노이(怒也)지 선비의 분노(士之怒)가 아니다(非...也)

→ 俗儒不達時宜, 好是古**非**今 『漢書・元帝紀』
보통의 유생(俗儒)은 적절한 시기(時宜)를 잘 모르(不達)기 때문에 좋아하는 것은 옛날이(好是古)지 '현재가 아니다(非今)'

→ 今京不度, **非**制也 『左傳・隱公元年』
지금(今) 수도(京)는 '법도에 맞지 않으니; 예법을 존중하지 않으니(不度 : 不合法度 ; 不遵禮度)' (선왕의) 제도가 아니다(非制也)

→ **非**天質之卑, 則心不若余之專耳 『送東陽馬生序』(明・宋濂)
타고난 자질이(天質之) 낮은 것이 아니라(非...卑) 오히려(則) 마음(心)이 '나의 전념(余之專)'만 못하다(不若...耳)

● 道可道非**常道**
道는 말할 수 있으면 항상 있는 현상이 아니다

(명사) 일정한 법칙, 규율; 항상 있는 현상 (一定的法則、規律 ; 常有的現象)

● **名**可名非常名
이름은 부를 수 있으면 영원한 이름이 아니다

(명사) 사물의 '이름/명칭' (事物的名稱)

● 名可**名**非常名
이름은 부를 수 있으면 영원한 이름이 아니다

(동사) 이름 붙이다, 명명하다 (命名)

● 名可名非**常名**
이름은 부를 수 있으면 영원한 이름이 아니다

(명사) 영원한 이름 (永恒之名)

● **無名**天地之始
실체가 이름이 없는 것이 천지의 시작이다

(명사) 도가에서 천지가 아직 형성되지 않은 때의 상태를 '무명(無名)'이라고 말한다 (道家稱天地未形成時的狀態為「無名」) ⋯▸ 실체가 이름이 없는 것

견해

상기 정의는 다음 문장을 감안해서(실체가 이름이 있는 것이 만물의 근원이다) '실체에 이름을 붙이지 않은 상황' 즉, '실체가 이름이 없음'으로 보았다.

● **有名**萬物之母
실체가 이름이 있는 것이 만물의 근원이다

(명사) 도가에서 모든 사물의 '근본적인 실체 or 본체'에 대한 이름 붙이기. '무명'과 서로 대립된다 (道家指萬物本原的命名. 與「無名」相對) ⋯▸ 실체가 이름이 있는 것

● 有名萬物之**母**
실체가 이름이 있는 것이 만물의 근원이다

(명사) 근본, 근원 (根本 ; 根源)

098

禮曹據司譯院牒呈啓, '老乞大、朴通事、前後漢書、直解孝敬等書, 緣無板本, 讀者傳寫誦習.' (禮曹)請(世宗)令鑄字所印出, (世宗)從之.

朝鮮조선『世宗實錄세종실록』

禮曹	據	司譯院	牒呈	啓,
예조, lǐcáo	거, jù	사역원, sīyìyuàn	첩정, diéchéng	계, qǐ
(명)조선 시대 예조禮曹	(동)근거로 하다, 의거하다, 따르다	(명)조선 시대 사역원司譯院	(명)하급 관리가 상급 관리에게 올리는 글; 청원서	(동)진술하다, 보고하다
예조禮曹는 사역원司譯院의 청원서에 근거하여 보고했다.				

'老乞大、	朴通事、	前後漢書、	直解孝敬	等
노걸대, lǎoqǐdà	박통사, piáotōngshì	전후한서, qiánhòu hànshū	직해효경, zhíjiěxiàojìng	등, děng
(책명『노걸대』	(책명)『박통사』	(책명)『전한서』, 『후한서』	(책명)『직해효경』	(조)열거, 끝나지 않음. '~등, ~와'
"'노걸대', '박통사', '전후한서', '직해효경' 등(의)				

[보충] '老乞大、朴通事、前後漢書、直解孝敬等書'에서 '등等'과 '서書' 사이에 수식을 나타내는 조사 '지之'가 쓰이지 않았다.

書,	緣	無	板本,
서, shū	연, yuán	무, wú	판본, bǎnběn
(명)서적, 책, 제본한 책(↗080)	(접속사)원인. ~때문에	(동)없다(↗047)	(명)판본(板本=版本)
서적(은)	**판본이 없기 때문에**		

讀者	傳寫	誦習.’
독자, dúzhě	전사, chuánxiě	송습, sòngxí
(명)책 · 발행물 · 문장을 읽는 사람, 독자	(동)전사하다(=글이나 그림 따위를 옮기어 베낌)	(동)소리 내어 읽어서 공부하다

읽는 사람은 전사轉寫하여 소리 내어 읽어 공부합니다. ”

[동작의 순차 발생인데 발생 순서를 나타내는 접속사 이而를 생략하였다]

(禮曹)請	(世宗)令	鑄字所	印
청, qǐng	영(령), lìng	주자소, zhùzìsuǒ	인, yìn
(동)바라다, 요청하다	(동)명령을 내리다 (↗004)	(명)주자소; 활자를 만들어 책을 찍어 내던 곳	(동)인쇄하다

(예조가 세종에게) 주자소가 인쇄하여 제작하도록 명령을 내리기를 요청했(고)

出,	(世宗)從	之.
출, chū	종, cóng	지, zhī
(동)제작하다	(동)복종하다, 따르다 →(사동)따르게 하다	(대)재지시(↗007)

(세종은) 그것을 따르게 했다.

[번역] 예조禮曹는 사역원司譯院의 청원서에 근거하여 보고했다. “『노걸대老乞大』, 『박통사朴通事』, 『전후한서前後漢書』, 『직해효경直解孝敬』 등의 서적은 판본이 없기 때문에 읽는 사람은 전사轉寫 · 轉寫하여 소리 내어 읽어 공부합니다.” (예조가 세종에게) 주자소가 인쇄하여 제작하도록 명령을 내리기를 요청했고, (세종은) 그것을 따르게 했다.

語法과 語彙

● 禮曹據司譯院牒呈啓
예조禮曹가 사역원司譯院의 청원서에 근거하여 보고하다

(명사) 조선 시대에, 육조 가운데 예악, 제사, 연향(宴享/醼享 : 국빈을 대접하는 잔치), 조빙(朝聘 : 신하가 조정에 나아가 임금을 만나는 일과 나라와 나라 사이에 서로 사신을 보내는 일), 학교, 과거 따위에 대한 일을 맡아보던 관아. 태조 원년(1392)에 두었고 고종 31년(1894)에 없앴다.

● 禮曹據司譯院牒呈啓
예조禮曹가 사역원司譯院의 청원서에 근거하여 보고하다

(동사) 근거로 하다, 의거하다, 따르다 (依据 ; 根据)

(동사) 누르고 있다, 쥐고 있다, 잡고 있다 (按着)

● 禮曹據司譯院牒呈啓
예조禮曹가 사역원司譯院의 청원서에 근거하여 보고하다

(명사) 고려・조선 시대에, 외국어의 번역 및 통역에 관한 일을 맡아보던 관아. 고려 말에 통문관을 고친 것으로, 고종 31년(1894)에 없앴다

● 禮曹據司譯院牒呈啓
예조禮曹가 사역원司譯院의 청원서에 근거하여 보고하다

(명사) 아래에서(=하급 관리가) 위로(=상급관리에게) 올리는 글 (下呈上的文書)

● 禮曹據司譯院牒呈啓
예조禮曹가 사역원司譯院의 청원서에 근거하여 보고하다

(동사) 진술하다, 보고하다 (陳述; 報告)

● **<u>老乞大</u>**、朴通事、前後漢書、直解孝敬等書
『노걸대』, 『박통사』, 『전후한서』, 『직해효경』 등의 서적

(명사, 책 이름) 조선 세종 때 편찬한 중국어 학습서. 고려의 상인이 인삼 따위의 우리나라 특산물을 베이징에 가져가서 팔고, 그곳 특산물을 사서 귀국할 때까지의 노정을 기록하였으며, 여행이나 교역(交易) 등에 알맞은 대화를 48장 106절로 꾸몄다. 2권 1책 (표준국어대사전)

● 老乞大、**<u>朴通事</u>**、前後漢書、直解孝敬等書
『노걸대』, 『박통사』, 『전후한서』, 『직해효경』 등의 서적

(명사, 책 이름) 박통사(朴通事)는, 고려 말부터 조선 시대에 걸쳐 『노걸대』와 더불어 대표적인 외국어 학습서로 꼽혔던 책이다. 『박통사』의 '통사'는 역관을 가리키며, '박통사'란 즉 '박씨 성을 가진 역관'이라는 뜻이지만 확실하지는 않다. 일설에는 '중국통'을 의미하는 '노걸대'는 중국인 역관에 대한 경칭이며, '박통사'는 고려인 통역을 가리키는 것이라고 한다.

모두 106절로 나뉘었고 일관된 스토리가 없이 1회 완결의 형식을 지니고 있다. 『노걸대』와 마찬가지로 중국어 발음과 우리말을 병기하였는데, 『노걸대』가 상인의 무역 활동을 주로 한 '비즈니스 회화'에 가까운 것에 비해 『박통사』에서는 일상생활에 관한 내용이 대부분을 차지한다는 점이 『노걸대』와의 차이점으로 꼽히며, 그 내용은 『노걸대』보다 훨씬 고급 단계의 것을 다루고 있다. 『노걸대』와 함께 고려 말에 편집된 것으로 추정된다. 중국어와 한국어의 생생한 모습뿐 아니라 당대의 풍속 및 문물 제도까지도 접할 수 있는 자료다 (https : //ko.wikipedia.org/wiki/박통사)

● 老乞大、朴通事、前後漢書、直解孝敬<u>等</u>書
『노걸대』, 『박통사』, 『전후한서』, 『직해효경』 등의 서적

(조사) 열거가 끝나지 않았음을 보여준다. '~등, ~외' (表示列擧未盡)

● 緣無板本, 讀者傳寫誦習

판본이 없기 때문에 읽는 사람은 전사轉寫하여 소리 내어 읽어 공부한다

緣

보충과 견해

(접속사) 원인을 나타내고 '~ 때문에, 왜냐면' 등으로 번역된다. (表示原因, 相當於"因爲"、"由于")

[견해] 아래의 예문에서 보듯이 단어 '연緣'은 원인을 나타낸다. '한어대자전'에 전치사로 국한하고 아래의 예문들을 제시했는데 용도는 전치사에 국한되지 않아 보인다. a예문은 전치사로 쓰이고, b예문은 접속사로 쓰였다. 이 견해가 받아들여지면 원인과 결과를 나타내는 복문에서 '연緣'을 표지가 있는 인과복문 항목에 넣을 수 있다.

a. → 湖綿獨白淨淸化者, 總緣手法之妙 『天工開物・乃服』

호수가 끊임없이(湖綿) 홀로(獨) 깨끗해(白淨)지고 맑아지는 것(淸化者)은 모두(總) 수법의 묘책 때문이다(緣手法之妙)

이 문장은 도치문으로 볼 수 있다(總緣手法之妙, 湖綿獨白淨淸化者 모두 수법의 묘책 때문에 호수가 끊임없이 홀로 깨끗해지고 맑아진다).

b. → 趙穿緣民衆不說, 起弑靈公 『公羊傳・宣公六年』

조천(趙穿)은 백성 중 많은 사람(民衆)이 '기뻐하지 않았기 때문에/말하지 않았기 때문에/...(緣...不說)' 일어나(起) 영공을 시해했다(弑靈公)

● 緣無板本, 讀者傳寫誦習

판본이 없기 때문에 읽는 사람은 전사轉寫하여 소리 내어 읽어 공부한다

(명사) 판본板本은 판본版本과 같다. 동일한 서적을 편집, 전사傳抄(=轉寫 : 글이나 그림 따위를 옮기어 베낌), 인쇄, 제본 등 다른 방식을 따라 만든 다른 책 (同一書籍因編輯、傳抄、印刷、裝訂等不同而產生的不同本子)

(명사) 인쇄한 서적. 원본을 그대로 베낀 사본寫本과는 반대의 것 (印本. 與寫本相對)

● 緣無板本, **讀者**傳寫誦習

판본이 없기 때문에 읽는 사람은 전사轉寫하여 소리 내어 읽어 공부한다

(명사) 책・발행물・문장을 읽는 사람, 독자 (指閱讀書、刊、文章的人)

● 緣無板本, 讀者**傳寫**誦習

판본이 없기 때문에 읽는 사람은 전사轉寫하여 소리 내어 읽어 공부한다

(동사) 전사傳寫・轉寫하다(=글이나 그림 따위를 옮기어 베낌) (傳抄, 轉抄)

● 緣無板本, 讀者傳寫**誦習**

판본이 없기 때문에 읽는 사람은 전사轉寫하여 소리 내어 읽어 공부한다

(동사) 소리 내어 읽어서 공부하다 (誦讀以學習)

● **請**令鑄字所印出

주자소가 인쇄하여 제작하도록 명령을 내리기를 요청하다

(동사) 바라다, 요청하다 (請求)

→ 少師歸, **請**追楚師 『左傳・桓公六年』

소사(少師 : 주대周代 관직명)는 돌아가(歸) 초사나 군대를 쫓기(追楚師)를 요청한다(請)

● 請令**鑄字所**印出

주자소가 인쇄하여 제작하도록 명령을 내리기를 요청하다

(명사, 기관) 주자소鑄字所. 조선 시대에, 중앙에서 활자를 만들어 책을 찍어 내던 부서. 태종 3년(1403)에 설치하였는데, 처음에는 승정원에 속하였다가 세조 6년(1460)에는 교서관에, 정조 6년(1782)에는 규장각에 속하였다

● 請令鑄字所**印**出

주자소가 인쇄하여 제작하도록 명령을 내리기를 요청하다

(동사) 인쇄하다 (印刷)

(동사) 사물이 위에서 아래로 흔적을 남기게 하다 (使物上留下痕迹)

(명사) 흔적, 표시 (痕迹 ; 記號)

● 請令鑄字所印<u>出</u>

주자소가 인쇄하여 제작하도록 명령을 내리기를 요청하다

(동사) 제작하다 (制作)

(동사) 발생하다, 생기다 (産生 ; 出産)

● (禮曹)請令鑄字所印出，(世宗)<u>從</u>之

(예조가 세종에게) 주자소가 인쇄하여 제작하도록 명령을 내리기를 요청하고, (세종은) 그것을 따르게 한다

(동사) 복종하다, 순종하다, 따르다 (聽從 ; 依順)

099

去年以晚學大雲二書寄來，今年又以藕耕文編寄來．此皆非世之常有，購之千萬里之遠，積有年而得之，非一時之事也

朝鮮조선・金正喜김정희『歲寒圖跋文세한도발문』

去年	以	晚學	大雲	二
거년, qùnián	이, yǐ	만학, wǎnxué	대운, dàyún	이, èr
(명)막 지나간 일 년, 작년	(전)동작 직접 대상. '~을; /를'	(명, 서적)『만학집(晚學集)』	『대운산방문고大運山房文藁』	(수사)둘, two

작년『만학집(晚學集)』,『대운산방문고大運山房文藁』두 책을

書	寄	來,
서, shū	기, jì	래, lái
(명)서적, 책, 제본한 책(↗080)	(동)사람에게 부탁하여 전달하거나 직접 배달하다	(접사조사)동사 뒤 보어. 동작 행위의 형세나 추세를 두드러지게 하고 강조

사람에게 부탁하여 전달해 주(고)

今年	又	藕耕文編	寄來.
금년, jīnnián	우, yòu	우경문편, ǒugēng wénbiān	기래, jìlái
(명)올해, 금년	(부)동작 행위 중복 출현	『황조경세문편皇朝經世文編』	사람에게 부탁하여 전달하다

올해 또『황조경세문편皇朝經世文編』을 사람에게 부탁하여 전달해 주는구나.

此	皆	非	世
차, cǐ	개, jiē	비, fēi	세, shì
(대)재지시(↗031). '이, 이것'	(부)모두	(부)부정 표시. '명사 서술어 앞, 판단문 서술어 앞'(↗097)	(명)세상 사람. 일반 사람

이것들은 모두 세상 사람(들)이 ['차此'가 복수로 쓰였다]

之	常	有,	(子)購	之
지, zhī	상, cháng	유, yǒu	구, gòu	지, zhī
(접)주어 + 之 + 서술어(↗001)	(형)일반적인 →(부)일반적으로	(동)소유하다, 가지고 있다 (↗005)	(동)사다	(대)재지시(↗007). 그 책들
일반적으로 가지고 있는 것이 아닌(데)			(너는) 그 책들을 사다 [다른 재지시 사용(此와 之)]	

千萬	里	之	遠,
천만, qiānwàn	리, lǐ	지, zhī	원, yuǎn
(수사)천만	(명)옛날 길이 단위. '리'	(조사)수식, 종속 관계(↗007)	(형)멀다, 요원하다, 공간적 거리가 크다→(명) 먼 곳
천만 리 먼 곳→(너는) 그 책들을 천만 리 먼 곳에서 샀(고)			

[견해] 이 통사는 '동작+장소'의 구조인데, 동작 다음에는 거의 모두 장소를 나타내는 전치사를 표기하는 것으로 보인다(→ 予死於道路乎?『論語 · 子罕』, 내(予)가 도로에서(於道路) 죽겠는가(死...乎)?). 이런 부분에서 조선시대의 문언문이 중국 문언문과 차이를 보이는 이유는 당시의 한국적인 표현의 일부분일 수 있다.

積	有年	而	得	之,
(동)쌓다, 쌓이다, 누적하다	(명)여러 해	(순접접속사)'시간 + 而(부사어)' + 동작 행위(↗048)	(동)얻다, 획득하다 (↗019)	(대)재지시(↗007). 그 책들
적, jī	유년, yǒunián	이, ér	득, dé	지, zhī
여러 해를 누적하여 그 책들을 획득했(으니)				

(其)非	一時	之	事	也
(부)부정. 명사서술어 앞 (↗097)	(명)잠깐 동안, 잠시, 짧은 시간	(조사)수식, 종속 관계(↗007)	(명)일	(어기)진술 강조 (↗017)
비, fēi	일시, yìshí	지, zhī	사, shì	야, yě
(그것은) 짧은 시간의 일이 아니다.				

[번역] 작년 『만학집(晚學集)』, 『대운산방문고大運山房文藁』 두 책을 사람에게 부탁하여 전달해 주고, 올해 또 『황조경세문편皇朝經世文編』을 사람에게 부탁하여 전달해 주는구나. 이 책들은 모두 세상 사람들이 일반적으로 가지고 있는 것이 아닌데, (너는) 그 책들을 천만 리 먼 곳에서 샀고, 여러 해를 누적하여 그 책들을 획득했으니 (그것은) 짧은 시간의 일이 아니다.

語法과 語彙

● 去年以晚學大雲二書寄來

작년 『만학집(晚學集)』, 『대운산방문고大運山房文藁』 두 책을 사람에게 부탁하여 전달해 준다

(명사) 막 지나간 일 년, 작년 (剛過去的一年)

→ 去年白帝雪在山, 今年白帝雪在地 『前苦寒行』(唐・杜甫)

작년(去年) 백제에(白帝) 눈은 산에 있(雪在山)었지만 올해(今年) 백제에 눈은 땅에 있다(白帝雪在地)

● 去年以晚學大雲二書寄來

작년 『만학집(晚學集)』, 『대운산방문고大運山房文藁』 두 책을 사람에게 부탁하여 전달해 준다

以

(대상 전치사) 동작, 행위가 직접 미치는 대상을 끌어들인다. '以 + 목적어'는 동사 서술어 앞이나 뒤에 놓일 수 있고 '以'의 목적어는 사실상 '동사의 대상'이 되고 '이以'는 '~을; /를'로 번역될 수 있다.

→ 伯楚以呂郤之謀告之 『國語・晉語四』

백추(伯楚)가 여극(呂郤)의 계략을(以呂郤之謀) 그에게 알린다(告之).

● 去年以晚學大雲二書寄來

작년 『만학집(晚學集)』, 『대운산방문고大運山房文藁』 두 책을 사람에게 부탁하여 전달해준다

(동사) 사람에게 부탁하여 전달하거나 직접 배달하다 (托人傳達或送交)

● 去年以晚學大雲二書寄來

작년 『만학집(晚學集)』, 『대운산방문고大運山房文藁』 두 책을 사람에게 부탁하여 전달해준다

來

(접사조사) 일부 동사 뒤에 쓰여 보어가 되어 동작 행위의 형세나 추세를 두드러지게

하고 강조하는 것을 돕는다. 보통 운문韻文(: 시의 형식으로 지은 글 혹은 문학 언어의 배열에 일정한 규율 또는 운율이 있는 글) 안에서 사용되고 음절을 모아주는 역할을 한다. 문맥에 근거하여 융통성 있게 번역하거나 또는 하지 않아도 된다.

→ 坐<u>來</u>聞好鳥, 歸去度疏鍾 『裴明府居止』(唐・李商隐)

앉아(坐來) 좋은 새 소리를 듣(聞好鳥)고 돌아가(歸去) 드물게 울리는 종소리(疏鍾)를 센다(度).

→ 商人重利輕別離, 前月浮梁買茶去. 去<u>來</u>江口守空船, 繞船月明江水寒 『琵琶行』(唐・白居易)

상인(商人)은 이익을 중요하게 여기(重利)고 이별을 가볍게 여기는(輕別離)데, 지난 달(前月) 부량(浮樑)에서 차茶를 사서 갔다(買茶去). 간 다음(去來) 강 입구에서(江口) 빈 배를 지키는데(守空船), 배를 둘둘 감은(繞船) 달빛과 강물(月明江水)은 차가웠다(寒).

● <u>今年</u>又以藕耕文編寄來

올해 또『황조경세문편皇朝經世文編』을 사람에게 부탁하여 그 사람이 전달하러 온다

(명사) 올해, 금년, 말할 때의 이 해 (本年. 指說話時的這一年)

→ 臣密<u>今年</u>四十有四, 祖母劉<u>今年</u>九十有六 『陳情事表』(晉・李密)

저(臣) 밀(密)은 올해(今年) 44(四十有四)세이고 조모(祖母) 유(劉)는 올해 96(九十有六)세입니다

● 今年<u>又</u>以藕耕文編寄來

올해 또『황조경세문편皇朝經世文編』을 사람에게 부탁하여 그 사람이 전달하러 온다

又

(시간부사) 동사 서술어, 형용사 서술어 앞에 놓여 부사어가 된다. 같은 행위자의 동작, 행위의 중복 출현을 나타내어 보통 이미 발생한 일을 나타내거나 빈번하게 중복 발생한 일을 나타낸다. '또, 또 다시' 등으로 번역될 수 있다. (再, 再次, 又)

→ 野火燒不盡, 春風吹又生 『賦得古原草送別』(唐・白居易)

들불(野火)이 타오르(燒)는 것이 끝나지 않았(不盡)는데 '봄바람이 불어(春風吹)' 또 불이 생긴다(又生).

● 此皆非世之常有

이것은 모두 세상 사람들이 일반적으로 가지고 있는 것이 아니다

(부사) 모두. 총괄을 나타낸다 (都, 俱. 表示統括)

→ 四海之內, 皆兄弟也 『論語・顔淵』

사해(四海) 안(之內)이 모두(皆) 형제이다(兄弟也)

● 此皆非世之常有

이것은 모두 세상 사람들이 일반적으로 가지고 있는 것이 아니다

(명사) 세상 사람, 일반 사람 (世人)

● 此皆非世之常有

이것은 모두 세상 사람들이 일반적으로 가지고 있는 것이 아니다

(형용사) 일반적이다 (一般的 ; 普通的)

(형용사) 일상적이다 (日常的)

(부사) 자주 (經常 ; 常常)

● 購之千萬里之遠

그것을 천만 리 먼 곳에서 사다

(동사) 사다 (賣買)

● 購之千萬里之遠

그것을 천만 리 먼 곳에서 사다

(명사) 옛날 길이 단위. '리' (舊長度單位)

● 購之千萬里之**遠**

그것을 천만 리 먼 곳에서 사다

(형용사) 멀다, 요원하다, 공간적 거리가 크다 (遥遠. 指空間距離大)

→ 恭近於禮, **遠**恥辱也 『論語 · 學而』

겸손과 예의(恭)가 예禮에 가까우(近於禮)면 명성에 받는 타격(恥辱)을 멀리할 수 있다(遠...也)

● **積**有年而得之

여러 해를 누적하여 그것을 획득하다

(동사) 쌓다, 쌓이다, 누적하다, 누적되다 (累積, 堆疊)

● 積**有年**而得之

여러 해를 누적하여 그것을 획득하다

(명사) 여러 해 (多年)

(명사) 풍년 (豊年/豐年)

(동사) 장수를 누리다 (享有高壽)

● 非**一時**之事也

짧은 시간의 일이 아니다

(명사) 잠깐 동안, 잠시, 짧은 시간 (暫時 ; 一會兒)

(명사) 한 분기 (一個季度)

(명사) 한 시기 (一個時期)

● 非一時之**事**也

짧은 시간의 일이 아니다

(명사) 일 (事情)

(명사) 관직, 직무 (官職 ; 職務)

(명사) 직업 (職業)

100

非思則口耳之學，雖多奚爲？今有人口誦五車書，問其義則冥然莫知者，無他，不思故耳

朝鮮조선・柳成龍유성룡『西厓集서애집』

非	思	則	口耳之學,
비, fēi	사, sī	즉, zé	구이지학, kǒuěrzhīxué
(부)부정 표시. 동사・형용사 앞	(동)생각하다 (↗019)	(판단부사)(주어) + 則 + 서술어(↗015)	(명)'오직 귀로 듣고 입으로 말하는 학습', '길에서 주워들은 천박한 공부'
생각하지 않는 것은 길에서 주워들은 천박한 공부이(니)			

雖	多	奚	爲?
수, suī	다, duō	해, xī	위, wéi
(접)비록 ~지만(↗026)	(형)수량이 크다. '적다'와 반대	(의・대)동사의 목적어. 의문, 반문. '무엇, 왜...'	(동)하다, 행하다(↗026)
비록 많아도 무엇을 하겠는가? [의문사 목적어 전치 - 어법 참조]			

今	有	人	(以)口	誦
금, jīn	유, yǒu	인, rén	구, kǒu	송, sòng
(명, 부) 현재, 지금(↗033)	(무특정 한정어) 어떤, 한(↗023)	(명)타인, 다른 사람(↗010)	(명)입	(동)외다, 암송하다
지금 한 사람이 입으로 {다섯 수레의 책}을 암송더라도/암송하지만/...				

五車	書,	問	其
오차, wǔchē	서, shū	문, wèn	기, qí
(명사구) 다섯 수레	(명)서적, 책, 제본한 책 (↗080)	(동)問A : A에 대해 묻다(↗082)	(대)其 + 명사 이, 그, 저(한정어)
{다섯 수레의 책}		그 {의미}에 대해 물으...	

義	則	冥然
의, yì	즉, zé	명연, míngrán
(명)의미	(접)조건＋則＋결과(↗006)	(형)정신이 분명치 않아 짐작하지 못하는 →(부)멍하니[품사 활용. '어법' 참조]

{의미} **…면 멍하니**

莫	知	者,	無他,
막, mò	지, zhī	자, zhě	무타, wútā
(부)동사 앞. 일반적 부정(↗060)	(동)이해하다, 알다(↗064)	(구조조사)단어・구＋者. '~사람, ~한 것'(↗007)	(동)다른 것이 없다, 다르지 않다(↗053)
모르는 것(은)			**다른 것이 없(고)**
不	**思**	**故**	**耳**
불, bù	사, sī	고, gù	이, ěr
(부)동사술어 앞. '~하지 않다'(↗010)	(동)생각하다(↗019)	A : 서술어. (A故) A이기 때문이다	(진술어기)문미. '긍정, 판단'(↗075)

생각하지 않기 때문이다.

[번역] 생각하지 않는 것은 길에서 주워들은 천박한 공부이니 비록 많아도 무엇을 하겠느냐? 지금 한 사람이 입으로 다섯 수레의 책을 암송하더라도 그 의미에 대해 물으면 멍하니 모르는 것은 다른 것이 없고 생각하지 않기 때문이다.

語法과 語彙

● 非思則口耳之學

생각하지 않는 것은 길에서 주워들은 천박한 공부다

非

(부정부사) 주로 서술어 앞에 사용되고 때로는 주어 앞이나 단독으로 문장을 이룬다. 다수가 부정 판단을 보여주는 데 사용되고 동시에 각종 부정을 보여준다. 여기서는 동사, 형용사 앞에 사용되어 사실이나 상태의 부정을 보여주는 역할을 한다.

→ 寡人非能好先王之樂 『孟子・梁惠王下』

과인(寡人)은 선왕의 음악(先王之樂)을 좋아할 수가 없다(非能好).

● 非思則口耳之學

생각하지 않는 것은 길에서 주워들은 천박한 공부다

(명사) 『荀子・勸學』의 '소인의 공부는 귀로 들어가 입으로 나온다(小人之學也, 入乎耳, 出乎口)'에 나오는 말로 '오직 귀로 듣고 입으로 말하는 학습'을 말한다. 나중에는 '길에서 주워들은 천박한 공부'를 가리키는 데 쓰였다 (語本《荀子・勸學》:「小人之學也, 入乎耳, 出乎口.」謂只是耳聽口說的學習. 後用以指道聽途說的膚淺之學)

● 雖多奚爲

비록 많아도 무엇을 하겠느냐?

(형용사) 수량이 크다. '적다'와 상반된다 (數量大. 與"少"相對)

● 雖多**奚**爲

비록 많아도 무엇을 하겠느냐?

奚

(의문대명사) 보통 서술어 앞에 놓여 목적어, 부사어, 한정어가 되고 서술어, 주어가 되는 것은 드물게 보인다. 주로 사물, 장소, 상황, 원인이유(why), 방식(how) 등을 묻는데 사용된다. 동사나 전치사의 목적어가 될 때 보통 이것들 앞에 위치하여 의문이나 반문을 나타낸다.

여기서는 동사의 목적어로 쓰여 보통 사물이나 장소 등의 의문이나 반문을 나타낸다. '무엇(what), 어디(where)' 등으로 번역될 수 있다. [더 많은 정보는 『언어 논어』(김형주, 2020) 참조]

→ 四海之外**奚**有? 『列子・湯問』

천하 밖(四海之外)은 무엇을 갖고 있는가(奚有)?

● 今有人**口**誦五車書

지금 한 사람이 입으로 다섯 수레의 책을 암송한다

(명사) 사람과 동물의 음식이 들어가는 기관으로 또한 사람과 대부분의 동물이 소리를 내는 기관이다; 입 (人和動物進飮食的器官, 也是人和大部分動物發聲的器官)

● 今有人口**誦**五車書

지금 한 사람이 입으로 다섯 수레의 책을 암송한다

(동사) 외다, 암송하다 (背誦)

→ 終身**誦**之 『論語・子罕』

일생 동안(終身) 그것을 암송하다(誦之)

● 問其**義**則冥然莫知者

그 의미에 대해 물으면 멍하니 모르는 것

(명사) 의미 (意思)

● 問其義則**冥然**莫知者

그 의미에 대해 물으면 멍하니 모르는 것

(형용사) 정신이 분명하지 않아 모습을 '헤아리지 · 짐작하지' 못하는 (恍惚不可)

(형용사) 어리석고 무식하다 (愚昧無知貌)

(형용사) 깊고 조용하다 (玄默貌)

(형용사) 의식이 흐릿하다, 혼미하다 (昏迷貌)

(형용사) 보이지 않는 (猶盲然)

● 無他, 不思**故**耳

다른 것이 없고 생각하지 않기 때문이다

故

보충과 견해

'왜냐면 ~한 까닭이다(因爲...的緣故)'로 풀이 되는데 이러한 어법은 대부분 불교 경전에 많이 나타난다.(許威漢 지음/최영한 옮김, 2013)

許威漢의 어법책 이외 여러 고대중국어 어법책과 권위 사전에서 이 용례를 찾지 못했다. A가 서술어 일 때 'A故'의 형식으로 'A이기 때문이다'로 해석된다.

→ 文獻不足**故**也 『論語 · 八佾』

문헌과 당대의 현인(文獻)이 부족하(不足)기 때문이다(故也)

101

太史公曰：余讀孟子書，至梁惠王問「何以利吾國」，未嘗不廢書而嘆也．曰：嗟乎，利誠亂之始也!

『史記사기 · 孟子荀卿列傳맹자순경열전』

太史公曰：	余	讀	孟子書，	至
태사공왈, tàishǐgōng yuē	여, yú	독, dú	맹자서, mèngzishū	지, zhì
'태사공太史公= 사마천'이 말했다	(대)나	(동)책을 읽다 (↗028)	『孟子맹자』책	(동)도달하다, 이르다, 오다 (↗026)
사마천이 말했다 : "내가 『孟子맹자』책을 읽다, *{이르다}*				
梁惠王	**問**	**「何以**	**利**	**吾國」,**
양혜왕, liánghuìwáng	문, wèn	하이, héyǐ	이(리), lì	오국, wúguó
양혜왕	(동)問A : A에 대해 묻다 (↗082)	(관용)어떻게(방법)	(동)이익을 얻다 (↗083)의 사동	나의 나라 [吾(대) 나의(↗016)]
양혜왕이 '어떻게 하면 내 나라가 이익을 얻게 할 수 있나요?'에 대해 묻는 데에 {이르렀}을 때				
(余)未嘗	**不**	**廢書**	**而**	**嘆**
미상, wèicháng	불, bú	폐서, fèishū	이, ér	탄, tàn
(관용)~적이 없다	(부)동사 앞. '~하지 않다' (↗010)	(동)책을 내려 놓다	(접)동작의 선후. '~다음'(↗022)	(동)탄식하다
(나는) 책을 내려놓고 탄식하지 않은 적이 없었다."				

也.	曰:	嗟乎,	利	誠
야, yě	왈, yuē	차호, jiēhū	이(리), lì	성, chéng
(어기)진술 강조(↗017)	말하다	(감탄사)아!	(동)이익을 얻다 (↗083)	(부사)정말로, 확실히
	(사마천이) 말했다 : "아! 이익을 얻는다는 건 정말로			

亂之始	也!
난지시, luànzhīshǐ	야, yě
어지러움의 시작 [亂(형)질서가 없다, 문란하다(↗004)][(조사)수식, 종속(↗007)]	(어기)진술 강조(↗017)
어지러움의 시작이구나!"	

[번역] 사마천이 말했다 : "내가 『孟子맹자』책을 읽다 양혜왕이 '어떻게 하면 내 나라가 이익을 얻게 할 수 있나요?'에 대해 묻는 데에 이르렀을 때, 나는 책을 내려놓고 탄식하지 않은 적이 없었다." 사마천이 말했다 : "아! 이익을 얻는다는 건 정말로 어지러움의 시작이구나!"

語法과 語彙

● 太史公曰
사마천이 말했다

(인명) 한나라 사마담(司馬談)이 태사령(太史令)이었고, 아들 사마천(司馬遷)이 그것을 계승했다. '사기'안에는 모두 '태사공(太史公)'으로 호칭했다 (漢司馬談爲太史令. 子遷繼之《史記》中皆稱"太史公")

● 余讀孟子書
내가 『孟子맹자』책을 읽다

(대명사) 1인칭 대명사로 '나, 우리'로 번역된다 (我, 我們)

→ 非天質之卑, 則心不若余之專耳　『送東陽馬生序』(明・宋濂)
타고난 자질이(天質之) 낮은 것이 아니라(非...卑) 오히려(則) 마음(心)이 '나의 전념(余之專)'만 못하다(不若...耳)

● 何以利吾國
(어떻게 하면 내 나라가 이익을 얻게 할 수 있나요?)

何以

(관용구) 고대중국어 하이(何以)의 의미는 크게 두 가지이다. 하나는 방법을 나타내는 것으로 '어떻게'로 번역되고, 하나는 원인을 묻는 것으로 '왜'로 번역된다. 그리고 용법은 두 가지 의미 모두에서 단독으로 문장을 이루거나 서술어로 사용되거나 부사어로 쓰인다. 여기서는 '방법의 부사어'로 사용되었다.

→ 吾何以觀之哉?
나(吾)는 '무엇으로; 어떻게(何以)' 그를 관찰(觀之)할 수 있겠는가(哉)? 『論語・八佾』

(관용구) 원인을 묻는 것으로 '왜'로 번역된다. 단독으로 문장을 이루거나 서술어로 사용되거나 부사어로 쓰인다.

→ 天**何以**刺? 何神不富? 『詩・大雅・瞻卬』

하늘(天)은 왜(何以) 벌하(刺)는가? 왜(何) 신(神)은 복을 주지 않(不富)는가?

● **未嘗**不廢書而嘆也

책을 내려놓고 탄식하지 않은 적이 없다

未嘗

(관용구) 부사 未와 嘗으로 이루어진 부사성 수식구이다. 동사 서술어 앞에 쓰여서 서술어가 진술하는 것이 과거에 한 번도 '해본 적이 없거나/실행해 본적이 없거나/실시된 적이 없다'는 것을 나타낸다.

→ 子食於有喪者之側, **未嘗**飽也 『論語・先進』

공자(子)가 상을 치르는 사람 옆에서(於有喪者之側) 식사를 할(食) 때 배부른(飽) 적이 없었다(未嘗…也).

→ 自古至今, **未嘗**聞也 『荀子・王制』

예부터 지금까지(自古至今) 들어(聞) 본 적이 없다(未嘗…也)

● 未嘗不**廢書**而嘆也

책을 내려놓고 탄식하지 않은 적이 없다

(동사) 책을 내려놓다. 책 읽기를 중지한다는 말이다 (放下書. 謂中止閱讀)

● **嗟乎**, 利誠亂之始也!

아! 이익을 얻는다는 건 정말로 어지러움의 시작이구나!

(감탄사) '차호(嗟呼), 차호(嗟虖)'로도 쓸 수 있고, 감탄을 나타낸다 (表示感嘆)

→ 宣公曰 : "**嗟乎**! 君子焉可悔哉?" 『戰國策・齊策四』

선공이 말했다(宣公曰) : "아!(嗟乎) 왕께서(君子) 어찌(焉) 후회할 수 있습니까(可悔哉)?"

● 嗟乎, 利誠亂之始也!

아! 이익을 얻는다는 건 정말로 어지러움의 시작이구나!

(부사) 정말로, 확실히 (真正, 确實)

→ 夫赦令者, 將與天下更始, 誠欲令百姓改行絜己 『漢書・平帝紀』

사면 명령은(夫赦令者) 천하와(與天下) 다시 시작할 것(將…更始)이니 정말로(誠) 백성이 행동을 고치게 하고(欲令百姓改行), 자신을 단정하고 고상하게 하려 한다(欲…絜己)

● 긴축복문緊縮復句

긴축복문이라는 것은 복문의 내용을 단문의 형식으로 표현하는 것으로 단문과 단문 사이에 음성의 휴지(語音停頓)가 없는 문장이다. 긴축복문이 사용하는 관련사(關聯詞語)는 두 종류가 있다. 하나는 두 개의 관련사가 호응하여 사용하는 것이고(非...不, 非...則, 非...而, 不...不 등) 하나는 하나의 접속사를 사용하는 것이다(而, 則, 即 등).

긴축복문은 두 가지의 형태가 있다. 하나는 연합긴축복문(聯合緊縮復句)이고 하나는 수식 · 한정긴축복문(偏正緊縮復句)이다. 연합긴축복문(聯合緊縮復句)으로는 병렬긴축문(竝列緊縮句), 순접긴축문(=부드러운 이어짐, 順承緊縮句), 점층긴축문(進層緊縮句), 선택긴축문(選擇緊縮句) 등이 있고, 수식 · 한정긴축복문(偏正緊縮復句)으로는 선환긴축문(轉換緊縮句), 조건긴축문(條件緊縮句), 가정긴축문(假設緊縮句), 인과긴축문(因果緊縮句), 목적긴축문(目的緊縮句) 등이 있다. 긴축복문 내의 단문은 종종 약간의 문장 성분을 생략하기 때문에 생략된 부분을 보충해야만 비로소 의미가 통하고 분명해질 수 있다. (더 많은 정보는 『언어 논어』(김형주, 2020) 참조)

1. 연합긴축복문(聯合緊縮復句)

1.1 병렬긴축문(竝列緊縮句)

→ **先事後得**, 非崇德與? 『論語 · 顔淵』

→ [**先事**][**後得**], 非崇德與?

그 일을 먼저하(先事)고 얻는 것을 나중으로 하(後得)는 것이 도덕을 가득 채우고 흥성하게 하(崇德)는 것이 아니겠는가(非...與)?

1.2 순접긴축문(=부드러운 이어짐, 順承緊縮句)

→ **師興而雨**『左傳・僖公十九年』

→ [師興][{而}{雨}]

군대(師)가 일어나(興)자(而) 비가 오다(雨).

1.3 점층긴축문(進層緊縮句)

→ **敏而好學**, 不恥下問『論語・公冶長』

→ [敏][{而}{好學}], 不恥下問

똑똑하(敏)고 게다가(而) 배우는 것을 좋아하(好學)고, 자신보다 지위가 낮은 사람에게 묻(下問)는 것을 부끄러워하지 않다(不恥)

1.4 선택긴축문(選擇緊縮句)

→ 主晉祀者, **非君而誰**?『左傳・僖公二十四年』

→ 主晉祀者, [非君而][誰]?

진晉나라 제사(晉祀)를 주관하는 사람(主...者)이 왕이 아니면(非君而) 누구입니까(誰)?

2. 수식・한정긴축복문(偏正緊縮復句)

2.1 전환긴축문(轉換緊縮句)

→ 惑而不從師 (唐・韓愈『師說』)

→ [惑][{而}{不從師}]

모르(惑)지만(而) 스승에게 가르침을 구하지 않는다(不從師)

2.2 조건・가정긴축문(假設緊縮句)

→ 言必有中『論語・先進』

→ [言][必有中]

말을 하(言)면 반드시(必) 들어맞는 것이 있다(有中)

2.3 인과긴축문(因果緊縮句)

→ 維憂用老『詩經・小雅・小弁』

→ [維憂][用老]

생각(維)이 걱정하게 만드니(憂 : 發愁) 늙어진다(用老)

2.4 시간긴축문(時間緊縮句)

→ 居處恭, 執事敬, 與人忠 『論語・子路』

→ [居處][恭], [執事][敬], [與人][忠]

평상시 행동할(居處) 때는 겸손하고 예의가 있(恭)고, 일할(執事) 때에는 공손하(敬)고, 민심을 얻을(與人) 때에는 몸과 마음을 다한다(忠)

2.5 양보긴축문(讓步緊縮句)

→ 雖愚者亦明之矣 『原君』(清・黃宗羲)

→ [雖愚者][亦明之矣]

비록(雖) 어리석은 자(愚者)도(亦) 그것을 알(明之) 것이다(矣)

● 동작주動作主(韓); agent; 施動者, 施事(中)

문법에서 동작, 행위를 하는 사람이나 동물을 언급하는 것은 명사, 명사구이다. 예를 들면, 영어에서, 'Anthea cut the grass. (Anthea가 풀을 깎았다) / The grass was cut by Anthea. (그 풀은 Anthea에 의해 깎였다)'에서 Anthea가 agent가 된다. Agent라는 용어는 때로는 수동문에서 비록 그것이 행위자를 언급하지 않아도 by 다음에 오는 명사나 명사구를 위해서 사용된다. 예를 들면 'She was admired by everyone. (그녀는 모든 사람들에 의해 존경받았다)'에서 everyone이 동작주(agent)다.

→ <u>Anthea</u> cut the grass

→ The grass was cut by <u>Anthea</u>

→ She was admired by <u>everyone</u>

→ 憎於<u>人</u> (사람들에게 미움받다)

→ 有備則制人, 無備則制於<u>人</u> 『鹽鐵論・險固』

준비가 되어 있으면(有備則) 사람을 지배하(制人)지만, 준비가 안 되어 있으면(無備則) 사람에게 지배당한다(制於人)

● 복문複文; 復句(中)

단문(分句, simple sentence)이란 동사가 하나밖에 없는 문장을 의미한다. 이와 달리 둘 이상의 동사가 있는 문장을 복문(複句, complex sentence)이라고 한다. (Charles N.Li, Sandra A. Tompson 저술. 박정구 등 옮김, 2011)

복문은 둘 혹은 둘 이상의 것이 '논리의미 또는 구조'에서 밀접한 관계의 단문 구성을 가진 문장이다. 복문을 구성하는 단위는 단문(分句, simple sentence : 복문을 구성하는 단문으로, 자신의 구조로 말이 되는 단문〈單句〉과 구별됨)이다. (張玉金, 2010)

복문(複文) 구성 세 가지 조건

복문 구성에는 다음의 세 가지 조건이 있어야 한다. 먼저, 단문(分句) 사이에는 서로 상대방의 성분이 되어서는 안 된다. 두 번째로, 복문을 구성하는 단문은 논리적 의미에서 모두 밀접하게 관련이 있다. 세 번째로, 복문을 구성하는 몇 개의 단문은 반드시 전체 문장을 관통시키는 어조를 가지고 있어야(예를 들어 휴지〈停頓〉, 악센트〈重音〉, 승강〈升降〉) 한다. (張玉金, 2010)

복문의 대별大別

단문 사이의 관계에 따라 복문은 두 가지 기본 유형으로 나뉘는데 하나는 수식복문(偏正複句 : 영어에서는 부사절〈副詞節, adverbial clause〉로 불리며 '종속절'과 '주절'로 구성된다)이고 하나는 연합복문(聯合複句)이다.

● 수식복문修飾複文; 偏正複句(中)

수식복문은 단문 사이의 관계가 '주종 혹은 수식/피수식'인 복문이다. 고대중국어에서는 빈번하게 앞의 단문은 '수식문(偏句) 또는 종속절(從句)'이 되고 뒤의 단문은 '주문(正

句) 또는 주절(主句)'이 된다. (더 많은 정보는『언어 논어』(김형주, 2020) 참조)

1. 가정복문假定複文; 假設複句(中)

가정복문의 종속절(偏句=從句)은 가정을 나타내고 주절(正句=主句)은 이러한 가정이 실현된 다음 만들어지는 결과를 미루어 판단한다. 이러한 가정복문의 앞의 단문은 보통 '苟, 如, 若' 등의 어구로 가정을 나타낸다.

→ 飯疏食飮水, 曲肱而枕之, 樂亦在其中矣 『論語・述而』

→ [飯疏食飮水, 曲肱而枕之], [樂亦在其中矣]

현미밥을 먹(飯疏食)고 물을 마시(飮水)고(而) 팔뚝을 구부려(曲肱) 그것을 베개로 여긴다(枕之)면 즐거움(樂)은 오직(亦) 그 가운데 있을 것이다(在其中矣)

→ <u>苟</u>富貴, 無相忘 『史記・陳涉世家』

→ [<u>苟</u>富貴], [無相忘]

만약(苟) 부유해지고 지위가 높아지(富貴)면 서로 잊(相忘)지 말아라(無)

2. 조건복문條件複文; 條件複句(中)

조건복문 중의 앞뒤 두 단문은 자주 앞의 단문(=종속절〈偏句=從句〉)이 조건을 제시하고 뒤의 단문(=주절〈正句=主句〉)은 조건을 만족시키는 상황에서 만들어지는 결과를 설명한다. 두 단문 사이에는 '즉(則)'을 빈번하게 사용하여 연결시키고 번역은 '~면 바로(就)' 등이 될 수 있다.

→ 以五十步笑百步, <u>則</u>何如? 『孟子・梁惠王上』

→ [以五十步笑百步, 則][何如]?

오십 보로(以五十步) 백 보를 비웃는다면(笑百步, 則) 어떠한가(何如)?

→ 是故財聚<u>則</u>民散, 財散<u>則</u>民聚 『禮記・大學』

→ 是故[財聚則][民散], [財散則][民聚]

이 때문에(是故) 재물이 모이면(財聚則) 백성이 흩어지(民散)고 재물이 흩어지면 백성이 모인다

3. 전환복문(轉換複文; 轉折複句(中))

전환복문은 앞의 단문(=종속절〈偏句=從句〉)과 뒤의 단문(=주절〈正句=主句〉)의 의미가 상반되거나 상대적인 복문이다. 이러한 단문 사이에서의 전환 관계는 보통 '而, 然(而), 則, 以' 등으로 표시한다.

→ 靑取之於藍而靑於藍 『荀子・勸學』

→ [靑取之於藍][{而}{靑於藍}]

청색(靑)은 그것을 남색으로부터 가져 왔(取之於藍)지만(而) 남색보다 푸르다(靑於藍)

→ 志大而智小, 色厲而胆薄 『三國志・魏書・武帝紀』

→ [志大][{而}{智小}], [色厲][{而}{胆薄}]

뜻은 크(志大)지만(而) 지혜는 작(智小)고 기색은 매섭(色厲)지만(而) 배짱은 없다(胆薄)

→ 學則不固 『論語・學而』

→ ([學][{則}{不固}])

배우지만(學則) 견고함이 없다(不固)

4. 인과복문(因果複文; 因果複句(中))

인과복문에서 단문과 단문 사이가 원인과 결과를 구성하는 관계이다. 보통 '故, 以故, 以' 등으로 이러한 관계를 표시한다. 어떤 인과복문은 '원인 + 결과'이고 어떤 인과복문은 '결과 + 원인'이다.

→ 陽貨欲見孔子, 孔子不見, 歸孔子豚 『論語・阳貨』

→ 陽貨欲見孔子, [孔子不見], [歸孔子豚]

양화(陽貨)가 공자를 만나길 원했(欲見孔子)지만 공자는 보기가 쉽지 않(孔子不見)아 '공자에게 새끼 돼지를 선물로 주었다(歸孔子豚)'

→ 若季氏, 則吾不能, 以季孟之間待之 『論語・微子』

→ 若季氏, 則[吾不能], [以季孟之間待之]

만약(若) 계손씨라면(季氏, 則) 나는 할 수 없(吾不能)기 때문에 '계손씨와 맹손씨의 중간으로(以季孟之間)' 그대를 대우하(待之)겠다

5-1. 양보복문(讓步複文; 讓步複句(中))

양보복문의 앞의 단문(=종속절〈偏句=從句〉)은 한 발 양보하는 것을 보여주고, 뒤의 단문(=주절〈正句=主句〉)은 '본래의 의미/주된 의미'로 들어간다. 앞의 단문(=종속절〈偏句=從句〉)은 접속사 '縱, 雖, 即, 總' 등을 보통 사용한다.

→ 莫言塞北無春到, 總有春來何處知? 『度破訥沙』(唐・李益)

→ 莫言塞北無春到, [總有春來][何處知]?

새북(塞北 : 북쪽 변경지방)에 봄이 오지 않았다고 말하지 마라. 설령 봄이 왔더라도 어디서 알겠는가?

→ 先即制人, 後則爲人所制 『史記・項羽本紀』

→ [先即制人], [後則爲人所制]

먼저(先) 사람을 지배하(制人)지만(即) 나중에(後則) 사람에 의해(爲人) 지배당하다(所制)

5-2. 강한양보복문(强讓步複文; 强讓步複句(中))

→ 頌其詩, 讀其書, 不知其人, 可乎? 『孟子・萬章下』

→ [頌其詩, 讀其書], [不知其人], 可乎?

그의 시(其詩)를 소리 내어 읽(頌)고, 그의 서적(其書)은 봄에도 불구하고 그이 사람됨을 모른(不知其人)다는 것이 괜찮은가?(可乎)

6. 목적복문(目的複文; 目的複句(中))

목적복문의 앞의 단문(=종속절〈偏句=從句〉)은 행위를 나타내고 뒤의 단문(=주절〈正句=主句〉)은 행위의 목적을 보여준다. 혹은 목적을 나타내는 표지 없이(意合法) 앞의 단문이 목적을 나타내고 뒤의 단문을 목적을 실행하기 위한 구성 요소를 나타낼 수도 있다.

→ 道千乘之國, 敬事而信; 節用而愛人; 使民以時 『論語・學而』

→ [道千乘之國(목적)], [敬事而信; 節用而愛人; 使民以時[(목적실행 구성요소)]

전차 천 대의 제후나 왕의 봉지(=국가)(千乘之國)를 통치하(道)기 위해서 공손하고 조심스럽게 일을 처리하(敬事)고(而) 믿게 하(信)며, 비용을 절약하(節用)고(而) 사람을 사랑하(愛人)고, 백성을 부릴(使民) 때 적절한 시기를 생각해(以時)야 한다

→ 要靡事商賈, 爲技藝, 皆以避農戰 『商君書・農戰』

→ [要靡事商賈, 爲技藝(행위)], [皆以避農戰(행위 목적)]

사회적 지위가 낮은 평범한 사람(要靡 : 社會地位低微的人, 平庸的人)은 상인(商賈)에 종사하고, 기예를 '하는(爲)'데 모두 농업과 전쟁(農戰 : 상앙 등 선진 제자의 경제, 군사 사상과 정책이다. 농업과 전쟁을 중시하고 두 가지의 결합을 주장한다. 商鞅等先秦諸子的經濟、軍事思想和政策, 重視農業和戰爭, 主張兩者結合)을 '피하기 위해서(以避)'이다

7. 시간복문(時間複文; 時間複句(中))

시간복문의 종속절(偏句=從句)은 일반적으로 주절(正句=主句)이 보여주는 동작 행위 발생의 시간을 나타내고, 종속절이 보여주는 갑(甲)의 일로 주절이 나타내는 을(乙)의 일이 발생한 시간을 보여준다.

→ 子夏爲莒父宰, 問政 『論語・子路』

→ [子夏爲莒父宰], [問政]

자하(子夏)가 거보(莒父)의 가신을 맡았을 때 정치에 대해 물었다

8. 배경상황 설명복문(背景狀況說明複文; 按斷複文(中))

보통 두 가지 부분으로 구성되는데 앞의 단문은 상황을 서술하는 것으로 '안(按)'으로 불리고, 뒤의 단문은 앞의 서술에 대해서 평가하고 판단하는 것으로 '단(斷)'이라고 하고, '안(按)' 부분은 때로는 하나의 단문에 그치지 않고, '단(斷)' 부분 역시 그렇다. 하지만 이 둘 사이에는 분명한 경계선이 있다. 배경, 상황 설명복문의 종속절(偏句=從句)은 문맥의 전개에서 결론에 도달할 수 있는 판단의 근거를 제시하는 것으로 '경험, 사실' 등을 묘사하고 주절은 이에 따른 판단과 결론을 기술한다.

→ 臧文仲居蔡, 山節藻梲, 何如其知也? 『論語・公冶長』

→ [臧文仲居蔡, 山節藻梲(상황서술)], [何如其知也(서술에 대한 평가)]?

장문중(臧文仲)은 점을 치는 데 쓰는 큰 거북이를 살게 하(居蔡)고, 거처가 호화롭고 사치스러우(山節藻梲)니, 어떻게 지혜롭겠는가(何如其知也)?

→ 天帝使我長百兽, 今子食我, 是逆天帝命也 『戰國策・楚策一』

→ [天帝使我長百兽(판단 근거)], [今子食我, 是逆天帝命也(판단)]

하느님(天帝)께서 내게 많은 짐승의 우두머리가 되게(使我長百兽) 하였는데, 지금(今) 네가 나를 먹(子食我)으려 하니, 이것(是)은 하늘의 명(天帝命)을 어기는 것이다(逆...也)

9. 이유복문(理由複文)

→ 流水不腐, 戶樞不蠹, 動也 『呂氏春秋・季春紀・盡數』

→ [流水不腐, 戶樞不蠹], [動也]

흐르는 물(流水)은 썩지 않(不腐)고, 문지도리(戶樞)가 좀먹지 않(不蠹)는 이유는 움직이(動也)기 때문이다

● 연합복문聯合複文; 聯合複句(中)

연합복문의 단문 사이는 평등한 관계이고 주종의 나뉨이 없다. 이것은 현대중국어와 동일하다. (더 많은 정보는 『언어 논어』(김형주, 2020) 참조)

1. 병렬복문(竝列複文; 竝列複句(中))

병렬복문은 몇 개의 단문이 관련된 몇 가지 일, 몇 가지 상황, 동일한 사물의 몇 가지 측면을 각각 설명하거나 묘사하는 복문이다. 단문 사이는 일반적으로 접속사를 등장시켜 연결하지 않는다.

→ 日月逝於上, 體貌衰於下 『典論・論文』(曹丕)

→ [日月逝於上], [體貌衰於下]

해와 달(日月)은 위로 가(逝於上)고 신체와 용모(體貌) 아래로 쇠락한다(衰於下)

2. 순접복문(順接複文; 順承複句 = 承接複句 = 連貫複句(中))

몇 개의 단문 사이가 시간상 선후로 이어져 연결된 것으로 의미적으로 밀접한 관계가

있다. 이러한 복문 사이에는 일반적으로 연결시키는 어구가 없지만 '而'와 같은 접속사를 써서 연결시키는 경우도 빈번하다.

→ 見兔<u>而</u>顧犬, 未爲晩也 ; 亡羊<u>而</u>補牢, 未爲遲也 『戰國策・楚策四』

→ [見兔][{而}{顧犬}], 未爲晩也 ; [亡羊][{而}{補牢}], 未爲遲也

토끼를 본 다음 개를 기다리는(顧 : 等待) 건 '아직 늦은 것이 아니('未(=尙不)'爲晩)'고, 양을 잃고 나서 '외양간을 수리하(補牢)'는 건 아직 늦은 것이 아니다

3. 점층복문(漸層複文; 遞進複句(中))

점층복문에서 뒤의 단문이 나타내는 의미가 앞의 단문이 나타내는 의미보다 한 층 더 나아간 것을 보여준다. 앞의 단문과 뒤의 단문 사이에는 보통 '況, 且' 등 관련 단어를 사용하여 연결된다.

→ 蔓草猶不可除, <u>況</u>君之寵弟乎 ! 『左傳・隱公元年』

→ [蔓草猶不可除], [{況}{君之寵弟乎}] !

우거진 들판의 잡초(蔓草)도 여전히(猶) 제거할 수 없(不可除)는데 하물며(況) 그대의(君之) 사랑하는 동생(寵弟)은(乎)?!

4. 선택복문(選擇複文; 選擇複文(中))

고대중국어에서 선택복문은 보통 의문문의 형식으로 나타나고 몇 개의 단문이 나타내는 사물 가운데서 하나를 선택하는 것이다. 단문 사이에는 빈번하게 '抑, 且' 등으로 연결시킨다.

→ 富貴者驕人乎? <u>且</u>貧賤者驕人乎?" 『史記・魏世家』

→ [富貴者驕人乎?] [{且}{貧賤者驕人乎}?]"

부귀한 사람(富貴者)이 사람을 무시하는가(驕人乎)? 아니면(且) 빈천한 사람(貧賤者)이 사람을 무시하는가(驕人乎)?

5. 해설복문(解說複文; 解說複文(中))

해설복문의 단문 사이에는 해설 혹은 설명의 관계가 있다. 고대중국어의 언어자료에서

보이는 해설복문은 기본적으로 모두 뒤의 단문으로 앞의 단문을 해설, 설명하고 있다. 이러한 복문은 '관련단어(=표지〈標記(中), marker〉)'를 사용하지 않고, 모두 의합법(意合法)[1]를 사용한다.

→ 魚麗于罶, 鱨鯊. 君子有酒, 旨且多 『詩經・小雅・魚麗』

→ [魚麗于罶], [鱨鯊]. [君子有酒], [旨且多]

물고기(魚)가 통발에(于罶) 걸렸(麗)는데 자가사리(鱨)와 모래무지(鯊)이다. 군자(君子)가 술을 내왔(有酒)는데 달콤하(旨)고(且) 많다(多)

● 목적어目的語 전치前置

동사가 부정될 경우 강조되지 않는 인칭 대명사는 부정사와 동사 사이에 위치한다(不患人之不己知, 다른 사람이 나를 알지 못하는 것을 '걱정하지 마라 — 『論語』). '시경'이나 비교적 이른 고전 시기의 문헌들은('좌전', '국어' 등)에서 전치된 목적어는 규칙적으로 '之'나 '是' 등의 대명사에 의해 반복되며, 이들 대명사는 동사 앞에 위치한다(我未之見也, 나는 그를 본 적이 없다 — 『論語・學而』). 후대에는 이전의 어순을 보전하고 있는 몇 가지 고정된 표현을 제외하고는 반복되는 대명사는 동사 뒤 정상적인 위치에 놓이는 것이 일반화된다.(polleyblank, 1995)

목적어는 동사 술어 뒤에 놓이고 이것은 한대부터 지금까지 중국어가 공유하고 있는 정상적인 어순이다. 하지만 갑골문 어순은 그다지 고정적이지 않아서 목적어의 위치는 매우 탄력성이 있어 자주 동사 앞에 놓일 수 있다. 특히 대명사가 목적어인 경우 그렇고 선진先秦 중국어는 일정 정도에서 이러한 점을 계승하고 있다. 이러한 상황은 한대 이후 목적어

---

1) 복문 내에 있는 단문 사이의 관계는 자주 단문의 직접적인 조합에 달려 있고, '관련 단어(=표지〈標記, marker〉)'가 없다. 이러한 단문들의 연결 방식을 '의합법(意合法)'이라 하기로 한다. 고대중국어에서 이러한 복문은 매우 자주 보인다(張玉金, 2010). 일부 고대중국어 복문에서 단문 사이의 관계가 '관련 단어(=표지〈標記, marker〉)'로 표시되는 경우가 있다. 관련 단어는 단문 사이의 논리 관계를 나타내는 '접속사(連詞)', 관련 역할을 하는 '부사(副詞)' 그리고 소수로 관련 작용이 있는 '구(短語; 句, phase)' 등이 있다.

가 동사 다음에 위치한 것에서 보자면 '목적어 전치'라 부를 수 있다.(揚启國, 2016)

1. 목적어 + 之(是) + 타동사

동사의 목적어를 강조하기 위해서 목적어를 동사 앞으로 데려오며 목적어와 동사 사이에 조사 '之'를 더하여 어순의 변화를 보여주며 '목적어 + 之 + 타동사' 구조를 만든다.

→ 寡人其君是惡, 其民何罪? 『國語・晉語三』

나(寡人)는 그 나라(=晉나라)의 왕을 싫어하(其君是惡)는 건데 그 나라의 백성(其民)은 무슨 죄인가(何罪)?

→ 寡君其罪之恐, 敢與知魯國之難? 『左傳・昭公三十一年』

우리 왕(寡君)은 자신의 죄를 두려워하(其罪之恐)는데(=왕 자신이 죄를 범할까 두려워하다) 감히(敢) 노나라의 재난(魯國之難)을 모두(與) 알(知)까요?

2. 不(無/莫/非) + 목적어(대명사) + 타동사

→ 不患人之不己知 『論語・學而』

다른 사람이 나를 알지 못하(人之不己知)는 것을 '걱정하지 마라(不患)'

→ 我無爾詐, 爾無我虞 『좌전(左傳)・선공 15년』

내가 너를 속이지 않(我無爾詐)을 테니 '너도 나를 속이지 마라(爾無我虞)'

3. 목적어 + 之(是) + 不 + 타동사

→ 前事之不忘, 後事之師 『戰國策・趙策一』

과거의 일을 잊지 않(前事之不忘)는 것이 미래의 일의 거울(後事之師)이다

4. 未 + 목적어(之,/是) + 타동사

→ 我未之見也 『論語・里仁』

나(我)는 그를 본 적이 없다(未之見也)

5. 목적어(의문대명사) + 타동사

→ 四海之外奚有? 『列子・湯問』

사해 밖(四海之外)에는 '무엇이 있는가(奚有)'?

→ 敢問何謂也? 『左傳・隱公元年』

감히 묻겠습니다(敢問), 무엇을 말하(何謂)는 것입니까?

6. 목적어(의문관형어 何A) + 之(是) + 타동사

전치된 목적어는 의문대명사 '何'와 다른 성분으로 구성된 수식 구조가 충당하여 '何~ + 之 + 타동사' 구조를 만들어 반문이나 의문을 보여준다. 목적어가 동사 앞에 놓이기 때문에 반문의 내용을 한층 명확하게 드러내게 한다.

→ 姜氏何厭之有! 『左傳・隱公元年』

강씨(姜氏)가 '무슨 만족(何厭)'이 있(有)겠는가!

7. 목적어 + 之 + 謂

이러한 구조의 앞부분은 대다수 '인용문'으로 화자가 인용문을 빌어 목적어가 가리키는 대상에 대해 평론한다.

→ 傳曰 : "君者舟也, 庶人者水也, 水則載舟, 水則覆舟." 此之謂也 『荀子・王制』

옛 서적(傳)에서 말했습니다. "왕(君者)은 배이(舟也)고 백성(庶人者)은 물이다(水也). 물은(水則) 배를 나르(載舟)지만 물은(水則) 배를 뒤집(覆舟)는다." 이것(此)을 말하(謂)는 것이다.

8. 唯(惟) + 목적어 + 之 + 타동사

목적어의 유일함을 강조한다. 목적어 앞에 부사 '唯(惟)'를 더하여 '唯(惟) + 목적어 + 之 + 타동사' 구조를 만든다. '唯(惟)'는 융통성을 갖고 해석할 수 있다.

→ 孟武伯問孝. 子曰 : "父母唯其疾之憂" 『論語・爲政』

맹무백(孟武伯)이 효도에 대해 물었다(問孝). 공자가 말했다. "부모는 '오직(唯)' 그(=자식)의 병(其疾)을 걱정한다(憂)."

→ 富而不驕者鮮, 吾唯子之見 『左傳・定公十三年』

부유하면서 교만하지 않은 사람(富而不驕者)은 드문(鮮)데 나(吾)는 오직(唯) 너만 본다(子之見).

(=너만은 그렇지 않은 사람이다)

9. 목적어 + 之 + 전치사 + 타동사

'전치사의 목적어'를 강조하기 위해서 전치사는 우연히 之를 빌려 목적어를 앞에 놓는다. (介詞偶然也借助"之"前置賓語)('우연히' 빌렸다고 했는데, 더 많은 용례로 보다 타당한 관계를 밝힐 필요가 있을 것 같다)

견해

선진 시대 목적어 전치에서 사용되는 '之'는 목적어 전치를 나타내주는 일종의 '표지'가 되었으며, 보통 타동사의 목적어를 전치하는데 사용되었고, 이 규칙이 확장되어 사용되는 가운데, 본 항목처럼 '전치사구'에서 '전치사의 목적어'가 강조되어 전치될 때에도 이 규칙이 적용되었을 수 있다.

→ 孔子曰 : "有慟乎? 非夫人之爲慟而誰爲?" 『論語・先進』

공자가 말했다. "슬퍼했(有慟)느냐(乎)? 저 사람(夫人)을 위해서(爲, 전치사) 슬퍼하지 않으면(非...慟而) 누구를 위해서(誰爲) 슬퍼하겠느냐?"

10. 목적어(是) + (주어) + 타동사

→ 大論是弘 『進學解』(唐・韓愈)

옳고 큰 의론 혹은 이론(大論 : 正大的議論或理論)이 이것(是)을 빛나고 성대하게 하다(弘)

→ 德之不脩, 學之不講, 聞義不能徙, 不善不能改, 是吾憂也 『論語・述而』

德을 배양하지 않(德之不脩)는 것, 배움을 중시하지 않(學之不講)는 것, 정의로움을 들어도 변할 수 없(聞義不能徙)는 것, 나쁜 일을 고칠 수 없(不善不能改)는 것, 나(吾)는 이것(是)을 걱정한다(憂也)

● 명사화(nominalization)

모든 언어에는 동사(구)나 문장 또는 동사가 포함된 문장의 일부가 명사구로 쓰일 수 있도록 하는 문법적 과정이 있다. 이 문법적 과정을 '명사화(nominalizatiopn)'라고 한다. 언어가 다르면 물론 이러한 명사화의 방법도 달라진다. 현대중국어에서는 동사(구)나 문장 또는 동사가 포함된 문장의 일부 뒤에 조사 '的'를 첨가함으로써 명사화가 이루어진다. ((Charles N.Li, Sandra A. Tompson 저술. 박정구 등 옮김, 2011))

형태론에서는 기타 품사(특히 동사)에서 파생하여 명사가 되는 과정을 가리킨다. 예를 들어 'arrive'에서 'arrival', 'respond'에서 'response', 'swim'에서 'swimming'으로 파생되는 것이다. 통사론에서는 기타 범주(특히 동사구나 동사 문장)에서 명사구로 파생되는 과정을 가리킨다. 예를 들면, 'Mary's going topless upset her father(메리가 상반신을 드러내 가는 것이 그녀의 아빠를 화나게 했다)', 'To quit your job would be a mistake(네 직업을 그만두는 것은 실수가 될 거야)', 'That she smokes surprises me(그녀가 담배 피우는 것이 나를 놀라게 한다)' 등이다. (A new English-Chinese Dictionary of linguistics, 2005.)

다른 품사(보통 동사, 형용사)를 명사로 만드는 문법적 과정이다. 예를 들어 영어에서 동사 'write'에서 명사로 명사화된 형태는 'His writing is illegall(그의 '글은; 글쓰기는' 불법이다)', 'Her mother is a writer'에서 'writing, writer'이다. (『Longman Dictionary of Language Teaching and Applied Linguistics, 2005)

종합해 보면, 명사화는 '동사, 동사구, 동사가 포함된 문장'의 일부가 명사로 변형되어 쓰이는 것으로 동사(verb word), 동사구(verb phrase), 동사절(verb sentence; verb clause)이 명사(noun), 명사구(noun phrase), 명사절(noun sentence; noun clause)로 변형되는 것을 가리킨다고 볼 수 있다. 고대중국어에서도 아래의 예문처럼 이러한 규칙이 적용된다.

→ 樊遲請學稼 『論語・子路』

번지(樊遲)가 오곡 파종을 배우길 요청하다

→ 德之不脩, 學之不講, 聞義不能徙, 不善不能改, 是吾憂也 『論語・述而』

德을 배양하지 않는 것, 배움을 중시하지 않는 것, 정의로움을 들어도 변할 수 없는 것, 나쁜 일을 고칠 수 없는 것, 나는 이것을 걱정한다

→ 大德不踰閑, 小德出入可也 『論語・子張』

일의 핵심(大德)이 규범을 넘지 않(不踰閑)으면 작은 덕행과 도덕규범(小德)이 나가고 들어오(出入)는 것은 괜찮다(可也)

● 품사의 활용(詞類活用)

1. 한 단어가 모든 품사가 되지 않는다.

다른 언어에서와 마찬가지로 단어들은 한 문법 범주에서 다른 범주로 전환될 수 있다. 명사에서 동사를 파생시키거나 동사에서 명사를 파생시키는 규칙, 또는 자동사에서 타동사를 파생시키거나 타동사에서 형용사나 사역동사를 파생시키는 규칙 등이 있다. 하지만 중국어의 단어들이 아무렇게나 어떤 문법 범주로도 사용될 수 있다는 주장은 사실이 아니다.(polleyblank, 1995)

2. 품사의 문장 성분

고대중국어 품사는 상고 시기 이미 그 기초가 완성되었다. 실사(實詞)는 명사, 동사, 형용사, 수사 등으로 분류된다. 어떤 단어가 어떤 품사에 속하는지는 고정되어 있었고, 각 품사가 문장에서 어떤 문장 성분으로 사용되는지도 어느 정도 정해져 있었다. 예를 들어 명사는 주어・목적어・관형어로, 동사는 서술어로, 형용사는 서술어, 관형어, 부사어로, 수사는 관형어로 주로 사용되었다. 이처럼 기본적인 기능은 예나 지금이나 변함이 없다. (學而思 譯, 2016)

3. 품사의 활용

고대중국어 일부 단어들은 당시의 언어 습관에 따라 유연하게 운용될 수 있었고, 기본적인 기능을 문장 내에서 임시로 바꾸어 사용하는 것이 가능했다. 명사를 동사로 썼고, 형용사를 명사로 쓰기도 했다. 이것이 품사의 활용이다. 현대중국어에도 이처럼 활용되는 경우가 있으나 고대중국어만큼 많지 않으며 특히 상고중국어만큼 보편적이지 않다. 고대중국어 품사 활용에서 가장 주목해야 할 것은 사동(使動)용법[2]과 의동(意動)용법[3]이다. (學而思 譯, 2016)(더 많은 정보는 『언어 논어』(김형주, 2020) 참조)

4. 품사의 활용

4.1 명사를 부사어로

→ **朝**聞道, *夕*死可矣 『論語・里仁』

아침에(朝) 도를 들(聞道)으면 저녁에(夕) 죽어도 괜찮다(死可矣)

→ 宰予**晝**寢 『論語・公冶長』

재여(宰予)가 낮에(晝) 잠자다(寢)

4.2 명사를 형용사로

→ 女爲**君子**儒! 無爲**小人**儒! 『論語・雍也』

너(女)는 군자 같은(君子) 선비(儒)가 되어(爲)라! 소인 같은 선비(小人儒)가 되지 마라(無爲)!

4.3 명사를 일반동사로

→ 非能**水**也, 而絶江河 『荀子・勸學』

수영을 할 수 없(非能水)지만(也, 而) 큰 강(江河)을 건넌다(絶)

---

2) 사동(使動)용법은 동사가 목적어에 대해 '그것으로 하여 어떻게 한다'는 뜻으로 목적어가 객관적으로 어떤 행위, 동작을 일으키게 하는 것이다.

3) 의동(意動)용법이란 술어동사가 '목적어를 어떻다고 생각하다'의 뜻을 나타내는 것을 가리킨다. 의동(意動)용법은 형용사나 명사의 활용에만 국한되며 동사에는 의동(意動)용법이 없다. 사동용법은 '목적어로 하여금 어떻게 하도록 만드는 것'인 반면에 의동(意動)용법은 '목적어를 어떻다고 생각하다'는 것으로 주관적인 견해를 나타내는 것이지 객관적으로 반드시 꼭 그러한 것은 아니다.

4.4 명사를 사동용법으로

→ 吾見申叔夫子, 所謂**生**死而**肉**骨也 『左傳・襄公二十二年』

나(吾)는 신숙(申叔) 선생(夫子)을 보(見)고, 말하자면(所謂) 죽은 이(死)를 살리게 하(生)고(而) 뼈(骨)에 살점이 생기게 했(肉)다(也)

4.5 명사를 의동용법으로

→ 扁鵲過齊, 齊桓公**客**之 『史記・扁鵲倉公列傳』

편작(扁鵲) 제나라를 지나갈(過齊) 때 제나라 환공(桓公)이 편작(之 : 扁鵲)을 손님으로 여겼다(客)

4.6 동사를 사동(使動)용법으로

→ 其意蓋將**死**我于囊而獨竊其利也 『中山狼傳』

그의 뜻(其意)은 아마도(蓋) 자루에서(于囊) 나를 죽게 하고(將死我...而) 혼자(獨) 그 이윤(其利)을 훔치려는 것일 게다(將...竊...也). (死我=使我死, 내가 죽도록 하다)

4.7 동사를 피동용법으로

→ 道之將**廢**也與? 命也 『論語・憲問』

道가(道之) 버려지고 돌봐지지 않을(將廢) 것인가(也與)는 운명이다(命也)

4.8 동사를 위동(爲動)용법[4]으로

→ 恭**移**病出, 後復視事, 天陰雨雪 『漢書・劉向傳』

환관 홍공(恭 : 弘恭)은 병이 나서(移病=병이 났기 때문에) 이동했(出)는데 나중에(後) 다시(復) 그 일을 보(視事)니 하늘이 어두워지(天陰)고 비가 내리(雨)고 눈이 내렸다(雪)

---

4) 위동(爲動 wèi)용법 : 주어가 목적어 때문에, 목적어를 위하여 또는 목적어를 향하여 동사가 보여주는 동작을 실행하는 것이다. 즉 목적어는 동작의 대상이 아니고, 동작의 주체도 아니고 바로 동작의 원인, 목적, 대상이 된다.

4.9 동사를 부사어로

→ 操軍吏士皆出營<u>立</u>觀 『資治通鑑・漢紀・五十七』

조조(操 : 曹操)의 군 관리(軍吏士) 모두(皆) 병영을 나와(出營) 서서(立) 본다(觀)

4.10 동사를 형용사로(서술어, 한정어)

→ 凡有血氣, 皆有<u>争</u>心 『左傳・昭公十年』

일반적으로(凡) 혈기가 있(有血氣)으면 모두(皆) 싸우려는 마음이 있다(有争心)

4.11 동사를 명사로

→ 伯夷叔齊不念舊<u>惡</u> 『論語・公冶長』

백이, 숙제(伯夷叔齊)는 이전의 증오[wù](舊惡)를 생각하지 않는다(不念)

4.12 동사구를 명사구로

→ 巧言、令色、<u>足恭</u>, 左丘明恥之 『論語・公冶長』

교묘한 말(巧言), 좋은 표정(令色), 지나친 겸손으로 아첨하는 것(足恭), 좌구명(左丘明)은 그것을 부끄러워했다(恥之)

4.13 동사를 접속사로

→ <u>譬如</u>爲山, 未成一簣, 止, 吾止也 『論語・子罕』

예를 들어(譬如) 산을 만들(爲山) 때 한 삼태기(一簣)를 완성하지 못하(未成)여 그만둔다(止)면 (그건) 내가 그만두(吾止)는 것이다(也)

견해

고대중국어에서 '비여(譬如)'는 주로 동사로 쓰이는데,

→ <u>譬如</u>北辰 『論語・爲政』

비유하(譬)면 북극성(北辰)과 같다(如)

→ <u>譬如</u>使豺狼逐群羊也 『左傳・襄公三十一年』

비유하(譬)면 '승냥이와 이리(豺狼)'로 하여금(使) '양 무리(群羊)'를 좇게 하는(使逐) 것과 같다(如)

본문의 문장을 동사로 보는 경우 '譬如爲山, 未成一簣, 止' 문장은 '비유하면 산을 만들 때 한 삼태기를 이루지 못해 멈추면 내가 멈추는 것과 같다'가 되고, '접속사(예를 들어, 예컨대, 가령, 비유하면)'로 볼 경우에 의미는 '예를 들어 산을 만들 때 한 삼태기를 이루지 못해 멈춘다면 내가 멈추는 것이다'가 된다.

『論語・子罕』에 나오는 이 글의 전문은 다음과 같다.

→ 子曰 : "譬如爲山, 未成一簣, 止, 吾止也. 譬如平地, 雖覆一簣, 進, 吾往也."

공자가 말했다(子曰). "예를 들어(譬如) 산을 만들(爲山) 때 한 삼태기(一簣)를 완성하지 못하(未成)여 그만둔다(止)면 내가 그만둔 것이다(吾止也). 예를 들어(譬如) 땅을 편평하게 할(平地) 때 비록(雖) 한 삼태기(一簣)를 덮어(覆)서 나아간다(進)면 그건 내가 나아가는 것이다(吾往也)

의미의 관점에서 보면 후자가(접속사가) 더 자연스럽다고 생각한다. 만약 이것이 용인된다면 이것은 '동사'를 '접속사'로 '품사활용'했다고 볼 수 있을 것이다.

4.14 동사를 전치사로

→ 回也, 視予猶父也, 予不得視猶子也 『論語・先進』

안연은 나를 아버지같이 대했지만, 나는 아들같이 안연을 대할 수 없다

4.15 형용사를 일반동사로

→ 上官大夫短屈原於頃襄王 『史記・屈原列傳』

대부(上官 : 관직 이름)인 상관(上官 : 姓)은 경양왕에게(於頃襄王) 굴원을 험담했다(短屈原)

4.16 형용사를 사동용법으로

→ 强本而節用, 則天不能貧 『荀子・天倫』

근본을 강화하고(强本而) 절약하면(節用, 則) 하늘(天)은 (사람을, 나라를...) 가난하게 할 수 없다(不能貧)

4.17 형용사를 의동용법으로

→ 吾妻之美我者, 私我也, 妾之美我者, 畏我也 『戰國策・齊策』

내 처가(吾妻之) 나를 멋있다고 여기(美我)는 것(者)은 나를 사랑하(私我)기 때문이고(也), 첩이(妾之) 나를 멋있다고 여기(美我)는 것(者)은 나를 두려워하(畏我)기 때문이다(也)

4.18 형용사를 위동용법으로

→ 諸侯之驕我者, 吾不爲臣; 大夫之驕我者, 吾不復見 『荀子・大略』

제후가(諸侯之) 나에게 거만함을 보여주는 이유는(驕我者) 내가 신하가 아니(吾不爲臣)기 때문이고 대부가(大夫之) 나에게 거만함을 보여주는 이유는(驕我者) 내(吾)가 다시는 보이지 않(不復見)을 것이기 때문이다 [驕我=向我顯示驕傲的理由 나에게 거만함을 보여주는 이유]

4.19 형용사를 명사로

→ 將軍身被堅執銳 『史記・陳涉世家』

장군(將軍)이 몸에(身) 갑옷을 입(被堅)고 무기를 든다(執銳)

4.20 형용사를 부사로

→ 不幸短命死矣 『論語・雍也』

불행하게(不幸) 단명하(短命)여 죽었다(死矣)

4.21 수사를 동사로

→ 夫金鼓旌旗者, 所以一人之耳目 『孫子兵法・軍政』

징(金), 북(鼓), 깃발(旌旗)은(者) 사람의 눈과 귀(一人之耳目)를 통일시키(一)기 위해 사용하는 것(所以)이다(夫 : 문두에서 판단)

4.22 대명사를 동사로

→ 見公卿不爲禮, 無貴賤, 皆汝之 『隋書・揚伯丑傳』

삼공구경(三公九卿 : 높은 관리)을 보고(見公卿)도 예를 행하지 않(不爲禮)고 귀천을 구분하지 않

(無貴賤)고 그들(之)을 모두(皆) '여(汝)'라 했다(汝)

4.23 대명사를 부사로

→ <u>自</u>經於溝瀆而莫之知 『論語・憲問』

스스로(自) 도랑에서(於溝瀆) 목매달아 죽은 다음(經...而) 아무도(莫) 그 사실(之)을 모른다(莫...知)

4.24 어기사를 동사로

→ 秦王與群臣相視而<u>嘻</u> 『史記・廉頗藺相如列傳』

진나라 왕(秦王)과(與) 여러 신하(群臣)가 서로 보고(相視) 놀라고 화난 소리를 내다(嘻)

4.25 전치사를 동사로

→ 古之學者<u>爲</u>己, 今之學者<u>爲</u>人 『論語・憲問』

옛날의 공부(古之學)는 자신(己)을 위하(爲)고 지금의 공부(今之學)는 타인(人)을 위한다(爲)

5. 품사의 판별

단어가 다른 품사로 활용되었는지의 여부를 판단하기 위해서는 해당 단어가 문장 내에서 차지하는 위치, 앞뒤로 결합하는 단어의 품사, 단어들 간의 통사 관계, 문법적 특징 등을 주로 살펴보아야 한다. 고서를 읽을 때에는 품사 활용에 대해 보다 유연한 접근이 필요하다. 각 품사의 문법적 특징에 근거하고, 앞뒤 문맥의 의미와 연관 지어 판단해야 한다. 품사의 활용이란 본래 어떤 하나의 품사에 속하던 단어가 문장 내에서 임시로 다른 품사의 성질을 지니게 되었음을 의미하는 것일 뿐, 이 단어가 두 가지 품사에 속한다는 뜻이 아니다. (學而思 譯, 2016)

● 피동문被動文

고대중국어 피동문은 '표지(〈標記(中), marker〉)'가 있는 것과 없는 것 두 가지로 구분된다.

1. 피동 관계가 완전히 언어 환경과 상식에 의거해서 드러나고 언어 형식의 표지를 빌리지 않는다.

→ 事君數(諫), 斯辱矣 『論語 · 里仁』

왕을 섬길(事君) 때 자주(數) 간언하면((諫), 斯) 모욕을 당한다(辱矣).

2. 피동 관계가 언어 형식의 표지에 의거해서 나타나는데 이러한 언어 형식의 표지는 주로 6가지 종류가 있다.

2.1. 동사 + 于, 於, 乎 + 행위자

→ 郤克傷於失 『左傳 · 成公二年』

극극(郤克)은 화살에 부상당했다(傷于失)

2.2. 爲 + 행위자 + 동사

→ 身客死于秦, 爲天下笑 『史記 · 屈原賈生列傳』

몸(身)은 진나라에서(于秦) 객사하(客死)고 세상 사람들에게(爲天下) 비웃음을 산다(笑)

2.3. 爲, 被, 見 + 동사

→ 不聽語言, 身死, 妻子爲戮 『國語 · 越語』

말을 듣지 않(不聽語言)아 몸은(자신은) 죽(身死)고 아내와 자식(妻子)은 죽임을 당한다(爲戮)

→ 衆人皆醉我獨醒, 是以見放 『史記 · 屈原賈生列傳』

많은 사람(衆人)이 모두 취했(皆醉)는데 나(我) 혼자(獨) 깨어있(醒)어 '이 때문에(是以)' 쫓겨난다(見放)

2.4. 爲, 見 + 동사 + 于, 於, 乎 + 행위자

→ 吾長見笑于大方之家 『莊子 · 秋水』

나(吾)는 오랫동안(長) 학식이 깊은 사람들(大方之家)'에게; 에 의해'(于) 비웃음을 산다(見笑)

2.5. 爲 + 행위자 + 所 + 동사

→ 先即制人, 後則爲人所制 『史記 · 項羽本紀』

먼저(先) 사람을 지배하(制人)지만(即) 나중에(後則) 사람에 의해(爲人) 지배당하다(所制)

2.6. 爲 + 所 + 동사

→ 不者, 若屬皆且爲所虜 『史記 · 項羽本紀』

그렇지 않으면(不者) 너희들(若屬) 모두(皆) 역시(且) 포로가 될(爲所虜) 것이다

● 화제話題(topic)

1. 문장의 맨 앞에 위치하며, 그 문장이 진술하는 대상으로서, 그 뒤의 진술 부분에 대하여 공간적, 시간적 또는 그 밖의 특정한 틀을 설정하는 기능을 한다. 다음 예문에서 밑줄 친 부분이 화제이다.

→ 영희는 수미에게 인형을 주었다

→ 수미는(=수미에게는) 영희가 인형을 주었다

→ 動物, 老虎最害怕

동물은 호랑이가 제일 사납다

→ 蔬菜, 黄瓜和茄子比較便宜

야채는 오이와 가지가 비교적 싸다

(박종한 외(2012), 『중국어의 비밀』)

2. 화제(話題, topic)란 문장의 맨 앞에 위치하여 문장의 진술대상이 되는 성분으로 좁은 의미에서 비행위자 명사구를 지칭한다.

→ 書已經買來了

책은 이미 사왔다

→ 這本書大學生們都很歡迎

이 책은 대학생들이 모두 환영한다

(김종호, 2011)

3. 현대중국어에서 '화제(topic)'가 되는 조건을 보면 의미적 특성과 형식적 특성으로 나뉜다. 의미적 특성은 두 가지로 화제는 문장이 진술하는 대상으로서 그 뒤의 진술에 대해 시공간상의 틀을 설정하며, 한정적이거나 총칭적이어야 한다. 형식적인 특징으로는 화제는 항상 문두에 오고(앞의 문장과 연결시켜주는 접속사가 그 앞에 오지 않을 경우), 화제 다음에는 종종 휴지(休止)를 두거나 '啊, 嘛, 呢, 吧' 등의 휴지사(pause particle)를 사용함으로써 문장의 다른 부분과 구별한다.

(Charles N.Li, Sandra A. Tompson 저술. 박정구 등 옮김, 2011)

결론

이 세 가지 책의 견해를 종합하면 화제(topic)는 진술대상으로 항상 문장의 맨 앞에 놓여 화제 뒤의 진술문이 서술하는 공간, 시간 등의 범위를 한정시켜주는 기능을 한다. 화제는 문법적으로

a. 진술문의 목적어인 경우가 있고(간접목적어 포함)

→ 書已經買來了

책은 이미 사왔다

→ 這本書大學生們都很歡迎

이 책은 대학생들이 모두 환영한다

→ 수미는 영희가 인형을 주었다

b. 주어인 경우도 있고

→ 영희는 수미에게 인형을 주었다

c. 범위를 한정하는 부사구인 경우도 있다.

→ 動物, 老虎最害怕

동물은 호랑이가 제일 사납다

→ 蔬菜, 黄瓜和茄子比較便宜

야채는 오이와 가지가 비교적 싸다

어휘 찾아보기

ㅇ

ㅈ

ㅊ

ㅌ

ㅍ

참고문헌參考文獻

구본관, 박재연, 이선웅, 이진호(2016), 『한국어 문법 총론 Ⅰ, Ⅱ』, 집문당

학이사(學而思)(2016) 譯, 『고대중국어』, 역락

김남미(2016), 『친절한 국어 문법』, 나무철학

엄정호(2014), 『국어학개론』, 동아대학교 출판부

許威漢 지음/최영준 옮김(2013), 『중국고대어법』, 어문학사

박종한, 양세욱, 김석영(2012), 『중국어의 비밀』, 궁리

김종호(2011), 『현대중국어 10문형 50구문』, HUFS BOOKS

김종호(2011), 『중국어 쉬운 문법』, 다락원

Charles N. Li, Sandra A. Tompson 저술. 박정구/박종한/백은희/오문의/최영하 옮김 (2011), 『표준중국어문법』, 한울

정윤철(2008), 『현대중국 언어학 개론』, 소통

김종호(2007), 『도표로 보는 정통중국어 문법』, HUFS BOOKS

Edwin Pulleyblank 지음(1995)/양세욱 옮김(2005), 『고전 중국어 문법 강의』, 궁리

이정민/배영남(1993), 『언어학사전』, 박영사

楊啓國(2016), 『古代漢語語法』, 經濟科學出版社

張玉金(2010), 『古代漢語語法學』, 廣東高等教育出版社

楊劍橋(2010), 『古漢語語法講義』, 復旦大學出版社

丁崇明(2009), 『現代漢語語法教程』, 北京大學出版社

楊劍橋(2008), 『實用古漢語知識寶典』, 復旦大學出版社

康瑞琮(2008), 『古代漢語語法』, 上海古籍出版社

商務印書館(2001), 『實用現代漢語語法』 第1版

P. H. MATTHEWS(2014), Third edition, 『Oxford concise dictionary of Linguistic s』 new digital edition.

『古代漢語詞典』 第1版(2012), 北京, 商務印書館 國際有限公司

楊劍橋(2008), 『實用古漢語知識寶典』, 復旦大學出版社

何樂士(2006), 『古代漢語虛詞詞典』, 語文出版社

『Longman Dictionary of Language Teaching and Applied Linguistics 朗文語言教學與應用語言學詞典』(2005), 第3版英漢雙解, 外語教學與研究出版社

『A new English-Chinese Dictionary of linguistics 新編英漢語言學詞典』(2005), 上海外語教育出版社第3版英漢雙解, 外語教學與研究出版社

勞允棟(2004), 『An English-Chinese Dictionary of Linguistics 英漢語言學詞典』, 商務印書館

『古代漢語虛詞詞典』 第1版(1999), 北京, 商務印書館.

『古代漢語詞典』 第1版(1998), 北京, 商務印書館.

『漢語大字典』 第二版(2010), 四川辭書出版社

『漢語大詞典』 第一版(1993), 漢語大詞典出版社

『現代漢語詞典』, 商務印書館

https://baike.baidu.com

https://ctext.org

https://www.baidu.com

https://www.gushiwen.org

http://www.guoxuedashi.net

명구로 배우는 한문 디딤돌

한학 · 고대 중국어 교재

초판 인쇄 2021년 10월 25일
초판 발행 2021년 10월 29일

지은이 김형주
발행인 윤성우 Director, University Knowledge Press
편집장 신선호 Executive Knowledge Contents Creator
도서편집 이근영 Contents Creator
장혜정 Contents Creator
디자인 우승민 Designer
디자인 한 지 Designer
재무관리 조아라 Managing Creator
정윤경 Managing Creator
사전·홍보물 장지혜 Contents Creator
발행처 한국외국어대학교 지식출판콘텐츠원
02450 서울특별시 동대문구 이문로 107
전화 02)2173-2493~7
FAX 02)2173-3363
홈페이지 http://press.hufs.ac.kr
전자우편 press@hufs.ac.kr
출판등록 제6-6호(1969. 4. 30)
인쇄·제본 (주)트윈벨미디어 02)2088-1810

ISBN 979-11-5901-876-3 [03720] 정가: 28,000원

* 잘못된 책은 교환하여 드립니다.

HUINE 은 한국외국어대학교출판부의 어학도서, 사회과학도서, 지역학 도서 Sub Brand이다. 한국외대의 영문명인 HUFS, 현명한 국제전문가 양성(International+Intelligent)의 의미를 담고 있으며, 휴인(携引)의 뜻인 '이끌다, 끌고 나가다'라는 의미처럼 출판계를 이끄는 리더로서, 혁신의 이미지를 담고 있다.